野球と暴力

殴らないで
強豪校に
なるために

元永知宏

イースト・プレス

はじめに

「暴力による不祥事」というニュース

「横浜高校の監督と部長を、部員への暴力で解任！」（２０１９年9月28日発表）

この衝撃的なニュースを野球ファンはどう受け止めたのだろうか？

おそらく、反応は３つに分かれるはずだ。

◎高校野球の強豪校でそんなことが起こるはずがない
◎いまだに暴力的な指導をしているのか
◎どうして表面化する前に抑えられなかったのか

高校野球の歴史に詳しい人ほど、冷静に受け止めたことだろう。高校野球で暴力的な指導が長く行われていたことは周知の事実。かつて名監督と呼ばれた多くの指導者が、厳しい指導で選手たちを鍛え上げ、全国の頂点を目指した。気骨と根性のある選手が好まれ、体力の限界を超える猛練習に耐えてこそ、勝利はつかめるのだと考えられてきた。強いチームほど、厳しい指導は当たり前。ときと場合によっては、暴力的な指導もやむをえないと。

いまから30年以上前、昭和の高校野球ではそれが常識だった。

選手時代に2度甲子園に出場し、監督として春のセンバツで2度の全国優勝を果たした広陵高校（広島）の中井哲之監督はこう振り返っている。

「昔は上下関係が厳しくて、雑用もあって、大変な環境でした。それは広陵に限らず、強豪と言われるところならどこにでもあったことです」

練習の準備やグラウンドの整備はもちろん、下級生に身の回りの世話までさせる野球部はいくらでもあった。自宅からの通いであれば気を休める時間も取れるが、寮生活では逃げ場がない。上級生が反抗できない下級生にストレスをぶつけることは日常茶飯事だった。

「広陵に入学したころ（１９７８年）が一番、上下関係が厳しかったかもしれませんね。僕たちの学年は70人ぐらい野球部員がいたんですが、最終的に残ったのは13人だけ。野球をしにきたのか、何をしにきたのかわからんくらい、雑用雑用の毎日でした」

集団を統制するにはルールが必要だ。人が入れ替わるたびに厳しくなったり、緩くなったりするものだが、一度決められたルールを覆すのは難しい。伝統校、強豪校と言われるところは特にその傾向が強い。

「みんなでつらい思いをしたぶん、同期の結束は固かったですね。厳しいことをされたからこそ、自分たちの学年で強くなろうという思いは強かった。根性というか、そういう気持ちの部分で負けたくなかった。

まあ、そういう時代だったということでしょう。それまでの広陵を否定するつもりはありません。いいところは残しつつ、僕が嫌だと思ったことはなくしていった。時代とともに生徒の気質も変わりますしね。高校生のときに自分が嫌だと思ったことは、その後、指導に当たるようになってからすべて排除しました。いまはゼロです」

中井監督が選手だったころの「昭和の高校野球」は、もう終わったはずだ。平成も過ぎ、令和が幕を開けた。

しかし、野球と暴力はいまだに親和性が高い。

なぜ連綿と続く「暴力指導」を根絶できないのか？

横浜高校の暴力事件の報道を知って、私は「やっぱりそうか」と思う人間だ。なぜならば、大学時代に体育会野球部に所属し、さまざまな形の暴力を体験したからだ。

１９８６年４月に私が入部した立教大学野球部は、１９６６年以来、長くリーグ優勝から遠ざかっていた。推薦入学制度もなく、甲子園経験者は数えるほどしかいなかった。甲子園で活躍したスターが集まる明治大学、法政大学はもちろん、早稲田大学、慶應大学の後塵《こうじん》を拝していた。さらにいえば、一度も優勝したことのない東京大学に敗れることも、最下位に沈むこともあった。

80名以上の部員は全員、埼玉県新座市にある智徳寮で暮らしていた。狭い６畳の部屋に布団を並べて寝ていた。朝７時起床、消灯は23時。些細《ささい》なことで罵声《ばせい》を浴び、誰かのミスで鉄拳が飛んだ。その４年間はいつも暴力という緊張感のなかにあった。

だから、暴力が野球選手にとってどういうものかは身に染みてわかっている。

うまく手なずけることができればものすごい効果を生み、使い方を間違えればとんでもない惨劇が起きる。だが、一時的であったとしても、暴力の効能は確かにある。私自身、それを見たことがある。

しかし、それはもう30年以上も前のことだ。

高校野球の暴力事件の記事を読んで、「やっぱりそうか」と思うと同時に、「いつまでそんなことを……」と考えた。

暴力的な指導によって、選手たちは鍛えられ、根性がつく。だから、「暴力は許されない」と理解していながら、懐《ふところ》に暴力を忍ばせて指導を行う監督やコーチがいる。令和になったいまも、どこかに隠れている。いや、野球のすぐ近くでユニフォームを着て立っているかもしれない。

悲しいことに、高校野球だけでなく、少年野球からプロ野球まで、暴力を根絶することができていない。

プロ野球の監督による選手への暴力が話題になったのは、2019年7月のこと。広島東洋カープの緒方孝市《おがたこういち》監督が怠慢《たいまん》プレイをした主力選手に手を上げたことが明るみになった。しかし、球団は「常習性が認められない」として、監督に対して厳重注意処分に留めた。

『週刊新潮』の取材に対して、野村克也《のむらかつや》は「昔の野球の監督って、軍隊経験者が多かったから、軍隊式で選手をよく殴っていた。でも、俺はそういうのが大嫌いだった。プロ野球だよ、話せばわかるじゃん」と語っている。

だが、カープのOB会長である安仁屋宗八《あにやそうはち》は、「自分が二軍監督をしていたとき、期待する選手には手も足も出しましたよ。それで一軍に上がっていった選手が何人もいます。監督は当たり前のことをしただけですから」と擁護《ようご》する。

リーグ4連覇を目指した2019年シーズン、4位に終わった責任を取って緒方は監督を辞任し、監督の鉄拳制裁は幕引きとなった。

常習性があろうがなかろうが、上司が仕事場で部下に暴力をふるった時点で大問題になる。厳重注意で済むとは考えにくい。それが一般常識だろう。だが、野球界では「愛のムチ」という言葉がまだ生きている。愛情があれば、多少の暴力は許される。

少年たちの野球離れが急速に進んでいる。中学の軟式野球部員は7年間で12万人減り、中学硬式野球の「リトル・シニア」も、名門・老舗《しにせ》の廃部や休部が相次いでいる。高校球児の数は毎年約1万人ずつ減少しているという。その原因のひとつが、野球界に依然として残る暴力的指導、暴言であることは間違いない。

なぜ、暴力を根絶できないのか？

本書では、野球界が抱える問題をあぶりだしながら、「暴力なしで強くなる方法」を探っていく。

野球と暴力

目次

「閉鎖空間」は暴走を生む
甲子園の「魔力」から逃れられない

第一章 「昭和の野球」と「暴力指導」の真実

寮とグラウンドでの「鉄の掟」

日本高等学校野球連盟（以下、日本高野連）に登録している硬式野球部は、4000校近くある（2019年現在、3957校）。そのなかには甲子園常連の名門校もあれば、強豪や古豪と呼ばれるところも、普通の部活動を行う野球部もある。

私が1986年に卒業した大洲高校は、愛媛県にある県立の進学校だ。創設は1901年（明治34年）で、野球部にも相応の歴史がある。しかし、甲子園に出場したことはかつて一度もない。プロ野球選手になったOBはいるものの、一軍で活躍した選手は皆無。野球よりも、2014年にノーベル物理学賞を受賞した中村修二《なかむらしゅうじ》の出身校であることのほうが通りがいい。私はいつも出身校について聞かれたときには、「あの青色発光ダイオードの中村さんの母校で」と説明している。

私が在籍していたころの野球部は、学校の歴史のなかでは比較的強かった。同じ地区にある宇和島東高校に公式戦でコールド勝ちしたことも、夏の大会3連覇を目指した川之江高校を相手に大番狂わせを演じたこともある。

しかし、最高成績は県ベスト16。甲子園など夢のまた夢だった。三年生の最後の夏には、前年に大勝した川之江に2対18で7回コールド負けを喫《きっ》した（川之江は甲子園に出場し1勝した）。

私のいた野球部には、上級生が下級生を集合させ、説教する慣習はなかった。グラウンドにボールが落ちていたときの罰としてケツバットがあるくらいで、牧歌的すぎる部活動。先輩・後輩の上下関係も緩く、かろうじて先輩にさん付けをして敬語を使うくらいのものだった。

進学校のために練習時間は短く（17時から2時間か2時間30分程度）、猛練習することもなく、強化合宿など一度も行われなかった。部のキャッチフレーズも、目指すべき目標もなし。高校卒業後に野球を続ける者はほとんどいなかった。

暴力の洗礼を受けることのなかった私は、1986年から4年間、立教大学野球部でプレイした。一年生から四年生まで、全員が寮での生活を義務づけられ、自宅が近くにあっても例外なく、6畳間で3人（または2人）での生活を強《し》いられた。

部屋長（四年生か三年生）と部屋っ子（二年生か一年生）という組み合わせだった。立教大学野球部には、一、二年生が下級生、三、四年生が上級生という線引きがあった。寮やグラウンドの雑用、グラウンド整備、練習の準備、片付けは下級生の仕事。上級生に課せられるのは、全員参加の寮の朝掃除だけだった。

大学入学前に入部希望の一年生が入寮し、3月中はお客さんとして扱われ、そのあと、4月1日から部員としての日々が始まる。布団袋と野球道具だけを持って入寮した私たち一年生は、3月下旬のある日、ウエイトトレーニング器具が置いてある自習室に集められた。注意事項がびっしりと書き込まれた紙を渡され、寮則について説明を受け、礼儀、あいさつ、立ち居振る舞いなど、寮におけるNG事項を徹底的に叩き込まれた。

◎上級生に話しかけることはできず、問われたことのみ「はい」か「いいえ」で答えること

◎練習が始まるまでは「おはようございます」、練習終了後までは「こんにちは」、練習終了後は「おつかれさまでした」、夕食後は「こんばんは」と先輩にあいさつすること

◎部屋に入るときは2回ノックして「失礼します」と言うこと

◎部屋長が部屋に戻るまで正座で待つこと。「寝ていいよ」と言われるまでは寝ないこと

◎トイレや洗面所のサンダルは履きやすいように揃《そろ》えること
◎寮にかかってきた電話は3回鳴るまでに絶対に取ること
◎二年生の成人の日までは禁酒・禁煙（成人かどうかは関係なし）
◎一人称に「俺」や「僕」は使わず、「自分」を使うこと

ミスは下級生全員の「連帯責任」という恐怖

こんな規則がずらりと並んでいた。さらには、グラウンドでの練習中のルール、上級生からお使いを頼まれたときの注意事項、電話取次の際の段取りなど、事細かく記されていた。

下級生はさまざまな担当に分けられ、日々の雑用をこなさなければならない。私の場合、グラウンド整備では「ブルペン・外野」に配属され、ヘルメット係、トンボ係も兼ねていた。それぞれの係には複数の一年生がいて、二年生の指導を受ける。もし何かしらの不備やミスがあれば、その係全員の連帯責任になるから、お目付け役の二年生は厳しい。

もしブルペンに小石が落ちていたら……「ブルペン・外野」が、もしヘルメットにひび

が入っていたら……「ヘルメット係」が、全員罰を受ける。

グラウンド整備をしながら、ヘルメットのチェックをして決められた通りに並べ、フリーバッティングの準備（所定の場所にボールとネットを置く）を行う。開始時間に練習が始められる準備を、完璧にしておかなければいけない。1分たりとも遅れることは許されない。

グラウンド以外でも、仕事はたくさんある。一年生には順番で、昼当番、夜当番、昼の食事当番、夜の食事当番が回ってくる。電話番（当番の間中ずっと）、先輩へのお茶出し、お使いをこなし、時間になれば日誌を書いて終了となる。

食堂にいる先輩にお茶を出しているときに電話が鳴ったら、ダッシュで（音を立てないで）電話対応をする。先輩の用事をすませているときでも、3回鳴るまでに電話を取らなければならないので、いつも必死だ。

もし、電話が3回鳴ってしまったら……当番は罰を受けるし、上級生の気分次第では、一年生全員、あるいは二年生も巻き添えを食う場合がある。そうなれば、下級生全員から白い目で見られることになる。

ボールが1個落ちていた、トイレのサンダルが揃っていなかった、電話が3回鳴った、先輩の用事を間違えた、言葉遣いが悪かった、たばこを吸っているのが見つかった……などなど、どうしても間違いは起きる。下級生が40人以上もいると、毎日、誰かが必ずミスをする。

練習終了後に全員で円陣を組んで「集合」し、まず監督の訓示を聞く。監督が去ったあとに、キャプテン、寮長やほかの四年生からの「説教」がある。四年生のあとに三年生が続く。

このときに下級生のミスや問題行動が議題に上げられ、該当者は責任を追及される。叱《しっ》責《せき》で終わればラッキーだが、場合によって鉄拳が飛ぶこともあった。「特走（ライトポールからレフトポールの往復ダッシュ）」が課されることも珍しくなかった。

1日の練習を終えたあとに「説教」と「特走」、その後にグラウンド整備、片付けをしなければならない。21時からは「ボール磨き（消しゴムで硬球の汚れを落とす）」も待っている。

どれだけ神経を使っても、どこかに地雷が埋まっている。誰かがそれを踏んでしまえば、当然炎上してしまう。

温厚な上級生もいたものの、もちろん聖人君子ではない。ご機嫌次第では、普段は見過ごされる些細なことで怒りを買う場合もある。それが下級生全体に飛び火して、一年生が二年生に締められ、同期の間でも諍《いさか》いが起こる。

試合に負けた、ミスをした、監督に怒られた……そんなときにはいつも以上に注意が必要だ。嵐が起きたら、黙って身を縮めるしか方法はない。

当時の寮生活の空気を感じてもらえただろうか。

厳しさの代価こそが勝利であるという「洗脳」

歴史のある野球部だから、その体質を変えることは容易ではない。発言権を持たない下級生は、どれだけ理不尽なことがあっても、飲み込みながら耐えるしかなかった。ここを通過しない限り、神宮球場でプレイすることはできない。

この生活で選手たちが何を得たのかはわからない。私自身、収穫と言えるものはほとんどなかった。強いていえば、同じ苦労をした仲間との連帯感が強くなったこと、他人に対して気配りできるようになったこと、人の顔色が少し読めるようになったことくらいか。

私の体験談は、あくまで30年も前のことだ。立教大学野球部は大きく様変わりしている。

180人を超える部員がいるが、彼らはもうそんな寮生活を送っていないし、理不尽な寮則も廃止された。もう「特走」もない。

私が立教大学野球部に在籍していたのは昭和の末期だ。ほかと比較することはできないが、上下関係の厳しさを表す偏差値のようなものがあれば、55くらいだったのではないかと思う。東京六大学でいえば、明治大学、法政大学、早稲田大学が高偏差値を誇っていた。東都大学リーグはさらに厳しかったと聞く。

もしかしたら大学野球より、暴力的な指導においても、上下関係においても、高校野球のほうがもっとシビアだったかもしれない。とにかく時間がないからだ。型にはめ、選手を縛り、鍛え上げるところが多かった。

なぜ暴力的な指導や厳しい上下関係が続いたのか――「昭和の野球」と「暴力」との関係は濃すぎるほどに濃い。

殴られても蹴られても、自分が信じた監督の指導についていくのが昭和の高校球児だった。監督から課せられた猛特訓、先輩からのしごきを乗り越えることで、勝利はつかめるのだと多くの人が考えていた。

だから、日本中が熱狂する甲子園大会では、健康問題などは無視して「血染めのボール」

や「〇〇球を投げ切ったエース」などと礼賛する記事が新聞に並び、テレビでも「傷だらけで戦う球児」を褒めたたえるニュースが流れた。

厳しさの対価が勝利だと思われていたのだ。

水も飲めない、ろくに休憩もない、苦しい練習を365日続けることでしか、勝利は得られないと考えられていた時代が確かにあった。野球界では、ある種の洗脳が行われていたと言ってもいいかもしれない。

体がもたないほどの「猛練習」

日本を代表する強豪校の野球部ではどうだったのか?

松山商業（愛媛）卒業後、1960年（昭和35年）に立教大学に進んだ中矢信行《なかやのぶゆき》は、四国を代表する名門・松山商業の第16代監督をつとめた人物だ。その後も、愛媛県の審判長として長く高校野球に携わっている。その中矢から意外なことを聞いた。

「高校でも大学でも、私は一度も指導者に叩かれたことはないんですよ。監督が選手に手を上げることなんか、考えられなかった」

松山商業といえば猛練習。監督、コーチの指導は厳しく、シビアすぎる上下関係があったからこそ、あれほどの強さを長年にわたって維持できたのだと私は思い込んでいた。しかし、いまから50年近く前の松山商業には、指導者による暴力はなかったと言う。中矢が続ける。

「試合に出られない上級生が、下級生をいびるみたいなことはあった。練習自体は長かったし、休憩なんかまったくなし。もちろん、いまなら問題になるようなこともたくさんありました。選手がフラフラになるまで個人ノックをして、水をかけてまた続けるということも。でも、監督が叩くというのはなかったね」

毎日どんなに鍛えていても、体力には限りがある。だからこそ、選手には要領が大事だった。

「要領よくやらんかったら、体がもたん。『ベースランニング50周！』と言われても、全部を全力では走れません。当時は照明がなくて暗かったから、ベースを踏まずに1周してましたよ。練習中に水を飲ませてもらえなかったけど、知恵を絞ってこっそり飲んだ。そういうのが野球のプレイにも役に立った気がします」

根性をつけるための猛練習がある一方で、グラウンドは最新の技術を学ぶ場でもあった。

「昔の松山商業は、走塁の上手な人を講師として呼んできたり、東京六大学の現役選手が教えにきたり、グラウンドで精神ではなく、野球の技術、テクニックを教えてもらって、どうすれば勝てるかを考えることができました」

選手とコミュニケーションできない監督は手が出る

中矢が立教大学に入学したのは1960年、長嶋茂雄が卒業したあとの東京六大学リーグは、根性だけで通用する場所ではなかった。大学卒業後、地元に戻り、中矢は24歳のときに北条高校（愛媛）の監督をつとめた。その後、母校でも指揮を執った。

「当時は私も若かったから、自分で手本を見せることができた。フリーバッティングでは選手よりも打つし、バッティングピッチャーをやってもそう。ベースランニングをしても速い。選手を叩く必要なんかなかったよね」

それでも練習に熱が入るあまり、手が出ることはなかったのか。

「個人ノックとかで、いい加減な守備やだらしない態度をした瞬間に、ノックバットでコツンとやったり、ケツバットして『しっかりやれ』と言ったりしたことはありました。でも、感情に任せて手を上げたり蹴ったりということはなかったね」

中矢はその後、審判員になり、愛媛県の審判長を長くつとめた。

指導者はなぜ、暴力に走るのか。

「やっぱり指導力に問題がある場合が多いんじゃないですか。本当に技術を持って指導に当たる人は、選手を叩くことはないと思う。教える技術が未熟な場合には、自分の考えをうまく伝えられなくて、手が出るのかもしれんね。うまくしてやろうという熱意が伝われば、選手の考え方も態度も変わってくる。いまは選手と対話のできない監督では、使いものにならんでしょう」

暴力によって、野球はうまくなるのか。

「ならんよね。憎しみを生む場合が多いと思う。自分が悪いことをしたとわかっているときは別だけど、『なんでやられんといけんのか』と思うような場合には特にね。指導者にとって大切なのは、やっぱり根気ですよ。

本当の厳しさは殴ることじゃない。個人ノックのときでも、10本のノックを8本でやめるか、12本打てるか。何本か余分にノックしたところでうまくなるわけじゃないけど、そういう気持ちの積み重ねによって技術は上がる。選手に対する愛情と根気がなかったら、高校野球の指導はできません。監督に怒られるから、ちゃんとやらないけんというのはダメ。ヘタしたらボコボコにされるぞという恐怖心で縛るやり方は通用せんよね」

戦前に3度の全国優勝を飾った古豪の松山商業で、監督やコーチによる暴力的な指導がない時期があったことは驚きだ。しかし、その後は暴力的な指導と猛特訓によって、野球強豪校の地位を固めていく。

1969年、延長再試合の末に決勝戦で三沢高校（青森）を下したときの監督だった一《いっ》色《しき》俊作《しゅんさく》は、松山商業を卒業後に明治大学に進み、東京六大学の名物監督だった島岡吉郎《しまおかきちろう》の指導を受けている。中矢が言う。

「一色さんは当時、よく手を出していました。それは、しゃべるのがうまくなかったから。選手に指示が伝わらないときには、そうなる。要領のいい選手は『はい！』って言うんですけど、ぼーっとしているやつはやられるんですよ」

プロでの活躍は厳しい指導のおかげ？

1970年代後半から1980年代にかけてプロ野球で活躍し、通算165勝を挙げた西本聖《にしもとたかし》（元・読売ジャイアンツなど）は、一色の教え子のひとりだ。西本は、『長嶋監督20発の往復ビンタ』という書籍のなかで、代々伝わる「しきたり」についてこう書いている。

白糸、黒糸、針三本――松山商業の野球部にはこんな伝統がある。一年生はつねに針と糸を携帯し、練習中に先輩のユニフォームがほころぶようなことがあったらすぐに縫わねばならないのである。また、練習前に部室の先輩のロッカーにユニフォーム、ソックス、スパイクをきれいに整えておくのも1年生の当然の役目であった。とにかく、朝の内野グラウンドの整備に始まり、ナイター照明を使っての夜間練習が終わるまで、すべての雑用をこなさなければならない。

　1年生のときの生活は、いま思い出してもまさに地獄そのもので、野球をやりに来たのか、殴られに来たのか、わけのわからないことの連続だった。

　理由などあってもなくてもよいのだ。とにかく、しょっちゅう上級生から殴られ、制裁を受けた。練習で手抜きしたと言われて、コンクリートの上に2時間以上も正座させられて立てなくなったこともあった。

（西本聖『長嶋監督20発の往復ビンタ』小学館文庫）

厳しすぎる上下関係と猛練習を経験した西本は、自身の野球人生を振り返って、日刊スポーツの連載記事のなかでこうも述べている。

2回も脱走してどうしようもない高校生活を送っていたけど、プロでもどうにかやれた。松商野球部で3年間やったからプロの厳しさにも耐えられた。正座させられたり殴られたり、理不尽なことも多かったけど、その時代、時代の中で意味があったと思う。自分は松商野球部に人間を作られたと思っています。いろんな見方はあるでしょうけど、失うものより得るものの方が多かった。本当に感謝しているし誇りに思っています。

（日刊スポーツ新聞社『野球の国から〜追憶の高校野球〜』ベースボール・マガジン社）

1956年6月生まれの西本は、現在63歳。1996年夏の甲子園で、松山商業を優勝に導いた監督である澤田勝彦《さわだかつひこ》は同級生だ。高校野球の監督やコーチをつとめる50代、60代の指導者は、西本と同様の経験をしている可能性が高い。

もちろん、個人差はある。しかし、多くの指導者が暴力的な指導を潜り抜けたサバイバーであり、自身が歩んできたプロセスを肯定的にとらえていることだろう。

だから、自分が受けた指導をまた繰り返すのかもしれない。過去を否定することは簡単ではない。

名監督・髙嶋仁の熱血指導

甲子園で最多勝利数を記録している髙嶋仁《たかしまひとし》は、２０１８年夏の甲子園を最後に監督から退いた。『一徹』という本のなかで、智辯学園（奈良）の野球部監督に就任したころのことを語っている。

甲子園行くためには奈良を勝たなあかん。天理に勝たなあかん。向こうが4時間練習ならこっちは8時間やらなあかん。厳しいこともやらなあかん。そのためにこれだけの練習をさせてるんや。

（谷上史朗『一徹――智辯和歌山　髙嶋仁　甲子園最多勝監督の葛藤と決断』インプレス）

猛練習こそが勝利への近道だと考えていた。その後、髙嶋は智辯和歌山（和歌山）に移り、春1回、夏2回全国優勝を飾った。智辯学園時代の10分の1の練習量だと本人は回想しているが、当時、主将をつとめていた塩崎英樹《しおざきひでき》は練習の厳しさをこう語っている。

「延々と肩が潰れるかいうくらいのキャッチボールから始まって、ノックでは内野手はグラブを外して強烈な打球を受ける。いまでも監督の『外せ！』いうあの声は思い出します。『うわっ、きたっ！』って恐怖やったですけど、やらなしゃあないですから、腹決めてやってました」

また別のOBは髙嶋の指導についてこう語る。

「入学する前に厳しいとは聞いていましたから、覚悟はしていました。それでも嫌になるくらい、練習は厳しかったですね。野球部員は全員スポーツコースだったので、14時30分には授業が終わります。そこから照明が落ちる21時までずっと練習が続きます。途中で食事を取る時間はなく、練習が終わって自宅に帰ってから。家に着いたころには疲れすぎて食欲がなくなっています。

　1年のうち、休みは年末年始の3日ほどしかありません。冬場はプールだけの練習が週1日あって、それが休みみたいなものでした。毎日6時間以上も練習していると、ある程度抜くことを覚えますね」

　全国優勝も成し遂げ、日本中の野球少年が憧れる強豪になったが、他県から越境する選手はあまりいない。

「基本的に入ってくるのは県内の選手だけ。他県から入学できるのは2名までと決まっていました。自宅から通えない人は下宿住まいです。部員が少ないので、練習の準備も片付けも全員でやります。寮ではなかったから助かりました。夜中まで先輩のマッサージをしたり、ユニフォームを洗ったりということはありませんでした」

　指導者の目が行き届かない寮が、いじめや暴力の温床になっていると指摘する声は多い。練習後に自宅に戻れば、上級生も下級生も気持ちがリセットされるのだという。

「ひとつの学年の人数が少ないので、人間関係はあまり大変ではありませんでした。一年生だけが雑用をさせられることもなかったし、トイレ掃除は三年生の仕事と決まっていました。だから、上下関係も厳しくなく、先輩から暴力をふるわれたことは一度もありません」

連日6時間を超える練習が続く。もちろん監督の指導は厳しい。

「試合に負けたら、罰として100メートルダッシュを100本走らされるとか、ムチャクチャなことはたくさんありました。走り終えるまで4時間くらいはかかったでしょうか。その間、監督がずっと見ているので、僕たちは手を抜くことはできません」

熱血で知られる監督は、技術に対してことさら厳しかった。バントや投手・野手の連携プレイなど、繰り返し繰り返し何度も行われた。

「できなかったら、ボールをぶつけられたり、蹴られたりしました。だからみんな、いつもピリピリしていました。監督は手は上げないけど足が出るというタイプ。ただ、ひどく罵倒されるということはありませんでした。

僕らのときは、監督についていけば甲子園に出られるし、甲子園でも勝てるとみんなが思っていました。ダメなプレイに対して怒ることはありましたが、それほど理不尽なものではありません。記者が取材にくると監督が優しくなるので、選手たちは喜んでいましたね。本当に怖かったけど、監督は誰よりも早くグラウンドに来て、ネットの補修をしたり、整備したりしていました。とても尊敬できる方でした」

「鬼の澁谷」と呼ばれた監督

日大山形（山形）と青森山田（青森）の監督として、春夏合わせて22度甲子園に出場し（春4、夏18）、16勝（春3勝、夏13勝）した澁谷良弥《しぶやよしや》は、東北の名将として知られている。2016年7月まで山形商業（山形）の監督をつとめ、45年の監督人生に終止符を打った。「鬼の澁谷」と呼ばれ、選手たちに恐れられた名監督だ。

2017年2月に古希を迎えた澁谷は、懐かしそうに口を開いた。短髪で落ち着いたたたずまいのため、僧侶の説法を聞いているような気になる。

「私は45年間、監督をやらせていただきました。昔は選手に手を上げたこともありました し、蹴っ飛ばしたこともありました。それは私だけではなく、当時の他校の監督さんも同じでした。でも、それは感情に任せてやったわけではありません。最初は言葉で優しく諭《さと》し、何度もわかるように言って聞かせて、どうしてもできないときには……ということなんです」

まだ社会がしつけや教育のための暴力を容認した40年前も、喜んで手を上げていたわけではない。物事には順序がある。奥の手として、「それ」があったのだ。

「暴力と言われてしまえば暴力なのかもしれませんが、全部が悪かったのかといえばどうなのでしょうか。私が手を上げたことで改心して、立派な社会人として人生を送った教え子はたくさんいます。だから、私は『自分がしたことは間違いではなかった』と思っています」


澁谷は日大山形の卒業生だ。高校時代には県予選を勝ち抜いて、夏の全国選手権に出場している（記念大会で出場校が多かったため、日大山形の試合は甲子園ではなく西宮球場で行われた）。

「私の高校時代は、監督に手を上げられたことはありません。しかし、上級生・下級生の間の上下関係は厳しくて、理不尽なことばかり。打球がイレギュラーしたときには『ちゃんとグラウンド整備をしてないからだ』と言われて殴られたり、ケツバットをされたり。そういう経験があるので、選手たちにはいつも『せっかく好きで高校野球をやっているのに、出場停止になったら大変だぞ』と言い聞かせました。『自分がされて嫌なことはするな』『お世話になってよかったと思われる先輩になれ』と言ったものです。どれだけ聞いてくれたのかはわかりませんが」

澁谷は日大山形を卒業したあと、日本大学野球部に入った。その後は社会人野球の金指《かなさし》造船《ぞうせん》に進んだが、すぐに休部。母校の野球部の監督を任されたのは1972年、25歳のときだった。

「本当に恥ずかしい話なんだけど、昔のことだからいいでしょう。日大山形は私の母校ではあるけれど、まあひどかった。部室に入ってゴミ箱を見ると、たばこの吸い殻が溜まっていた。上級生によるしごきもひどくて、小さなことで難癖をつけて後輩をいじめるのがいっぱいいた。だから、下級生は上級生の顔色ばかり気にしている。まともに野球ができる状態ではなかったですね」

そこで、練習後に一年生を先に帰宅させたが、あまり効果はなかった。

「上級生はさすがに監督の前ではやりません。でも、陰で何をやっているかはわからない。『体育館の裏で待ってろ』みたいなことがあったらしい。練習が終わってから、何かおかしなことをやっているのはわかった。私自身、まだ若くて腕力もあったから、真正面からぶつかりました」

伏見工業高校ラグビー部をモデルに、熱血教師と荒れた高校生の格闘を描いたテレビドラマ『スクール☆ウォーズ』(TBS系列)が人気を集めたのは、1984年から1985年のことだが、それよりずっと前から澁谷は、「泣き虫先生」のようにヤンチャな選手たちと戦っていた。

「あっちから向かってくる子もいて、ぶっ飛ばしたこともありました。自分から部をやめた選手もいたし、私がやめさせた子もいました。監督になってすぐの年は、20人いた三年生のうち2人しか残りませんでした。だから、チームの成績も振るわず、春の大会はコールド負け。夏の県予選は1回戦負けでした。でも、そのときになあなあで済ましていたら、その後の日大山形はなかったでしょう。負けからスタートしたことが、逆によかったと思います」

澁谷は選手たちに礼儀を叩き込み、野球人としてのあり方を説いた。その一方で、時間のある限り、とことんまで野球漬けにした。

「いま振り返ると、大事なのはやっぱり最初だと思うんですよね。私が監督になったとき、三年生に好き勝手やらせていたら、どうなっていたかわかりません。ダメな者を切るというと厳しい言い方になりますが、その決断をしたことがよかったのではないでしょうか」

監督がどれだけ気を配っても、すべてをコントロールすることはできない。指導者の目を盗んで、後輩いびりは行われる。体を傷つけられ、心を踏みにじられることで、有望な選手は野球への情熱をなくしていく。だから、「腐ったみかん」は早めに排除しなければならないのだが、それは簡単なことではない。

「初めのころ、部員は一学年15人くらい。甲子園でも勝てるようになって、30人、50人と増えていきました。でも、そうなると練習以外の部分まではなかなか目が届かなくて……。いくら『やめろ』と言っても、なかなか厳しい上下関係はなくならない。『もうちょっと我慢してくれたら、いい選手になったのに』という選手がやめていく……私の力不足でしょうね。選手たちが卒業してからいろいろな話を聞かされました。『監督さんは知らなかっただろうけど、こんなことがあったんです』と」

勝っても勝っても、この難題はずっと付きまとった。

朝から晩まで10時間以上の練習

日大山形が初めて甲子園に足を踏み入れたのは、1973年の春。境高校（鳥取）と対戦して5対2で勝ち、山形県勢として歴史的な初勝利を挙げた。監督就任からたった1年での甲子園出場は、他人からは順風満帆《じゅんぷうまんぱん》に見える。しかし、澁谷にとっては苦難の日々だった。

「私も苦労といいますか、大変な思いはたくさんしました。そのころはチームにコーチなんていなくて、監督が全部やりました。バッティングピッチャーをやって、シートバッティングでも投げて、キャッチャーもやりました。ノックは、1日800本くらいは打ったでしょうね。当時の野球部長は教頭だったので、グラウンドに来ることはありません。ひとり何役もやったものです。まだ若かったし、投げることも打つことも選手よりできましたから」

いまの強豪校では分業制が進んでいて、コーチが複数人いるのが当たり前。監督の役割は昔とはずいぶん変わってきている。しかし、澁谷が監督になったばかりのころは、ひとりで選手全員を見なければならなかった。

「週末や夏休みには、朝から晩まで10時間以上、練習をしました。選手がぶっ倒れるたびに救急車を呼ぶので、消防署から叱られたくらい。いまの基準からすれば、やりすぎだったかもしれません。午前中はランニングとキャッチボールとトスバッティングの繰り返し。とにかく基本が大事だと考えていました」

単調な基本練習の繰り返しにゲーム的な面白さはない。なかには練習に倦《う》み、部をやめる者もいた。

「それはそれで、仕方がないこと。基本練習をしないで勝てるようになるとは、私は思っていませんでしたから。午後になってから、ようやくシートノック。守備を重視していましたので、ノックを2時間ぐらいやりました。私は日本大学を卒業したあとに入った金指造船でピッチャーをしていたんですが、すぐに肩を壊して、2年目からはコーチ兼マネージャーみたいなことをやらせてもらいました。

ノックを打ってもヘタだから、年上の選手は捕ってくれない。だから、ノックの練習をして、捕れそうで捕れないところに打つ方法を身につけました。それがのちのち、高校野球の指導者になって生きるんです。金指造船時代の望月教治《もちづききょうじ》監督に、『野球はバントとキャッチボール。それをきちっとやれば勝てるよ』と教えていただき、その教えをしっかりと守りました」

「指導者はなめられてはいけない」という思いから

選手たちはいつも監督を見ている。どれほどの情熱で選手に接しているのか、どれだけのものを求めるのか、そして、どこで妥協するのか。

「指導者はなめられてはいけません。私はまだ若かったので、実際にプレイをして見せることで『監督はすごい。かなわない』と思わせるようにしていました」

監督の目は当然、中心選手に向けられる。柱になる選手がしっかり育たなければチームが飛躍することはない。ときには、期待が暴力的な指導に形を変えることもあった。

「どこのチームを見ても、監督にやられるのはキャプテンや主力選手。中心になる選手を叱れば、チームはピリッとします。その選手に自覚が生まれれば、もっと伸びる。そういう相乗効果を狙ったことはありました。作戦として、大会の数日前にキャプテンに厳しく当たることもね。『俺たちのためにキャプテンがやられる』と思えば、選手たちも必死になります。そういう計算をする監督は多かったのではないでしょうか」

選手にはそれぞれ性格がある。キャプテンや主力選手のなかには、負けん気の強い選手もいれば、どんなときでも表情を変えないおとなしい子もいる。

「性格は人それぞれです。だから、指導の仕方は変えるようにしていました。選手たちの前でとことんやったほうがいい選手もいれば、別室に呼んでふたりきりで話をしたほうがいい選手もいる。

自分でうまいと思っている選手は、『ちょっと本気を出せばうまくやれる』と野球をなめたようなプレイをすることがあります。『俺がいないとこのチームはダメだ』と思いあがった選手もいます。そういう選手を特別扱いして甘やかすと、チームにとっていいことはない。だから、ガツンとやることはありました。なかには、『どこまでやれば監督が怒るか』を試すような者もいました。ここで手を上げなきゃ示しがつかないということはよくあって……。

強豪校の監督さんは練習試合でも、タイムを取ってまで選手をバンバンやってましたよ。その生徒のなかには、その後プロ野球で活躍した選手もいるし、メジャーリーグに行った選手もいました。監督にビシビシやられても、萎縮《いしゅく》することなく、プレイを続けるのはすごいと思いましたよ。どの監督さんもチームのため、その選手のためを思ってのことでした」

25歳で監督に就任した当時は、若さに任せて選手と正面からぶつかった澁谷だが、選手の気質の変化に合わせて指導方法を変えていった。

「監督になって最初の5年、10年は、『どうして俺が怒ってるかわかるか』とか『こういう理由で手を上げたんだぞ』とか言わなくても、選手がわかってくれた。35歳ごろには、『おまえの悪いところはここだぞ』とか『こういう部分を直さないとな』と先に言うようになりました。

初めの10年は若かったぶん、選手への気遣いが足りなかったと思います。自分の思いが強すぎたのかもしれない。どういう言葉を使えばいいかまでは気が回らなかった。やはり未熟だったんでしょう。そういうことが少しわかってきたのは、40歳を過ぎたころでしょうか」

もう「愛のムチ」は通用しないはずなのに……

球児が高校野球に打ち込める期間は短い。三年生の夏までの2年4カ月で、成果を残さなければならない。強豪や名門と言われるところの指導者に対するプレッシャーは大きい。

１９７７年の夏の甲子園で、ベスト４に進出した今治西高校（愛媛）のエースだった三《み》谷《たに》志《し》郎《ろう》が言う。

「どうしても勝たなければと監督は思うし、選手たちに勝たせてやりたい、甲子園に行かせたいと思うもの。短い期間で選手を育て、勝てるチームをつくるのは並大抵のことではない。昔は指導者と選手の間に信頼感があって、『愛のムチ』ととらえたけど、そのやり方がいまも通用するはずがない」

三谷は早稲田大学に進み、一年春から神宮球場で活躍した。早稲田大学は誰もが認める名門中の名門だが、三谷が在学していた１９８０年前後は施設も充実しておらず、昔ながらの練習方法が続いていた。

「監督がひとり、学生コーチがひとり。『とにかく投げろ、とにかく走れ』という練習だった。足腰だけが強い人、肩だけが強い選手にはなっても、野球がうまくはならんよね」

三谷はアイスホッケーやスキーなど、他競技の選手からトレーニング方法を聞いた。科学的なトレーニングとはほど遠かった１９８０年前後、上級生による「説教」とそれに付随する暴力は、大学野球では当たり前にあった。早稲田大学も例外ではない。

「野球界における暴力には、いろいろな種類がある。監督やコーチの指導力不足からくる暴力的な指導。選手を暴力で屈服させて従わせる指導者はたくさんいたでしょう。もうひとつは、選手への叱咤激励、期待の裏返しとしての熱すぎる指導。それとよくあったのが、ストレスを溜めた上級生の下級生に対する憂《う》さ晴らしかな」

三谷が現役選手だったころに普通だったことが、40年近く経ったいまもそこここに残っている。しかし、この30年で野球部員の気質は変わり、「愛のムチ」は〝暴力〟に、奮起を促す激しい言葉は〝暴言〟へと認識が変わった。

「暴力がダメなことは、誰だってわかっている。それでも、『みんなで仲良く野球をやって、強くなるのか』と思っている指導者は多いはず」

高校野球は本来は単なる部活動であるが、明らかに通常の〝部活〟の枠からははみ出している。

「選手を寮に住まわせるなら、生活指導もしなければいけない。本来なら親がやるべきことまで責任を負うとなれば、指導者は大変ですよ。一言注意しただけで理解できる部員もいれば、何回叱ってもわからない子もいる。それで多くの指導者は悩んでいるんじゃないかな」

指導者の暴力を〝告発〟した動画によって、指導者が処分を受けた例もある。

「40代、50代の指導者は、自分が受けた指導から抜け出せないのかもしれない。厳しさ＝暴力というのが残っているような気がする。でも、指導を録音したり、録画したり……それを恐れて、監督やコーチが思うような指導ができないとしたら、さびしいよね」

ひとりひとりの性格に応じた指導ができればいいのだが、監督と数人のコーチでできることは限られている。

「昔は監督が『こうせい』と言ったら、『はい！』で終わり。いまはそんなに簡単にはいかない。でも、指導者にも1日は24時間しかないからね」

暴力指導は受け継がれていく？

監督やコーチから暴力的な指導を受けた選手は、指導する立場になったときにどうなるか？　暴力を封印することができればいいが、それは口で言うほど簡単ではない。

古豪と呼ばれる野球部に所属した40代の男性は言う。

「高校でも大学でも、殴られるのは当たり前。そんな毎日でも僕が耐えられたのは、子どものころから暴力をふるわれることに慣れていたからかもしれません」

幸か不幸か、暴力に対して耐性があった。少年時代からよくチームの監督に殴られていたため、暴力を受けること自体は苦痛でなかったと言う。

「僕が一番殴られたのは小学校のとき。リトルリーグの監督がすぐ手を上げる人で、いつも殴られていたから、『殴られるのは当たり前』だと思っていました。小学生だから判断能力がなかったし。野球には暴力が付きものだと思い込んでいました。

自分には息子がいるんですが、悪いことをしたら殴ってしまいますね。いま、少年野球のコーチをやっています。親に殴られたことも怒られたこともないという子が、六年生でもざらにいます。『そんなんでいいのかな』と思ったりもします。個人的な感情で殴るのはよくないですけど、本当に悪いことをしても殴られないなら、大人や世の中をなめてしまうような気がして……」

彼にも、もちろん暴力を肯定する気持ちはない。だが、その効能を全否定することもできないでいる。

「暴力にはもちろん反対ですが、『愛のムチ』なら使い方次第ではないかと思います。『スクール☆ウォーズ』みたいに、先生が泣きながら殴るというのはありかもしれません。

でも、先輩が後輩を殴ったり説教したりすることに意味はないと思います。建設的なアドバイスなら聞けますけど、『声が出てない』とか『気合が足りない』と言われても……。野球部の後輩たちは好きなので、よく一緒に酒を飲みます。でも、先輩とは嫌です。いまでも緊張するし、『また何か言われるんじゃないか』と身構えてしまいますから」

初めて殴られたときは〝うれしかった〟

松山商業時代に鉄拳で選手を鍛え上げた一色は、帝京第五（愛媛）時代にも同様の指導スタイルを取った。教え子のひとりはこう言う。

「帝京第五を選んだのは、全国でも名の知れた監督のもとで甲子園に行きたいと思ったから。先輩たちはみんなやばかったし、嫌な思いもたくさんしたけど、なんとか続けられた。監督に初めて殴られたときは、『やっと俺のことを覚えてくれた』と思って、うれしかったね」

甲子園には出場できなかったが、それでも後悔はないと言う。

「もし殴られて野球がうまくなるなら、俺はいまごろメジャーリーガーになっていただろうね。そのくらい監督には殴られた。高校を卒業して何年も経ってから、当時の先輩が母校の監督に就任したとき、先輩の後見人みたいになっていたオヤジ（監督）の運転手として、ずっとお付き合いをさせてもらった。選手のときなんか、まともに口をきけなかったけど、ずいぶんかわいがってもらったな。葬式では中心になってお世話させてもらった。悲しい反面、最後まで一緒にいられてうれしいという気持ちもあったね」

その一色が甲子園に戻るのは、１９９０年のこと。32歳で日本一になった一色は、52歳になっていた。老獪《ろうかい》なベテラン監督に率いられた新田高校（愛媛）は、春のセンバツで日大藤沢（神奈川）や高松商業（香川）、北陽高校（大阪）などを下して、決勝まで駒を進めた。そのチームをトップバッターとして牽引した池田幸徳《いけだゆきのり》は、一色の指導についてこう言う。

「僕たちの時代には、監督が手を上げるようなことはありませんでした。ただ、とにかく負けることが大嫌いな監督で、練習試合のときは事前に『今日は0対20』と告げられます。それだけのハンディをつけられても、勝たなければいけない。つまり、『打線は20点を取れ、ピッチャーは0点で抑えろ』ということ。かなりの負荷をかけられました。

ただ試合に勝つだけじゃいけない。ときには試合の前半にメンバー外の選手を使って、点差をつけられた7回くらいからレギュラーが試合に出ることもありました。『ここから逆転せい』と言われ、必死になって点を取ったものです。試合終盤にどうやって挽回《ばんかい》するか、逆転できるかと、監督に体で覚え込まされました」

一色は甲子園から遠ざかっている間に、選手の育成法を変化させたのだ。

「雨の日には座学が多くて、いかに点を取るか、いかに取られないか、好走塁と暴走の違いなどを話してもらいました。いつも『ベンチにいる15人全員で相手のことを見ろ』と言われました。ピッチャーがダメならキャッチャー、キャッチャーがダメならショート。見るところはたくさんあると教えてもらいました。相手のクセがわかればペースを握ることができるからと」

昭和の野球ファンの心に刻まれる甲子園決勝の勝者になった監督は、平成の終わりに暴力的な指導を捨てて聖地に戻ってきた。だが、その舞台を目指す指導者のなかには、まだ暴力を封印できない者が多い。

第二章 「厳しい指導」は何のためにあるのか？

厳しい指導のメリット・デメリット

1980年夏の甲子園で鮮烈なデビューを飾った早稲田実業（東京）の荒木大輔《あらきだいすけ》（元・ヤクルトスワローズなど）は、高校時代の恩師・和田明《わだあきら》監督から暴力的な指導をまったく受けたことがないと言う。現在50代半ばの野球人としてはかなり稀有《けう》な例だろう。1990年以降に高校、大学で野球をしていた世代、現在40代の野球人でさえも、暴力とは無縁ではいられなかった。

プロ、アマチュアを問わず、その時代の多くの野球選手はどこかで暴力の洗礼を受けてきた。それに耐え、有形無形のプレッシャーを跳ねのけた者だけが、次のステージに上がることができる。指導者に反抗したり、背を向けたり、部を離れたりした者には、「根性なし」のレッテルが張られた時代だった。どれほどひどい暴力的な指導であっても、上級生から苛烈《かれつ》ないじめを受けても、選手たちは野球を続けるために耐え忍んだのだ。

高校、大学、社会人野球などで厳しい戦いを潜り抜けたプロ野球選手は、野球界に残る暴力とどう接してきたのだろうか？

指導者から「宝物」として扱われた大物もいれば、「その他大勢」のなかからのし上がった選手もいる。千葉ロッテマリーンズで通算87勝を挙げ、日本代表としてオリンピックやＷＢＣ（ワールド・ベースボール・クラシック）でも活躍した渡辺俊介《わたなべしゅんすけ》も、暴力の洗礼を受けたひとりだ。１９７６年8月生まれの渡辺は、國學院栃木（栃木）から國學院大學、社会人野球の新日鐵君津を経てプロ野球選手になった。その渡辺が言う。

「野球指導の場で暴力がダメだというのは、いまに始まったわけではない。昔からそうだったはずです。でも、厳しい環境で耐えた人間を社会が求めたという部分はあったでしょう。『愛のムチ』に対して理解もあった。だから、しつけとしての暴力、教育としての暴力が容認されたんじゃないでしょうか」

高校時代に父親が野球部のコーチをつとめていたこともあって、渡辺は厳しく鍛えられた。昔気質の父親は、ほかのチームメイト以上に息子に厳しく当たった。

「期待する選手に特に厳しくする。当時は、そこに愛があればいいと考えられていましたよね。うちの父親もムチャクチャ厳しくて……よく殴られましたが、当時の指導方法としては間違っていなかったと思います。確かに愛情を感じていましたし。ただ、受ける側がそう感じられなければ、やっぱり暴力なんですよね」

渡辺は高校時代、小関竜也《おぜきたつや》（元・西武ライオンズなど）の控え投手だった。大学でもエースではなかった。

「大学二年の春から、東北高校や仙台育英（ともに宮城）の監督だった竹田利秋《たけだとしあき》さんの指導を受けました。『竹田さんは厳しい』という噂を聞いた部員のなかはやめようとしたのもいて、部内がざわつきました。でも実際は、ほとんど殴られることはありませんでした。基本的には、言葉での指導でした」

竹田は東北、仙台育英を率いて甲子園で通算30勝を挙げた名将。教え子には、佐々木主浩《ささきかづひろ》（元・シアトル・マリナーズなど）、斎藤隆《さいとうたかし》（元・ロサンゼルス・ドジャースなど）、大越基《おおこしもとい》（元・福岡ダイエーホークスなど）らがいる。

ここ30年で、選手の気質は明らかに変わった。額に剃《そ》り込みを入れたり、眉毛を剃り上げたりする球児はもういない。

「昔はテレビドラマの『スクール☆ウォーズ』のような世界もあったでしょう。野球界だけでなく、ラグビーでも相撲でも。悪いことをしたらダメだということを、体で覚え込ませる必要があったのかもしれません」

暴力を含む厳しい指導にはメリットもある。

「僕の場合、よかったところを挙げるとすれば、暴力に対して耐性がついたこと。以前は、野球を続けるうちに暴力的な指導者に当たる可能性が高かった。免疫《めんえき》はついていましたから、そういう方に対しても臆《おく》さず、正面から渡り合えた。それは、父から厳しくされたおかげだったと思います。大学時代の竹田監督も、社会人時代の應武篤良《おうたけあつよし》監督も、厳しい指導者でしたから」

では、デメリットは何か?

「殴られるという恐怖を感じたことですね。父の場合、『これをやれ!』と言う人ではありませんでした。面と向かって考えさせられる時間が長くて、反射的に『はい』と答えると『はい、しか言えないのか』と怒られる。殴られる恐怖を感じながら指導者と向かい合う時間は、実際以上に長く感じました。特に礼儀やあいさつに関しては厳しかった。あのやり方はいま、絶対に通用しないですね」

渡辺俊介にとって厳しさとは？

もし暴力的な指導が有効なのであれば、陸上競技の100メートルを走る選手をスタート前に叩けばいい。指導者が選手を怒鳴りつけてタイムを縮めることが可能なら、みんなそうするはずだ。競泳でも同じことが言える。当たり前だが、指導者がビンタをして気合を入れても、恐ろしい言葉で叱りつけても、いつもより速く走れるはずも泳げるはずもない。

だが、野球のグラウンドでは罵声が飛び、ミスをした選手を張り倒す監督やコーチがいる。それはなぜなのか。暴力的な指導が入り込むのは、野球という競技の特性が影響しているのではないかと渡辺は言う。

「対戦型の競技は、あいまいな部分がものすごくたくさんある。『うまい選手は？』『強い選手は？』と問われても、答えはいろいろ。足が速いのと状況判断がいいのとではまた違う。『勝負強さとは？』と聞かれても、答えはひとつじゃない。

暴力への耐性があるというのも、ひとつの才能と言えますよね。個性とも考えられる。

高校野球もそうでしょうが、トーナメントで戦う社会人野球は一発勝負に強い選手が欲しい。強い選手をつくるためには、厳しくするのが手っ取り早いんです」

理不尽なことを経験させることで、短期間での成長が見込める。しかし現在、日本製鉄かずさマジックで監督として選手を指導する渡辺は、そのやり方に否定的だ。

「少し前までの社会人野球では、選手にそういうことをさせるところが多かった。でも、僕はやりたくない。じゃあどうすればいいのか、その方法をずっと探しているんです。どうすれば、本番に強い選手が育つのか。

高校野球は3年間で生徒が入れ替わるから、指導者が同じことを言っても聞いてくれるのかもしれませんが、プロ野球や社会人野球だと、長い選手は10年くらい所属します。同じやり方は通用しなくなります」

日本代表としてシドニーオリンピックに出場した2000年のドラフト会議で4位指名を受け、マリーンズに入団。2004年からは、メジャーリーグで経験を積んだアメリカ人監督、ボビー・バレンタインのもとでプレイした。

「暴力をふるうことが厳しさではありません。ボビーは選手とコミュニケーションを取る監督でしたし、暴力的なことはまったくなかった。でも、とても厳しい指導者でした。彼は絶対に許さないということがはっきりしていて、その線を越えたらアウト。暴力的なことでしか厳しさを出せないとしたら、その人は指導者とは言えないんじゃないでしょうか」

暴力的な指導は許されない。ならば、どうすればいいのか？

「指導者が勉強するしかない。自分の経験だけでは選手の指導ができないのなら、なおのことです。僕には平岩時雄《ひらいわときお》さんというトレーニングやコーチングの師匠がいます。陸上競技の110メートルハードルの日本記録を持っていた方です。僕は大学時代、教わったことができないタイプだったので、平岩さんにお願いして、どうすれば思い通りに体を動かせるかを教わりました」

その平岩が、渡辺には誰よりも怖かったと言う。

「平岩さんの練習はものすごく厳しくて、手が抜けないんですよ。殴られたことも怒鳴られたことも一度もありません。それでも、怖いコーチなんです。『このへんでサボりたいな』と思った瞬間、すぐに気づかれる。何かを言われるわけではないけど、甘えた気持ちがバレたことがわかる。すべて見抜かれているという怖さがありました。平岩さんとトレーニングをして、殴らなくても、怒鳴らなくても、厳しい指導ができるということを知りましたね」

規則を守れない子を更生させるのもスポーツの役割

1977年8月、滋賀県大津市に生まれた田中聡《たなかさとし》は、小学四年生で野球を始め、中学時代に京都の硬式野球チームに入ったが、練習場所が遠かったため、学校で所属していたバスケットボールの活動のほうに熱心だったと言う。だが、バスケットではプロになることが難しいことを知り、野球を選んだ。尽誠学園(香川)に留学し、甲子園を目指した。その田中が言う。

「監督だった大河賢二郎《おおかわけんじろう》さんはちょっと変わった指導をする方でした。先輩に伊良部秀輝《いらぶひでき》さん(元・ニューヨーク・ヤンキースなど)がいることからもわかる通り、尽誠学園は意外と自由な雰囲気でした。上下関係は厳しくて、選手間の生存競争は激しかったですけどね。もちろん規律を破った選手は罰を受けていましたけど、驚くほどのことではなかった」

親元を離れて寮生活を送る選手の多い野球部では、私生活の管理も指導者が負うことになる。全員がルールを守ればいいのだが、何かと問題が出てくる。

「悪いことをしたら罰があるということを教えるのも教育ですよね。口で注意してわかる選手ばかりではありませんから。野球部の生活のなかで、世の中のルールを教えてあげなくてはいけない。そういう野球部は日本中にたくさんあるはずです」

ここ数年、指導者が選手に暴力をふるう動画も流れているが、そこにいたるまでの経緯が明かされることは少ない。

「もし法律や校則を破ったのなら、学校をやめさせればいい。でも、そういう子を更生させるというのもスポーツの役割。頭がよくなかったり、家が貧しかったりするなかから勝ち上がるためには、スポーツの才能が必要です。だから、集団生活をするなかで、いろいろなことを覚えさせるのも指導者の仕事なんですね。世の中からはみ出してしまいそうな子にとって、スポーツは重要だと思います。まあ、基本的なルールを守れない人間が、上のステージで活躍するのは難しいでしょうが」

甲子園に出れば、選手には大学への進学や野球部を持つ大企業への就職の道が開ける。だから、野球強豪校ほど勝利至上主義になる。だが、高校時代に甲子園に出場し、法政大学に進んだ田中は、指導者の姿勢に疑問を持っている。

「みんな、勝とう、勝とうと思いすぎですよ、どうしてそんなに勝ちにこだわるんだろうと、不思議でしょうがない。指導者が前のめりになりすぎなんじゃないですか。一番勝ちたいのは、選手たち、子どもたちです。かけっこをやらせても、ただ勝ちたいから頑張る。そういうもんでしょう。

それなのに、大人が勝手な価値観を押し付けてしまう。大事なことは人を育てること。人を育てるために勝利を目指す。違いますか？　多くの指導者が、目的と目標を混同しているように思います。だから、いろいろなところにひずみが出る」

それが指導者による暴力であり、上級生による下級生へのいじめである。

「法政大学に入ってから、先輩によく殴られました。僕は一年生から寮に入っていたんですけど、下宿から通う選手もいる。寮にいる一年生にはいろいろな当番があって、やることがたくさんある。チョンボをすれば、すぐに殴られる。『理不尽なことにも耐えないと』と思って1年間だけは我慢して、寮を出ました。僕の場合はそのあとも関係なく、殴られましたけどね。でも、下宿暮らしだと気分を変えられるから、精神的に楽なんですよ。飯も自由に食べられるし、生活における制約はありませんから」

寮で暮らすなら、先輩と相部屋になる。部屋長である先輩に対して24時間、気を遣わなければならない。

「子どものころから自分の部屋があって、親がなんでも言うことを聞いてくれる環境で育った人間が、そういう生活に耐えるのは大変なんです。普通だったら、もたない。寮の管理をするのは学生で、最上級生である四年生ですから、信じられないようなこともありました。歯止めが利かない」

理不尽な世の中に出るためには「根性論」も必要

田中はよく先輩の標的になった。

「そんな環境にいて、へこたれないほうがおかしい。殴られたいと思ったことは一度もないけど、僕の場合、子どものころに格闘技をやっていたので、殴られることに対する恐怖心が全然ないから、心は折れなかった。『どんどん殴れよ』と思っていました。『受けて立ってやる』と。このあたりの感覚は理解してもらえないと思うけど（笑）」

野球における暴力には2種類ある。ひとつは指導者による暴力的な指導、これはときに「愛のムチ」と呼ばれることがある。もうひとつは、チーム内のストレスのはけ口が弱い者、つまり下級生に向かうケースだ。多くの場合、原因はあってないようなものだ。暴力をふるうために、恐怖を植え付けるために、あとで理由をつけることが多い。暴力は暴力を呼ぶ。

「でも、理不尽な暴力って、世の中に必ずあるものじゃないですか。それを経験すること自体は、マイナスではないと思っています。そういうことがあると知っておくことは大事です。どうやって回避すればいいかを考えられるから。

日本は安全だからいいけど、外国に行けば暴力に巻き込まれることもある。暴力をふるう人間の心理、どこで怒りに火がつくかということを、知っておいて損はない。特に男の場合はね。自分の身を守るため、危機管理としてです。理不尽な暴力は社会からなくならないので、どうにかして回避するしかない」

しかし、暴力的な指導によって野球の技術が上がることは、絶対にないと田中は言う。

「野球で大切なのは、才能と技術。それらと暴力はまったく関係ありません。そもそも、努力すればできるようになるという考え方がおかしい。僕がいくら頑張っても総理大臣になれないのと同じで、できないことはできない」

一方で、田中は「根性をつける」ということに関しては賛成だ。

「エリートを養成するうえで、根性論は必要だと思います。学生野球でやらなきゃいけないのは、勝つことじゃない。あえて言えば、高校野球の目的は根性を身につけることなんですよ。メジャーリーグで活躍する選手を見てください。みんな、根性がありますよ。ダルビッシュ有《ゆう》（シカゴ・カブス）だって、前田健太《まえだけんた》（ロサンゼルス・ドジャース）だって、田中将大《たなかまさひろ》（ニューヨーク・ヤンキース）だって」

「プロ野球選手になれる才能」の見極め方

田中は法政大学時代に四番を任されたこともあるが、大学卒業時にドラフト指名はかからなかった。アメリカ独立リーグでプレイしたあと、テストを受けて2000年ドラフト7位で日本ハムファイターズに入団した。プロ2年目の2002年には一軍の春季キャンプに参加したが、コーチと衝突《しょうとつ》し、乱闘騒ぎを起こしたことがある。

「プロ野球の世界にも暴力はあります。殴るコーチはたくさんいます。僕と殴り合いになったコーチは温厚な人で、みんなが『あの人はそうじゃない』と言うんだけど、そういう人を怒らせるのが僕なんです（笑）。そのコーチ自身というよりも、上の人から指示があったと思いますけど。いまのファイターズは、ガラッと指導スタイルが変わっています」

田中は2003年に阪神タイガースに移籍すると、そのシーズン限りでユニフォームを脱いだ。その後、少年野球教室の指導員、専門学校の講師を経て、2017年から英語を公用語とする日本初のリトルリーグ「東京広尾リトル」の事務局長をつとめている。

「プロ野球選手になるために、絶対的に必要な要素は身長です。体が大きくて、スピードのある選手が圧倒的に有利。プロ野球は190センチ近い選手が1000人で競って、10人がなれるかどうかという世界だから、誰もが目指せるところではありません。人にはそれぞれ限界がある。それをわかっていれば、過度な練習を課すことはないんです」

もちろん、170センチそこそこでも大成した選手はいるにはいるが、決して多くはない。

「もし、プロ野球選手を本気で目指すのであれば、大事なのは0→1の能力を磨くこと。なんでも1回でできるようにすることなんです。子どもたちにはよく『1回でできる人と、100回やらないとできない人、どっちが早く上手になると思う?』と聞きます。できないことを努力してやらせようとするからおかしくなる。努力は才能のある人間がやること。

その部分の才能がなければ、シフトチェンジして違う才能を見つければいい。才能がないことを知ることが、スポーツで大切なことですよ。競技もそうだし、ポジションもそう。体のサイズによって、自分の生きるところを変えていく。ただ、才能を見極めるのは、早すぎても遅すぎてもダメ。身長が止まるころが、野球の才能の見極めどきなんです」

だから、それまでは子どもたちに、新しい体験を積ませるようにしている。

「僕たちがしているのは、やったことのないことを1回でできるようにすること。0→1、0→1、0→1のチャンスを増やす。経験のない子にピッチャーをさせたり、キャッチャーをさせたり。ほかにも、ハードルを跳ばせたり、走り高跳びをやらせたりします。0→1の能力を高めておいて、身長の伸びが止まったころに、自分に合ったスポーツを選べばいい。190センチなら野球、165センチならボクシングとか。その子の才能に適さないスポーツをやっても、いいことなんかありません」

甲子園に出ることやプロ野球選手になることだけが、野球の楽しみではない。

「僕はいま、日本にいるアメリカ人の子どもたちに、野球とベースボールの違いを教えているんですよ。彼らに、『Baseball is not 野球』と言うと、『えっ?』となりますけど、ベースボールと野球は別物だと考えたほうがいい。ルールは同じでも、その成り立ちや背景が違いすぎるから。そのうえで僕が考えているのは、どうやったらモチベーションがアップするか。子どもたち自身がどうやって勝とうとするか」

これは野球だけでなく、ほかのスポーツにも共通することだ。

「どうすれば子どもたちが喜ぶかと考えたときに、頭に浮かんだのは点を取ること、攻めることです。マインドとして、打って勝ちたい、攻めて勝ちたいというのがある。そんな姿勢、楽しみ方にこそ、彼らのアイデンティティがある。

常にチャレンジすることに対して意欲的。守ることの面白みなんて、よくわからないんですよ。勝つためにどうするかといったら、打つぞ、攻めるぞと。だから練習でも、打つことばかり考えています」

少年野球ではよく「ピッチャーのボールをしっかり見ろ」と言われるが、見逃しているうちに追い込まれることも多い。

「打てるボールを打つのが野球というスポーツの原点ですから、『ストライクじゃなくても、打てるところに来たら、どんどん打て』と言っています。打つこと=チャレンジですからね」

5点取られたら6点取る。10点取られたら、11点取ればいい。どれだけ言葉を尽くしても、アメリカ人の子どもに「0点で相手を抑えたら、負けない」という理屈を理解させることはできない。

「1点くらい取られたって、かまわない。野球で大事なのは、失点しないことではなく、アウトを取ることだと教えています。どうせ打って勝つんだから、1点や2点、どうってことない（笑）。そう考えれば、バントや盗塁の意味も変わってきますよね？　たくさん点を取るための方法になる」

ポジションに対する考え方も少し変わっている。

「野球には9つのポジションがありますよね。レギュラーになるためには、全部のポジションを守れたほうがいいに決まっている。子どもたちには『全部のポジションができたほうがよくない？』と言っています。そうしたら、内野でも外野でも、一生懸命に練習するようになります。そのスポーツをどうやって楽しむか。方法はいろいろあっていいんです」

甲子園球児はみんな「暴力に耐えた人間だ」という刷り込み

立教高校（埼玉、現・立教新座）から立教大学に進み、2度のリーグ優勝を経験した菅《すが》原勇一郎《はらゆういちろう》は、「おべんとうの玉子屋」を経営する実業家だ。そのかたわら、硬式少年野球チームの「大田リトル・シニア」の運営にも関わっている。自身も同チームＯＢである。

１９６９年生まれで、渡辺と田中の少し上の世代だ。私の立教大学野球部の2学年下の後輩に当たる。

「リトルリーグ、その上の年代のシニアリーグは、昔から関東や東北で盛んでした。ほかに、ボーイズリーグ、ポニーリーグがあるのですが、そのふたつは主に関西で発展してきました。『大田リトル・シニア』は伝統があって、甲子園に出場したOBもたくさんいるんですが、『いい高校に進学できますよ』という誘い方はしていません。野球の強豪校に推薦で入っても、ケガをすることもあるし、指導者と合わないこともあるから。ほかのチームに選手が流れることもあって、いまは成績はあまりよくありません。僕らのときには5軍まであったけど、人が少ないから、やめないように子どもたちを指導するようになっていますね」

菅原が大田リトルの選手だったときには関東大会で優勝しており、そのまま甲子園にも出られるような選手が揃っていた。

「でも、監督の指導に合わなかったり、高校に入って上級生にいじめられたりで、野球を続けたのは、高校までで4人、大学まではふたりくらいでしたよ」

菅原の高校時代、どこの野球部でも当たり前のように暴力があった。

「確かに、僕は生意気だったし、態度も悪かったかもしれません。卒業してから先輩と会う機会があり、『よく、先輩にはやられましたよ』と話してみると、厳しく当たってても部をやめないだろうという人間を選んでいたことがわかる。どれだけやっても大丈夫だと思うから、どんどん激しくなっていったんでしょうね」

一年生の夏の埼玉大会で菅原がベンチ入りメンバーになって以降、さらに風当たりが強くなった。

「入学したときに65キロあった体重が、55キロまで落ちました。学校のなかで先輩と顔を合わせるのが怖い。だから、教室からはほとんど出ませんでした。甲子園の埼玉予選のころは、ストレスで胃液が出て、ずっとご飯を食べられない状態でした。三年生は早く引退してくれないかなと、そんな気持ちが強くて。練習でも学校でも、とにかくミスしないように、チョンボしないようにとだけ考えていました。特に厳しくされたのは、プレイに一生懸命さが足りないときかな。ベンチ外の一年生は生活態度で。僕はダブルで食らいましたね（笑）」

なぜ、そんな生活に耐えることができたのか。

「野球の名門や強豪校はもっとひどいことを知っていました。殴る蹴るが当たり前で、耐えられない人はレギュラーになれないし、甲子園で活躍していた人たちは、暴力を我慢して乗り越えた人たちなんだという刷り込みがあった。だから、やれただけです。いま思えば、全然意味がない」

リトルリーグに入れた息子からのショックな一言

菅原は厳しさに耐えたことで、レギュラーになり、大学では神宮球場でもプレイできた。彼もまたサバイバーのひとりだ。

「大学まで野球を続けて、よく耐えたと言われることが多いんですが、途中でやめた人のほうが正常だった気がします。人間的というか。最後まで続けたのは、意地があったからというだけです。だから、ドロップアウトした人間が負け犬のような扱われ方をするのはちょっと違う気がします。確かにあの数年間以上につらい経験は、その後30年近く生きてきたなかでなかったけど、生き生きと個性を伸ばしたほうがよかったんじゃないかとも思いますね」

野球界で当たり前のことが、世間では普通ではないと教えてくれたのは、自分の息子だった。

「最初は当然のように、息子を大田リトルに入れました。五年生までやりましたが、あるとき『試合で負けたあとに、おまえのエラーで負けたんだから謝れと言われるのはおかしい。野球はチームスポーツで、誰かを責めるものじゃないでしょ』と言われました。もう野球は嫌だからと、アメリカンフットボールのほうに行きました。『やめるな』とは言えませんでしたよ」

苦しいことの先に勝利がある。だから、どんな仕打ちを受けても耐えろ。そんな指導はもう若い世代には通用しない。

「野球を楽しめるように指導するべきだと思うけど、それができているチームがどれだけあるのか。リトルに入る子も親も、本気で甲子園を目指している。そうなれば、楽しみながらというのは難しいですよね」

指導者には、指導者の思いもあり、事情もある。

「本当に選手のためを思って、暴力に訴える指導者もいるでしょう。確かに選手の態度や姿勢などに非がある場合もあるんだけど、手が出てしまうのは教える側の勉強不足が原因です。コミュニケーションスキルが低いケースが多い。朝から晩までずっと練習で、同じメンバーとだけ過ごすのも問題でしょうね。

指導者はもちろん、仕事ではなくボランティアでやっていて、週末の休みを潰して、ずっと野球のことばかり考えている。『このチームのためにやっている』という思いが強いぶん、暴力が顔を出すことになるじゃないですか。そういう人を排除したら、指導する人がいなくなるかもしれない」

その労に報いるために、保護者は弁当を用意し、お茶を出す。下へ置かない扱いをされるうちに、勘違いする監督やコーチも出てくる。そこに、暴力を生み、許容する土壌《どじょう》ができる。

菅原が経営する玉子屋は、現在1日6万食以上の昼食弁当を都心の企業に届けている。年商は90億円。2008年にはサービス産業生産性協議会が主催する「ハイ・サービス日本300選」第2回受賞企業に選出され、さらに2015年から現在まで、「世界経済フォーラム（通称「ダボス会議」）」のフォーラムメンバーとして、会議に参加している。

そんな経営者として、菅原は野球人の未来を憂《うれ》いている。

「学生時代に経験した暴力的なことがよかったか悪かったかといえば、よかったとは思わない。指導者に服従しなければチャンスをもらえない、反抗すれば出番を奪われるという野球界の体質が、その後に悪い影響を与えているような気がします。

うちの会社は弁当屋ですけど、ほかの国にオフィス向けの仕出し弁当というスタイルはないから、その分野ではうちが世界一とも言えます。この10年、経営者としてさまざまな業種の国内外のリーダーに会う機会がありましたが、ラグビー、アメフトの出身者が多くて、野球出身の人はあまりいない」

野球を巡る環境のせいではないかと菅原は言う。

「ラグビーやアメフトの人は、練習以外にもいろいろなことを経験していて、バイタリティがある。野球は練習時間が長くて、閉鎖的。どうしても視野が狭くなりがちです。監督の指示は絶対という世界にいるから、自分で考えることが少ない。だから、いまだに暴力が残っている。

いまの時代、誰かに従うだけではダメで、自分から何かを生み出さないと通用しない。僕は、野球出身の経営者がたくさん出ることを楽しみにしているし、社会で活躍する野球人がもっと増えてほしいと思っているんですけど……」

野球というスポーツの閉鎖性、風通しの悪さが、暴力を生む温床になっているのだろうか？　次章でじっくり掘り下げていく。

第三章　野球というスポーツの「閉鎖性」

「はい！」「大丈夫です！」しかない返答

いまだに暴力的な指導を続け、厳しすぎる上下関係を黙認する監督やコーチがいるのは事実だ。もし、このふたつが勝利をつかむために必要なのだとしても、リスクのほうが多いことは誰にだってわかるだろう。

選手への暴力や暴言が発覚して、指導者が謹慎《きんしん》処分を受けたり、その職を解かれたりする可能性があるからだ。部内の非行やいじめによって、チームが活動停止処分を受けるところも少なくない。

百歩譲って、暴力を効果的に使うことが勝利への近道だったとしても、あまりにも分《ぶ》の悪い勝負だと私は思う。それでも監督やコーチが暴力を懐に忍ばせて指導を続けるのは、なぜなのだろうか。日本の指導者だけのものなのか。

前章で、日本とアメリカの野球の違いについて語った田中聡には、アメリカの独立リーグでプレイした経験があり、ニューヨーク・ヤンキースなどで活躍した伊良部秀輝と親交があった。尽誠学園、法政大学とエリートコースを進みながら、ほかの元プロ野球選手とは異なる野球観を持つのはそのためだ。日本野球のセオリーを重視していないから、「東京広尾リトル」で独特な育成法を展開している。

渡辺俊介は2013年限りで千葉ロッテマリーンズを退団したあと、アメリカに渡り、独立リーグでプレイした。日本球界の特異性を渡辺が指摘する。

「スポーツ自体の立ち位置が、アメリカと日本では違う。アメリカではスポーツは楽しむもので、成功した人へのリスペクトも強い。日本とはステイタスが大違い。日本の場合は、修行、教育の意味合いが強いから、そのあたりが変化しないと、指導者も指導のスタイルも変わっていかないのかもしれませんね」

渡辺はベネズエラでもプレイし、そこで気がついたことも多かった。日本野球を離れたところでプレイ経験のある指導者は稀《まれ》だ。

「指導者と選手の関係で一番違うのは、相手が小学生でもきちんと話を聞くこと。全部話し終わるまで待って、それから指導者が話し始める。日本だと、すぐに話の腰を折ってしまいますよね。『でもな……』と。アメリカやベネズエラのやり方がすべて正しいとは思わないけど、コーチが選手の話をじっと聞くことには驚きました。日本では、話をするように水を向けても、選手は『はい、はい』と答えるだけ（笑）。それで、『どうしたらいいですか』とすぐに答えを求めてくる」

それでは、あまりにも表面的なコミュニケーションでしかない。

「だから、僕がコーチになってから、『はい』と『大丈夫です』は禁止しました。いま、どういう状況なのか、どんな気持ちなのかを、自分の言葉で教えてくれと。僕がボストン・レッドソックスのキャンプに参加したとき、こういうことがありました。

『ひじや肩の状態はどうだ?』と聞かれて、僕は『OK!』と答えたんです。でも、彼らが知りたいのは投げられるかどうかじゃなかった。『痛みやハリがあるのか、それがどの程度か』ということでした。痛さやハリにもいろいろな種類と程度があるから、それを把握したいんだと言われました。日本ではそんな会話はありません。『大丈夫か?』『大丈夫です!』というやりとりばかり……」

渡辺は異国で、宗教や言葉、習慣の違いも痛感させられた。

「海外の野球でも、未熟な若い選手に対して、しつけや教育が必要な場面はあります。アメリカやベネズエラでいろいろな国の選手と一緒にプレイしましたが、ベンチで唾《つば》を吐くし、道具の扱いもひどい。でも、宗教的な教えはしっかりと守るんです。僕がグラウンドにお辞儀することを、不思議がられたことがありました。僕は高校、大学と神道系の学校に通ったので、アニミズムとかそんな話をすると、『ああ、ネイティブ・アメリカンと同じ多神教か』となんとなく納得してもらえました。グラウンドに礼はしませんが、相手に対するリスペクトの念は、彼らのほうがあると思います」

国籍、人種、言葉、習慣がすべて違うからこそ、チームにはルールがある。

「お互いを尊重しながら、許しながら戦うために、チームには一定のルールがあり、それを守らなければならない。どんなに実力がある選手でも、それを守れなければクビになりますからね」

渡辺の意見を聞いても、素直に賛同できない指導者は多いだろう。選手をリスペクトすることなど考えたこともない監督やコーチが多いからだ。

長い目で選手の成長を見守るドミニカの指導者

野球に力を入れる強豪校の多くが私学で、戦力が充実している年もそうでない年も、「甲子園出場」を目標に掲げて戦うことが義務づけられている。そのため、選手にじっくり技術を教え、成長を待つ時間的な余裕などないという現実がある。

「高校三年の夏に成果を出そうと思ったら、入学から二年ちょっとしかない。指導者が手取り足取り教えたり、型にはめたりしないと、勝てるチームにはなかなかなりません。選手に『考えさせる』より、答えを『教える』ことを選ばざるをえない。そうでないと、とても間に合いませんね」

そう語るのは、ドミニカ共和国などで学んだ野球指導法を、日本の指導者に伝える阪長《さかなが》友仁《ともひと》だ。新潟明訓（新潟）で1999年夏に甲子園出場を果たしたあと、立教大学に進み、四年時にはキャプテンをつとめた。『高校球児に伝えたい！　ラテンアメリカ式メジャー直結練習法』という著書もある。

チーム全員に同じ方向を向かせようと、選手を追い込むために、暴力的な指導を行う指導者がいる。選手たちの成長を待てないというのが指導者側の本音だろう。高校野球の大会は「負けたら終わり」のトーナメントだから、監督が常に目の前の勝ち負けにナーバスになるのは理解できる。「焦るな」というほうが無理だ。監督のストレスが暴力的な指導となって選手に向かい、爆発することもきっとあるだろう。

ラテンアメリカの指導者はどうなのか。手を上げたり、厳しい言葉を投げつけたりすることはないのだろうか。阪長が言う。

「日本の高校生と同じ16歳〜18歳の選手たちを指導する、ドミニカの指導者にいろいろと勉強させてもらっていますが、僕が見た限り、試合中も練習中も声を荒らげる人はひとりもいません。もちろん選手はミスもしますし、消極的に思えるプレイもします。それでも叱りつけることはなく、じっと観察をしています。ミスの前後をしっかりと見ているのです。

試合や練習の翌日、選手が落ち着いたところで冷静に話をします。試合に勝つことが最重要ではないので、時間をかけて選手の成長をサポートしているようです。それがこの国共通の指導法ですね」

日本の高校野球では、監督がプレイを止めて、選手を立たせたままで怒鳴ることがよくあるが、そんなシーンは皆無だと言う。

「僕もドミニカの指導者に『どうして怒らないの？』と聞いたことがあります。『どうしてできないんだ？』とか、『なぜまた同じことを！』と心のなかでは思っても、『その年代の選手は経験が足りないからミスはするものだ』と考えていると言います。彼らが選手に対してすることは、前向きにプレイできる状況をつくること。そのためにどうすればいいのか、選手とどう接すればいいのかを考えています」

叱りつけたり、怒鳴ったりしたら、彼らとのコミュニケーションが難しくなってしまう。ドミニカの指導者にライセンスはないが、メジャーリーグの考え方の影響を強く受けており、過剰な指導を行うことはない。

メジャーリーグのアカデミーの指導者は、ドミニカやベネズエラなどのラテン系で、メジャーリーグに上がれなかった人が中心。基本は1年契約で、メジャー球団が決めたガイドラインに沿った指導ができているかどうかで評価される。

「彼らはよく『いまはよくても、先で伸びない』『あまり厳しくしすぎると野球が嫌いになってしまう』『教えすぎると、チャレンジする心がなくなってしまう』と言います。だから、言いたいことがあっても、指導者はグッと我慢をしているのではないでしょうか」

選手は「勝つための道具」なのか？

日本の場合、どうしても勝利至上主義に陥りがちだ。高校の2年4カ月で結果を出そうとすると、『勝つための指導』になってしまう。これは仕方がないことなのかもしれない。

「あるとき、メジャー球団のアカデミーにいる10代の若い選手と面白い会話をしました。

彼は日本のプロ野球に興味があるらしく、いろいろと質問してきます。

僕はあえてネガティブなことを言いました。『ミーティングが多い』とか、『練習時間が長い』とか。『場合によっては、ミスをしたときにひどいことを言われたり、されたりする可能性もあるよ』とも言いました。そうしたら、彼からこんな質問が返ってきました。『きみたちの国の指導者には選手に対するリスペクトはないのか?』と。

僕はそれまで、選手に対するリスペクトなんて考えたことがありませんでした。ドミニカの16歳、17歳にとって、それはあって当たり前のものなんですね。そのとき、ハッとしました。日本では、選手を尊敬の対象と見ていない指導者が多いのではないでしょうか」

指導者が正しいことを教え、選手がそれを黙って実行する。反論は許されない。選手を「勝つための道具」と考える指導者はたくさんいる。

「指導者と選手は対等です。どちらかが偉いわけではない。指導者が存在するのは、選手が最大限のパフォーマンスを発揮するため。それが、5年後かも10年後かもしれなくても。もちろん、早く成長してくれればそれにこしたことはありませんが、『結果が出るのはずっと先』だとドミニカの指導者は心得ています。だから、焦っても仕方がない。選手とそんな会話をして、なるほどと思いました」

高校野球では試合後に、「選手のおかげで勝つことができました」と語る監督がいるが、本心かどうか疑問符がつくケースもある。「駒としてうまく動いてくれた」という意味で、その言葉を使っていることも多い気がする。

宗教学者が語る、野球界に根強い「監督崇拝」という問題

野球の指導者がいまだに暴力的な指導から抜け出せないのは、個人の資質だけのせいではないのかもしれない。野球というスポーツの特殊性を考えなければ、いまだに暴力が残ることの説明がつかない。

野球好きでもある宗教学者・島田裕巳《しまだひろみ》に、野球と暴力との関係について聞いた。

「宗教界にも暴力は存在します。曹洞宗では1年間、大きな寺で修行をしないと僧侶《そうりょ》の資格が与えられない。入門を志願しても簡単に受け入れてもらえず、殴られたり蹴られたりするそうです。修行が始まったら始まったで厳しい生活が待っていて、たとえば食事の作法を間違えると、かなりキツくやられる。この1年目のしごきに耐えると、今度は迎える側になる。この禅の道場のやり方が、日本の軍隊に伝わったという説もあります」

この初めの1年は、新人の教育係になるための訓練期間ととらえることもできる。

「人間という存在は、理由もなしにそう簡単に暴力をふるうことはできないものです。それができるようになるための修行であると言えるかもしれません」

これは大学野球部に見られる図式と同じだ。二年生が新人の教育係となり、連帯責任を負う。三年生や四年生から叱責を受けるのは新人でなく、二年生だ。だから、〝教育〟あるいは〝しつけ〟として、新人には暴力が使われる。

「同じやり方ですね。でも、新しく入ってきた人を鍛えるところはほかにもあります。帝国大学系の〝七帝柔道〟経験者に会ったことがあるんですが、似たようなことを聞きました。私が非常勤で教えている東京女子大学の寮でも、新入生が入ってきた最初の1週間は、『ここは厳しいところだ』と教えるために、暴力はふるいませんが、みんなで厳しく振舞ったと言います」

以前は寮などで集団生活を送るために、〝しつけ〟は必要な通過儀礼ととらえられていた。

「そういうことを通じて集団生活のルールを覚えたり、その場所にふさわしい振る舞いを身につけたんじゃないでしょうか。最近は保護者からの苦情が多く、少なくなっているようですが、厳しいやり方で新しい人を組織的に鍛えるという方法は珍しくはありませんでした」

しかし、こうした方法が、日本の野球界でいまだに根強く残っているのはなぜなのか。この疑問に対して、必要以上に監督を崇拝《すうはい》する空気が残っているからではないかと島田は言う。

「ほかのスポーツと野球が違うのは、監督の権限の強さです。選手の選別も、起用も、作戦も、監督が決めて、選手の評価もしますよね。監督＝権威者なんです。だから、監督のために選手がプレイするという状況が生まれるんですよ」

監督が選手と同じユニフォームを着るスポーツは、野球くらいだ。

「ラグビーの場合は、試合中にヘッドコーチはスタンドにいますよね。サッカーもベンチでコートやスーツを着ている。でも、野球は違います。監督を頂点に置くヒエラルキーのシステムがある限り、いまの野球界の風潮を変えるのは簡単ではないでしょうね。既得権益を持っている人は、絶対に奪われたくない。いかなる手段を使っても守ろうとする。そういうことがどの世界でもある。でも、野球の監督はそんなに偉いんでしょうか？」

監督も「ユニフォーム」を着るという一体感の危うさ

　メジャーリーグではゼネラルマネージャー（GM）の権限が強く、監督が編成権や人事権を持つことはほとんどない。日本でもそれに倣《なら》う球団も多くなった。しかし、高校野球では監督が主役となる場面が目立つ。春夏の甲子園でも、試合後のインタビューに初めに答えるのは監督と決まっている。大会のたびに、監督の通算勝利数が取りざたされるのも、日本特有の文化と言えるかもしれない。

「監督のところに利権が集まりますよね。お金だけでなく、それ以外にもいろいろなものが。日本には甲子園大会という特殊なものがあり、メディアが乗っかる形で肥大化していった。高校野球は市場が大きいから、いろいろな人が集まってくる。なかには、暴力的な嗜好を持つ人や権力が好きな人もいるでしょう。

　でも、野球自体は科学的になってきているから、そういう人が排除される方向に向かっているはずです。いまは過渡期なんじゃないですか。暴力に対する社会の考え方だって、確実に変わっていますから」

しかし、いまもまだ指導者による暴力や暴言のニュースは引きも切らない。定期的に、どこかで誰かが処分を受けている。

「やっぱり、監督がユニフォームを着ていることが大きいんでしょう。それだとチームと監督が一体化してしまう。監督は一球一球に指示を出すことで、試合を細かく動かすことができる。軍服を着ているのと一緒で、シビリアンコントロールが利かない。選手は坊主頭だし、戦争態勢に見える。高校生のスポーツだということを考えれば、ユニフォームを着ていることはもちろん、ベンチに入ってサインを出すのもおかしい。高校野球を見るたびに、一体であることを重視しているんだなと思いますね」

監督がサインを出し、それに選手が従うことは当然の風景だが、それは決して当たり前ではないと島田は指摘する。

「おかしいことをおかしいと認識していないところが、一番の問題じゃないですか？」

「監督不在」でも甲子園に行けるか？

2013年春、PL学園（大阪）で三年生による二年生への暴力事件が発覚し、6カ月の対外試合禁止処分が下された。活動が許されたその秋に監督になったのは、野球経験のない校長だったため、キャプテンが出場選手を決め、サインを出した。

そのキャプテンこそ、のちにプロ野球選手になった中川圭太《なかがわけいた》（現・オリックス・バファローズ）だ。２０１４年夏の大阪大会で、決勝まで勝ち進んだＰＬ学園をリードした中川は言う。

「監督になった正井一真《まさいかずま》校長は、初めに『俺は野球はわからん。でも、頑張る』と言われました。試合中、監督のサインを待っていたんですけど、全然出なくて。打席に立つ選手に声はかけてもらったんですけど……だから、僕がサインを出すようになりました」

プロ野球に80人を超える選手を送り込んだ強豪校で起こった珍事だった。

「野球をするのは選手だと、すぐに開き直りました。普通の野球部には監督がいますけど、僕たちはちょっと違った。練習も自分たちで考えて、個人個人でレベルアップを図りました。自分たちの力でチームをまとめようと思いました。ＯＢの方に技術的なことを教えてもらうことも多かったんですが、基本的には自分たちで考えて」

セカンドを守る中川が守備陣形の指示を出し、攻撃時にはサインを決めた。

「試合中はベンチにいる選手にサインを出してもらうんですけど、それを決めるのは僕で、横から『エンドラン』とか『バント』とか言っていました。ピッチャー交代も、セカンドの守備位置から見て、ボールの勢いがなくなったと思ったら、『リリーフの準備、頼むわ』と指示を出していました」

大阪大会決勝で敗れ、甲子園出場がかなわなかったのが残念でならない。もし、選手主体のチームが勝ち進んでいたら、高校野球に〝革命〟が起こっていたかもしれない……。

「閉鎖空間」は暴走を生む

「愛のムチ」であれば、指導者の暴力も許される。いまだにそう考える指導者も保護者もいることは確かだ。殴られることで精神が鍛えられ、ここぞという場面で力を発揮《はっき》することができる。そんな思い込みを持つ人が少なからずいることは間違いない。島田が言う。

「野球のさまざまなところに根拠のないものが残っているのは、閉鎖社会だから。大相撲もそうでしょう。暴力事件が明るみになって、処分をしても次々に出てくる。でも、最近はさすがに許されなくなってきています。もしかしたら、野球界のほうが遅れているんじゃないですか。

外界から遮断《しゃだん》される環境ができることが、誰かが暴走したり、信じられない暴力が起きたりする根源なんです。宗教でいえば、オウム真理教も共同生活をしていました。みんなで一緒に閉ざされたところにいるというのが一番危ない。高校野球をはじめとする野球の世界には、同じような閉鎖性があるように感じます」

成功体験、つまり甲子園で優勝したり、上位まで勝ち上がった実績があり、名門や強豪と呼ばれる高校ほど、ルールを変えるのは難しい。修行期間を終えた者からすれば、後輩いじめも「既得権」になってしまう。規律を緩めれば、組織の結束が弱まると思い込んでいる者もいる。

「日本の社会もこれだけ暴力に厳しくなっているのに、どうして野球だけには寛容なのか。メディアの報道もそうですよね。どうして野球にだけ甘いのか。つくづく野球界は巨大な閉鎖社会だと感じます」

春のセンバツは毎日新聞、夏の甲子園は朝日新聞の主催で行われる。どちらの大会も、NHKが1回戦から決勝戦まで全試合生中継を行う。年間を通じて新聞記者が強豪野球部に張り付いているのに、指導者の暴力や部内のいじめを告発することはほとんどない。

国民的なイベントとなった甲子園大会、それを美化して報道するメディア、「甲子園のスター」を指名するプロ野球の球団。さまざまな矛盾を含みながら、暴力的な指導や部内いじめにふたをしたまま、野球界は進んでいくのか。

「本当であれば、過去までさかのぼって考えるべき問題でしょうね。日本の野球はいつまで経っても、国際基準にはなりえない。あまりにもいろいろなものが絡まってしまっているから」

もし何かを変えるとするならば、どんな方法が考えられるのか。

「まず、監督は試合から外れてもらいましょう。選手だけだと勝てないという現実はあるかもしれないけど、選手の教育を考えたらそっちのほうがいい。生徒が自主的に取り組むようになる。監督にユニフォームを着させない、ベンチに入れないというのが、第一歩になるんじゃないでしょうか。それが解決策になるかもしれない」

「負けたら終わり」のトーナメントを勝ち上がらない限り、甲子園に出ることはできない。勝利を脇に置いて選手に采配《さいはい》を任せることは、現実的には難しい。しかし、それくらいの大きな変革が必要なのかもしれない。

甲子園の「魔力」から逃れられない

高校で野球をするからといって、絶対に甲子園を目指さなければいけないというわけではない。だが、ほとんどの球児もその保護者も、甲子園の〝魔力〟から逃れられない。甲子園出場の経験はなく、大学、社会人野球を経由してプロ野球選手になった渡辺俊介が言う。

「甲子園のようなものは、世界中を見渡してもほかにはありません。アメリカの人が、日本の高校野球の盛り上がりについて知ると、本当に驚きます。彼らは、『10代の未熟な選手たちのプレイを見て、何が面白いのか？』と言いますね。でも、あれだけの人気、影響力を考えれば、みんな必死になるのはわかります」

有望選手たちは甲子園に出るために、硬式野球のチームに入り、好成績を目指す。それが「王道」ではあるが、必ずしも「近道」であるとは限らない。

「プロ野球で長くプレイする選手には、軟式野球出身の人もたくさんいます。体の負担を考えれば、そちらのほうがいいかもしれない。中学時代は軟式野球をやって、高校から硬式球を握るという方法もあるんだけど、そうアドバイスをしても保護者はなかなか理解できないようです。

リトルやシニアのチームで活躍して、高校野球の強豪に行くのがいいとされていますから。実際にそのルートでプロ野球に進み、活躍する選手は多くいます。でも、ボーダーラインにいる選手には別の進み方があっていい」

甲子園で活躍した選手が、そのままプロ野球でスターになる傾向はある。しかし、それがすべてではない。成長過程は人それぞれで、18歳でピークを迎える選手もいれば、高校を卒業してから伸びる人もいる。24歳でプロ野球選手になった渡辺は、遅咲きの選手の代表でもある。

「10代の選手たちが目指すのが、甲子園以外にあってもいいはずです。それぞれの成長過程に合った目標があれば、頑張れるんじゃないでしょうか。甲子園がゴールなら、遅咲きの選手が花開くのは難しい。野球人気を保つためには、甲子園大会は絶対に必要ですけど」

島田や渡辺が指摘するように、野球が閉鎖社会であることは間違いない。甲子園大会を頂点とする高校野球のあり方にも問題がある。

２０１９年、「球数制限問題」に対する世論の盛り上がりを受け、日本高野連は有識者会議を開き、２０２０年春のセンバツ大会から、ひとりの１大会の投球数を５００球以内に制限することを決めた。甲子園大会でも、過密日程が見直されている。

だが、暴力問題に対しては何も手立てがない。率直に言えば、学校単位で組織の見直し、立て直しが求められているのだ。

次章では、暴力事件で出場停止処分を受けた野球部が、どのように組織を改革したのか。当事者の証言をもとに、そのプロセスを追っていく。

第四章　不祥事、出場停止からの復活

北照高校の無期限活動停止、ゼロからのスタート

２０１６年8月、北照高校（北海道）は、秋季北海道大会への出場を辞退すると、道の高野連に届け出た。主な理由は部員の暴力だった。打撃練習中の態度が悪いと、上級生が下級生を平手打ちしたほか、ＳＮＳで上級生の悪口を発信した下級生の顔を殴るという暴力行為があった。そのほかに、部員の試験でのカンニング、校則違反のバイク免許取得、野球用具のインターネット販売などの不適正な行為が確認された。

同校野球部は、無期限の活動休止を宣言した。春夏合わせて8度も甲子園に出場している強豪校の不祥事は、大きなニュースになった。２０１６年10月には、野球部長が部内暴力の報告遅れで、謹慎３カ月の処分を受けている。

それから1年10カ月後、南北海道大会を勝ち抜いた北照の選手たちが、甲子園のグラウンドに立っていた。不祥事発覚、出場停止から、どうやって復活を果たしたのか。

２０１９年、北海道の人気観光地、小樽市にある北照を訪ねた。取材対応をしてくれたのは、謹慎３カ月の処分を受けた上林《かんばやし》弘樹《ひろき》元部長、チームを甲子園まで導いた現監督で

ある。上林は言う。

「私も北照ＯＢです。長く部長をつとめていながら、こんな不祥事を招いてしまった。処分を受けたことも含めて、大いに反省しました。それまでも私は、部長として野球部に関わりながら、いいことも悪いことも含めて、いろいろなことを見てきました。いまの時代に合った、周囲の方に応援していただける野球部にしようというところから、活動が再スタートしました」

８度の甲子園出場を誇る強豪校には、長く続いたルールがある。指導者と選手、上級生と下級生の関係すべてを白紙にして、改めてつくり直すことは簡単ではなかっただろう。

２０１６年12月にチームの謹慎処分が解け、２０１７年１月に上林が監督に就任し、新しい試みが始まった。

「初めに生徒と話をしたのは、野球以外の部分です。野球部を組織としてどう変えていくか。それを第一に考えました」

まず、練習への取り組みを大きく変えた。以前は休みがほとんどなく、24時間野球漬け。１年間３６５日のうち、３６０日も練習に明け暮れていたが、週に１日はオフにして、年末年始の休暇を２週間ほど取ることにした。

「もちろん、しっかり練習するときはしますが、休むときは休む。野球と普段の生活をきっちり分けて、しっかりプライベートの時間もつくっています。そうしてあげないと、選手はストレスを溜めてしまいますから」

栄養への考え方も大きく変わったし、休養にも気を配っている。

「食べ物の指導もしますし、選手の疲れ具合を見て、『今日の午前中は寝といていいよ』と言うときもあります。昔は野球、野球でしたが、高校生らしい生活をさせてあげたいと、いまは考えています」

何もできない日々で気づいた「野球ができる」喜び

もともと男子校だったこともあり、上下関係は厳しかった。1979年生まれで、北照OBでもある上林も暴力の洗礼を受けたひとりだ。

「先輩のあたりもキツかったですし、指導者も厳しかった。でも、私たちの時代は当たり前。どんなに練習が厳しくても、うまくなりたい、甲子園に出たいと思って耐えました。それが、当時の高校野球の常識だったと思います。私はキャッチャーだったので、特にキツい指導を受けることが多かった。

でも、同じやり方がいいはずはありません。自分自身の経験、これまでの失敗を反省し、いいことと悪いことの取捨選択をしました。昔は選手が野球部のやり方や指導者に合わせていたけど、いまは逆ですから。子どもたちに合わせて、こちらが変化しないといけない」

〝高校野球の当たり前〟が世間では通用しない。当然のことに気づき、小さなことからかみ砕いて選手に説明するようになった。

「社会で通用する人間になってほしいという思いが根底にあります。高校生は未熟なので、そういったところを踏まえて指導しなければと、私も謹慎期間に考えました」

不祥事が発覚して、チームは活動停止。強豪野球部の評判は地に落ちた。もちろん、翌春のセンバツ出場がかかる秋季大会に出られなかった選手たちの落胆は大きかった。

「特に一年生は、よく事情がわからないまま、自分が関わっていないことで処分を受けてショックだったと思います。処分が下ったときには、泣き出す子もいました」

甲子園出場を夢見て野球漬けの生活を送ってきた選手にとって、戦いの場を奪われることほどつらいことはない。練習に打ち込めれば気持ちも晴れただろうが、それすらも許されなかった。

「活動を自粛《じしゅく》することになり、練習もできませんでした。私も謹慎処分を受けたので、選手の指導から離れ……学校の施設は使えないから、選手たちは公園でキャッチボールをしたり、寮の前で素振りをしたり、できるのは個人練習だけ。でも、そのことで『野球ができるのは当たり前のことじゃない』と気づいてくれたのかもしれません」

やらされる練習から、選手が自主的に取り組むスタイルに変わっていった。いや、変わらざるをえなかった。

「振り返ると、あのころが転換期だったように思います。崩れていたものを少しずつ直していきました」

なるべくみんな平等に、当たり前のことを当たり前に

勝利を目指すチームのなかでは、どうしても格差が生まれる。主力選手と控えのメンバー、ベンチ入りできない補欠。上級生と下級生の壁。だが、試合がなければ、全員が同じ地平に立つことができる。

「私自身、『甲子園、甲子園！』と言いながら、それでいいのかと思うことがありました。『野

球がうまいからえらいのか』『甲子園に出た選手がすごい人なのか』と。野球がヘタでもすごい子はいるし、甲子園に出てダメになるやつもいる。長い人生で考えれば、甲子園だけがすべてではない。

私も、生徒たちも完全リセット、ゼロからのスタートでした。二年生は環境が変わったことに対する戸惑いはあったでしょう。不満もあったはずですが、そういう意味では、あのときの二年生がよく頑張ってくれました」

チームで揃って食事をし、みんなで練習する。グラウンドの整備も、部室の掃除も、全員でやるようになった。それまで野球にかけていた時間を、自分たちを見直すことに費やした。

「グラウンド整備にしても、『なんで僕たちが？　道具の準備は一年の仕事じゃないんですか？』という声が二年生から上がりました。私は、『それは誰が決めたの？　一番使うのは試合に出ている選手じゃないか。自分のために道具を手配するのは当たり前でしょう』と諭しました。上級生の姿を見て、下級生が学ぶようになりましたが、初めはいろいろと不平・不満もありました」

上林は選手に対する評価の方法も変えた。

「全員平等にチャンスを与えるのは難しいけど、なるべく同じ条件で競わせるようにしました。練習試合のデータをしっかり取って、選手起用の根拠を示すように。最後の夏の大会は、ベンチ入りメンバーを選ぶために、選手に投票させています。全員の意見を聞いて、みんなが納得できるようにしたいからです。〝納得感〟が低いと、チームがうまく動かなくなる」

あいさつの徹底、道具の整理整頓。どこの野球部でも気をつけていることだが、簡単なようで難しい。

「あいさつ、言葉遣いに関しては、細かく注意しています。でも、一度にたくさんのことはできません。『ゴミを拾え』と言うと、言われたゴミ拾いだけをするようになってしまうので……。相手の気持ちを考えて行動してほしいんですけど、そのあたりはまだまだですね」

上林が初めに徹底したのはあいさつだった。

「『ちわーっ』ではなくて、『こんにちは』と言うように指導したら、まわりの方の見る目が変わりました。『北照のあいさつは変わったね』『気持ちいいよ』と。評価されると選手の励みになるし、意識が変わる」

いつのころからか甲子園でも、他県から越境する特待生の多い私立高校の野球部は、ヒール扱いされることが増えた。

「うちも大阪などから来ている選手も多いので、そういう目で見られることがありました。でも、まわりの方から応援されなかったら、高校野球をやっている意味がないじゃないですか。新しくルールをつくったわけではありません。大きな声であいさつをする、靴を揃える、バットを並べる、道具を片付ける。当たり前のことを当たり前にする、それだけ気をつけました」

矛盾のある、辻褄の合わない指導はやめる

選手に変わることを求めた上林も、自分の指導法を見つめ直した。

「高校野球といえば、気合と根性。気持ちが大事だ、集中しろと言いますが、どの表現も非常にあいまいですよね。練習中と同様に、食べることにも、寝ることにも根性を使ったほうがいい。なんのためにバットを100回振るのか、10キロ走るのか。根性の使い方を間違えないように指導しています」

試合中、バッテリー以外の野手の守備機会は多くない。飛んできた打球をミスなく処理することと、1000本ノックに耐えること。このふたつの関連性は薄いのだが、厳しいノックに耐えれば守備力がつくと考えられてきた。

「野球の練習には矛盾したものが多くて、辻褄《つじつま》が合わないところが出てきます。守備の練習でも、バッティングでも、体力づくりでも。私はやたらと長距離を走らせることはしません。体を大きくするためにたくさん食べるように指導しても、長い距離を走らせすぎると痩せていきますから。成果を出すために、やるべきことを時間をかけて丁寧にやりました。時期によっては練習時間を短くして、あえて太らせる。練習のやりすぎは絶対によくない」

だが、すべての練習を刷新しているわけではない。あえて以前のやり方を残している部分もある。

「選手のころから、試合に負けたあとにさせられるペナルティ練習が嫌いでした。ただ、いまでも私は、試合で打たれたピッチャーを走らせることがあります。それは罰としてではなくて、走っている間にいろいろなことを考えさせたいから」

勝つこともあれば負けることもあるのがスポーツだ。だが、「負けたら終わり」のトーナメント形式で行われる高校野球では、目の前の試合しか見えない、いや見ようとしない指導者がいる。

「でも私は、今日勝っても明日負けるかもしれない、負けても次は勝てるかもしれないと思っちゃうんです。いまチームに大事なことはなんなのかを、いつも考えています。

ペナルティ練習をやらせると、違う方向にエネルギーを持っていかれますね。どうしても、『あいつのせいで』となってしまう。負けたことや失敗に対して罰を与えても、何も生まないと思う。連帯責任もナンセンスです。誰かのミスで全員が走るというのは、どうなんでしょうか。選手にとってはストレスでしかない」

もしグラウンドにボールが落ちていたら、チーム全員が責を負う。何らかの罰を与えられるのが、いままでの当たり前かもしれない。

「それが起こるのは、チェック係が仕事をおろそかにしていたから。でも、犯人捜しをしても意味がない。どちらかというと、マネジメントの問題です。なぜそうなったか、どうすれば防げるかを考えるほうが大事ですよね」

「自分で考える」生徒を育てるためには?

声出しについても、上林は独自の考え方を持っている。

「キャッチボールやバッティング練習中に、『さぁ行こう』とか『おーい』と言うのは雑音です。昔はよくやってましたけどね。あれは監督向けの〝やってる感〟を出すための声であって、うちの選手たちはそんな声は出しません。

ただ、選手が大きな声を出すことで相手を威圧《いあつ》したり、強そうに見せたりという効果はあると思います。試合前に全員が揃ってウォーミングアップをするのもそう。うちの高校はかなり厳しくやらせていますが、選手にはその意味を考えてほしい。ただアップするだけなら、各自でやるほうがいいと思います。体格や体調はそれぞれに違いますからね。うちではルーティンと呼んでいますが、全体でアップをやったあと、個人的に気になる場合は個別でやるようにしています」

監督やコーチが考えを一方的に押し付け、選手はそれに黙って従う。それまで長く続いてきたやり方を大きく変えたのは、選手への信頼があったからだ。

「まだ高校生なので、厳しく言うところは厳しくしています。教えることはちゃんと教えないと。でも、ずっとスポーツをやってきた子は聞く耳を持っていますよ。無理に〝やらせる〟必要はないと思っています」

やらされる練習よりも、自発的に取り組む姿勢が大事だという信念がある。

「その生徒に合ったやり方を提示することができますし、相談にも乗ってやれる。だけど、野球をするのは本人です。やったらやったぶんだけのことが返ってくる。失敗しても、何かを得られると思う。試合中に監督がベンチから、『いま、打て！』と言っても意味はない。生徒に力をつけさせるしかないんです。試合に勝ったら、生徒のおかげです。監督の力なんて、たかが知れてます」

自分の頭で考えろ、自主的に取り組めと言われても、ずっと指導者に服従することを強いられてきた選手には難しい。上林は思い切った策に出た。

「冬の間、練習休みを1日増やして、33人の部員を3つのグループに分けて、ローテーションでアルバイトをやらせました。自分で履歴書を書かせて。社会勉強になるし、お小遣いが増える。すると不思議なことに、練習の効率まで上がりました。少ない人数でたくさん練習ができて、早く終わることができました」

学校とグラウンド以外の空気を吸い、大人たちと接することで選手は変わった。野球も大事だが、それがすべてではないと生徒たちは気づいたようだ。

「その会社の人にかわいがってもらいましたし、お金を稼ぐことの大切さを学んだようです。生徒に『どっちがしんどい？』と聞くと、『練習のほうがいいです』と言う。それまでは練習がつらいと言っていたのに、『どっちやねん？』という感じです（笑）。グラウンド以外の時間の大切さをわかってくれればいい。そこがいい加減な人は、野球もいい加減でしょうから」

打率3割で好打者と評価される野球は、失敗の多いスポーツだ。ミスをいかに生かすかによって、勝敗が決まると言ってもいい。

「プレイ中に判断ミスすることもあれば、うまくいくこともあります。生徒に『なぜ、そのプレイをしたのか』を聞いたうえで、『次はこうしよう』と話しています。野球の判断は本当に難しくて、間違った選択をしても結果オーライになることもある。だから私はいつも、『なんで？　なんで？』と繰り返し聞いています」

「ミスするな！」「三振するな！」と言われても、選手は萎縮するばかりだ。上林は内面に入り込んで指導を行っている。

「生徒は生徒なりに、言い分というか、根拠があるはずです。それを頭ごなしに否定することはしません。根拠を出させたうえで、正しかったかどうかを話すようにしています。単なるボーンヘッドだと困りますが」

ミスが技術不足によるものなのか、準備が足りなかったからなのか。それによって当然、指導は変わってくる。

「試合が終わってから、『たら・れば』と言うのは嫌なんです。でも、失敗を次に生かすために『たら・れば』を考えることは大事だよと生徒には言っています。『じゃあ、今度はこうしよう』と。試合後にスコアブックを開いて、『あの場面でなぜ？』と聞きます。勝敗の責任は監督にありますが、生徒にも考えてほしいから。自分で考えて、決めて、工夫することが大事です」

不祥事の翌年に入学した「最弱世代」の奮闘

２０１７年１月に再スタートを切った北照野球部は、２０１８年夏の南北海道大会を勝ち抜いて、５年ぶりに甲子園出場を果たす。結果は初戦敗退（福岡の沖学園に２対４）だったが、翌2019年も南北海道大会の決勝に進み、札幌国際情報との延長14回の接戦を制して、甲子園に戻ってきた。

悲願である〝夏の甲子園での1勝〟を目指し、中京学院大中京（岐阜）と対戦。中京学院大中京は、岐阜大会決勝で甲子園常連校の大垣日大を逆転で下したチームで、予選6試合のチーム打率は4割2分6厘を誇る。

その強力打線に立ち向かったのが、北照の「エースで四番」の桃枝丈《もものえじょう》だった。

5回まで0対0で進んだ試合の均衡を破ったのは、桃枝のバットだった。6回表ツーアウト一、三塁の場面で打席に立ち、センター前ヒットで1点を先取。投げてはその裏の攻撃をしのぎ、勝利まで残り3イニングとなった。しかし、6回まで被安打4と好投していた桃枝が、7回裏に上林監督が最も避けたかった「ビッグイニング」を許してしまう。

中京学院大中京の九番・元謙太《げんけんだい》がレフト前ヒットで出塁すると、ワンアウト後に二番・申原愛斗《のぶはらまなと》が左中間への二塁打を打ち、同点に。桃枝はツーアウトまでこぎつけたが、四番・藤田健斗《ふじたけんと》にレフト前ヒットを打たれ、逆転を許した。続く五番・小田康一郎《おだこういちろう》にもレフト前に運ばれ、1対3。さらに三振振り逃げとライト前ヒットでもう1点を失った。

北照は8回表に1点を返し、9回表にも八番・山崎昂大《やまざきこうた》のセンターオーバーの二塁打で

1点差に迫ったが、あと1本が出なかった。

試合後、インタビューの場に立った上林は、開口一番こう言った。

「春の北海道大会では支部予選で負けたチームが、よくやってくれました。桃枝もよく投げてくれた。勝たせてやれなかったのは僕の責任だと思っています」

不祥事の翌年に入学したこの年の三年生たちは、「最弱世代」とも呼ばれていた。前年夏の甲子園でベンチ入りしたのは、18人のうちひとりだけ。中京学院大中京との試合で9回を完投し、2安打2打点の活躍を見せた桃枝も、前年はスタンドから試合を見ていた。

上林は試合をこう振り返る。

「去年、甲子園を経験したのはキャプテンの伊藤陸《いとうりく》だけです。このチームがスタートした時点では、また甲子園に連れてきてもらえるなんて想像もしませんでした。

(中京学院大中京との初戦は)試合前から、『ビッグイニングをつくられないように、3点以内で』と選手には話をしていたんですが、向こうの打線のほうが一枚も二枚も上でしたね。でも、桃枝は本当に粘り強く投げてくれた。去年の秋、今年の春と比べても、別人のようなピッチャーになりました」

自立していった生徒がつかんだ甲子園の舞台

わずか1年で頼れるエースとなった桃枝をはじめ、ほかの選手たちも大きく成長することができたのはなぜなのか。

「桃枝が成長した理由は、1日1日をムダにせず、日常生活を大切にしたからだと思います。学年が上がるにつれて、精神的な部分が成長していきました。入学時にはこんな選手になると思っていませんでしたね。もちろん桃枝だけじゃなく、みんな頑張りました。

去年、甲子園に出たときに、『ここでは自立した人間じゃないと勝ちきれない』と感じました。だから、野球の練習だけでなく、アルバイトをはじめいろいろなことを経験させました。おかげで、幼かった部分がしっかりしたんじゃないかと思います」

悲願の夏の甲子園初勝利が持ち越しになったことについては、「夏の甲子園で勝って、北照の歴史を変えたかったんですが……」と語りつつも、新チームの中心になる下級生たちの活躍にも目を細めた。

「チームに足りなかったのは打力。〝ここ一番〟というところでの粘り強さでした。そういう部分を、一年生、二年生が見てくれたと思います。高校生の伸びはすごいと感じましたし、大きな可能性があることを教えてくれました。9回表に二年生の山崎がツーベースを打ちましたが、普段はあんな打球を打つ選手じゃないんです（笑）。甲子園はやっぱり、高校生の力を伸ばしてくれるすばらしいところですね」

中京学院大中京との試合後には、約4万3000人の観衆から惜《お》しみない拍手が送られた。

「これだけのお客さんのなかで試合ができることは、本当にすばらしい。選手たちには、『大観衆のなかでプレイできたことを忘れないように』と言いました。たとえ野球はヘタでも、一生懸命に練習をすれば、甲子園で試合ができる。日常を丁寧に、物事を丁寧にこなしていくことで、高校生は大きく伸びるということがわかりました。

そういう意味では、夏の甲子園で初勝利を飾ることはできませんでしたが、このチームは北照の歴史を変えてくれたんじゃないかと思います。頑張れば、みんなに拍手をもらえるチームになれる。負けたことは悔しいけど、ここまで連れてきてくれた選手たちには感謝しかありません」

不祥事による出場停止のあと、見事に2年連続甲子園出場を果たした上林は、今後もさまざまな方法を使って「自立した人間づくり」を目指していくつもりだ。もちろん、暴力を使うことはない。

すべての指導経験が覆された、済美の地獄の1年

北照が甲子園に戻ってきた2018年夏の甲子園。春夏連覇を目指した大阪桐蔭（大阪）を最も苦しめたのは済美高校（愛媛）だった。2回戦で二年生エース・奥川恭伸《おくがわやすのぶ》がいる星稜（石川）を相手に、延長13回タイブレークにまでもつれ込んだ接戦を制し、3回戦で高知商業（高知）、準々決勝で報徳学園（兵庫）を下した。準決勝は2対5で敗れたものの、5回まで大阪桐蔭と接戦を演じた。前年に甲子園で2勝をマークした済美は、2年間で6勝を挙げたことになる。

2004年春のセンバツで初出場初優勝した強豪は、その夏の甲子園でも準優勝。2013年のセンバツもエース・安樂智大《あんらくともひろ》（現・東北楽天ゴールデンイーグルス）の力投で準優勝したが、彼らはその後、1年間の出場停止という「地獄」を経験している。

二年生部員6人による、一年生19人に対する悪質な部内いじめが発覚し、2014年8

月から1年間の対外試合禁止処分を受けた。それは、三年生にとって最後の大会となる夏の愛媛大会にも出られないという、厳しいものだった。

済美の初代監督である上甲正典《じょうこうまさのり》は、同年9月に胆管がんのために亡くなっている。カリスマ監督がこの世を去ったあと、1年間の対外試合禁止処分を受けた済美の選手たち、チームを受け継いだ指導者は、どんな思いで野球に取り組んできたのだろうか。

上甲のサポート役として長く済美のコーチや部長をつとめた中矢太《なかやふとし》が、前任の乗松征記《のりまつせいき》のあとを受けて監督に就任したのは、2016年7月だった。中矢は明徳義塾（高知）の選手だった時代に、甲子園で松井秀喜（元・ニューヨーク・ヤンキースなど）のいた星稜と対戦している。高校卒業後に進んだ専修大学では、黒田博樹（元・ロサンゼルス・ドジャースなど）のチームメイトだった。

中矢は、監督として初めて臨んだ2017年夏の愛媛大会を制し、2018年夏には2年連続での甲子園出場を果たした。彼は対外試合禁止処分を受けたときのことを、「それまでの10年以上の指導経験がすべて覆されるような、大変な1年だった」と語る。

グラウンドで練習はしても、他校を相手に腕試しをすることも、大会に出ることもできない1年間。「何のために野球をするのか」と考えることさえ、まったく意味を持たない日々だった。

「試合をできないことが、これほどつらいとは思いませんでした。最後の夏に出場できなくなった三年生のなかには、部をやめていく選手もいました。僕たちも強く引き留めることができず……それでも部活動を続ける生徒はいました。

ボランティアをやったり、清掃活動をやったり。この期間に自分たちがやっていたことを見つめ直し、過去を一度否定することが必要なんじゃないかと考えました。それまでのことを否定しないと、前に進めない状態だったので」

「上甲スマイル」の裏にあった危うさ

女子校だった済美に野球部ができたのは、2002年のこと。監督には、宇和島東（愛媛）で全国優勝の経験を持つ上甲が招かれた。甲子園では「上甲スマイル」と好意的にメディアで取り上げられたが、猛練習と選手への厳しい指導で知られていた。そうでなければ、いくら優秀な選手を迎え入れても、創部わずか2年で全国優勝を果たせるはずがない。

2004年に二年生エースだった福井優也《ふくいゆうや》（現・東北楽天ゴールデンイーグルス）は、

高校時代をこう振り返る。

「厳しい練習でつらかったですけど、『日本一練習したチーム』という自負がありました。それが自信になったと思います。科学的なトレーニングではありませんでしたが、『いずれ自分の力になる』と信じていました。とりあえず、言われたことを全力でやるだけ。選手から文句が出ることもありませんでした」

恩師の上甲についても、好意的に語る。

「選手全員が監督のことを信じていて、監督の言葉を疑うことはありませんでした。監督に言われたことをやっていれば、絶対に勝てると思っていました。それは、試合中も練習中もそうでした。うちの父親は、『殺す以外のことならなんでもやってくれ』という人でした。上甲監督に厳しく育ててもらったおかげで、甲子園にもつれていってもらったし、いまがあります」

選手たちがカリスマ監督を信じ、猛練習に耐えたことで、創部わずか2年で日本一と準優勝を手にした。上甲はその後、新興チームを率いて、計6度もの甲子園出場を果たしている。

しかし、光が強ければ強いほど、陰は濃い。上甲が強いた「昭和の野球」には、弊害《へいがい》があった。強いプレッシャーをかけることで、選手はどんどん追い込まれていく。それを力に変えることができる者は成長し、プロ野球選手にもなったが、チームにいるのは強者ばかりではない。

上甲をサポートしていた中矢は、いつも危うさを感じていた。

「10年以上、一緒に指導をさせていただいて、心のどこかでいつか大きな問題になるんじゃないかと思っていました。強くなるためには厳しさが必要だし、そういう指導を続けてきたんですが……いまの選手に合った厳しさとは何かと考えていました」

監督やコーチによる指導もそう、上級生と下級生の関係もそうだ。

「厳しすぎるのはよくない。でも、緩くしていいものかどうか。言葉でわかってくれる生徒ばかりではありません。人はどんどん入れ替わるし、気質も変化していく。いまはよくても、この先も同じやり方でいいのか……。高校生は多感で、ときには枠からはみ出すこともある。甲子園に出たから正解かというと、そうではないですよね」

上甲監督時代、中矢には忘れられない光景がある。

「確か、春の大会だったと思うんですけど、公式戦でバッターがセカンドゴロを打ったんです。凡打したあとベンチに帰ってきたら、監督に怒られて、泣き出しました。相当に厳しいことを言われてね。試合はまだ続くので、反省はあとでしろと思うんですけど、生徒はそのぐらい追い込まれる。そのとき、違和感を覚えました。結果を出させるためにプレッシャーをかけて、追い込むことが本当にいいことなのか……本来、野球は楽しいもののはずなのに」

部長やコーチであれば、監督に自分の意見を述べるべきだと思う読者はいるだろう。しかし、全国優勝の経験を持つ20歳以上も年長の監督に、物申すのは簡単ではない。中矢も高校時代に、明徳義塾の厳しい環境を生き抜いたサバイバーである。上甲の指導スタイルに異を唱えるだけの根拠も実績もなかった。監督が白と言えば白、黒と言えば黒。高校野球の現場で、部長もコーチも意見することは難しい。

中矢太が変えていく指導、上甲正典から受け継ぐ指導

2017年夏の愛媛大会。中矢は「この大会で勝てなかったら、済美の野球部は終わるかもしれない」という覚悟があった。そして、大会前に大きな決断をした。

「それまでは大会1カ月前くらいに、強化練習で選手を極限まで追い込んでいました。こ

の期間に体をいじめないと夏は勝ち上がれないということで、上甲さんの時代からずっとやってきた。『このボールを捕れなかったら負けるぞ』とプレッシャーをかけながら」

しかし、それまでの練習法を変えることを選択したのだ。

「昔でいう1000本ノックみたいなものをやめました。決して守備練習をおろそかにしたわけではありません。バッティングが好きな選手が多かったので、打撃を増やして、嫌になるくらいバットを振らせました」

ユニフォームを泥だらけにしてノックを受けると、スポーツ根性マンガの主人公になったような錯覚に陥る。ノッカーが怒鳴りつけ、野手がボールに飛びつくシーンは、青春そのものだ。だが、その練習で得るものがどれだけあるのだろうか。

「汗水たらし、涙を流せば、うまくなるというわけじゃない。どちらかというと、指導者の自己満足のような気がします。逆に、変なプレッシャーをかけているだけのような気がして。

『守備のミスが出てもしょうがない』と覚悟していたのに、不思議なもので、県大会が始まってもエラーが少なかった。あのとき、『ああ、こんなもんか』と思いました」

愛媛県大会5試合でチーム打率4割という破壊的な打力で勝ち上がった済美は、夏の甲子園初戦で東筑高校（福岡）を10対4で破り、2回戦は津田学園（三重）に7対1で圧勝。ベスト16まで進んだチームは、盛岡大付（岩手）に7対12で敗れたものの、強豪復活をアピールした。

「生徒はどうしても変な力が入りますから、指導者がそれを抜いてやらないといけない。そう思って、やり方を変えました。そもそも野球は点を取り合うスポーツです。愛媛のチームは長く、『点を取らせなかったら負けない』という野球をやってきた。でも、負けないかもしれないけど、勝ちもない。守りが大事だということは十分に理解したうえで、攻撃に力を入れました。道具もトレーニングの方法も、昔とは全然違っていますから」

「練習中に水を飲むな」という時代はとうに去った。ピッチャーに「肩を冷やすな」と言う指導者ももういない。野球を取り巻く環境は変化しているのに、いつまでも「昭和の野球」にこだわる必要があるだろうか。だが、〝恒例行事〟をやめるのには勇気がいる。

ここまで、中矢が監督になってから行った〝改革〟について書いてきたが、上甲の指導法を否定しているわけではない。甲子園で全国トップレベルのピッチャーに対しても臆さずフルスイングするバッターの姿、劇的な試合を繰り広げるところに、〝上甲イズム〟が感じられる。中矢は上甲のやり方を、現代風にアレンジしているように見受けられる。

中矢は数年前のエピソードを口にした。２０１３年春のセンバツは安樂を擁《よう》して準優勝したが、二年生エースに5試合で７７２球も投げさせたことが議論となり、わざわざアメリカからスポーツ専門チャンネルのＥＳＰＮの取材陣がやってきた。

「5、６人のクルーがグラウンドに来て、５日ほど密着していきました。僕は部長をしていたので、取材陣の窓口になりました。彼らは服装がラフだったり、練習試合中にホームベース近くまで近づいてきたり……かなり違和感があったんですが、上甲さんは『好きに撮ってくれ』と言う」

「どうしてそんなに怒るのか？」「なぜベンチの前で円陣を組むのか？」「きれいに整列する理由は？」彼らはさまざまな疑問を投げかけてきた。日本の野球を「理解できないもの」として取り上げるつもりだった取材陣は、密着取材をするうちに別の魅力に気づいたらしい。最後に、取材陣のひとりが中矢にこう言った。

「私にも子どもがいる。こういうところで学ばせたかった」

アメリカには自由があるが、その裏には危険も潜んでいる。日本には規律があってすばらしいと言う。彼らが認めたように、日本の野球にしかない美徳があることもまた、間違いない。

ノビノビとした野球で甲子園を目指す

中矢がもうひとつ変えたことがある。

「監督になってから、週1日は練習を休みにするようにしました。昔の愛媛の野球だったら、『選手を休ませるなんて』と言われていたと思います」

1日休めば、元に戻るまで3日はかかると本気で信じる指導者もいるかもしれないが、少なくとも済美では吉と出た。

「それで負けたら何を言われるかわかりませんでしたが、2年連続で甲子園に行くことができた。初めは週に1日休ませるのが怖かったんです。『何か問題を起こしたら大変だな』と。でも、そんな心配はもういりません。体を休ませたければ休養にあてればいいし、治療したければそうすればいい」

長すぎる練習時間、練習漬けの毎日、厳しすぎる上下関係、昔ながらの丸刈り。これらはすべて〝野球離れ〟につながる負の要素だ。

「汗と涙に代表されるような、一生懸命に野球に取り組むところに高校野球のよさはありますが、現実ではいろいろなことが起こります。勉強もできて、野球も強くて、となればいいけど、そう簡単にはいきません。監督やコーチの言うことを黙って聞いてくれるわけじゃない。どんな高校でも苦労はあると思います。

節度さえ守れるのなら、髪型は丸刈りじゃなくてもいいと思っています。夏の甲子園の100回大会に出させてもらって、そう思いました。これからの100年も、そのやり方を続けることがいいことなのかと」

セピア色の高校野球から抜け出したい、もっと自由な野球ができるはずだ、と中矢は考えている。

「いろいろな人にもっと野球の面白さを知ってほしい。県内では、うちの野球部は練習が厳しいほうだと思います。時間も長いと思われているかもしれない。だから、暴力も含めて、中学生が敬遠する要素をなくしたいんですよ。自分たちが経験したようなことは全部なしにして、もっと純粋に野球をしたい。選手たちには野球の楽しさ、甲子園のよさを味わってほしいんです」

中矢は明徳義塾の選手として、済美のコーチ、部長、そして監督として、甲子園を経験している。だからこそ、聖地を目指す。

「甲子園が大きくなりすぎているのは事実でしょう。あそこを目指さなかったら、どんなに楽だろうかとも思います。でも、甲子園は本当にいいところで、最後は甲子園で終わりたいというのが目標です。選手には、あの景色、あの空気のなかで試合をさせてやりたい」

甲子園を本気で目指すから、選手を厳しく鍛えた。コーチとして、部長として、葛藤を抱えながら、過剰なプレッシャーをかける指導も行ってきた。その過去を見つめ直したうえで、監督として自分なりのチームづくりを考えている。

「厳しさを乗り越えてこその甲子園だという思いもありましたが、自分自身、ビクビクしながら指導していたなと思います。そういう心配はもうしたくない」

おそらく中矢と同じ悩みを抱える指導者は、大勢いるはずだ。できることなら、選手たちが考え、戦えるチームをつくりたい。そのなかで監督が果たすべき役割はなんなのかと自問自答する日々だ。

「指導という部分では、生徒に我慢させることも必要だと思うので、全部を緩めるつもりはありません。でも、『監督に怒られるからやる』というのではなく、もっと高いレベルで野球をやりたい。純粋に野球の技術で相手と競い合えるように」

超一流選手はいなくても、粘り強く戦った

済美が1年間の対外試合禁止処分を受けた年に入学したのが、２０１７年夏の甲子園で2勝を挙げた三年生だった。翌年には、彼らが切り開いた道を、後輩たちが堂々と歩いていった。

初戦では中央学院（西千葉）に5対4で勝利。2回戦では大阪桐蔭の対抗馬に挙げられた星稜に対して、延長13回でサヨナラ勝ちをおさめた。3回戦では高知商業との四国対決を制し、ベスト8進出を決めた。「昨年以上の成績を」という目標を達成した済美の選手たちの快進撃は続く。強豪の報徳学園にも競り勝って、準決勝進出。そこで大阪桐蔭に敗れはしたものの、ドラフト1位候補の根尾昂《ねおあきら》（現・中日ドラゴンズ）、藤原恭大《ふじわらきょうた》（現・千葉ロッテマリーンズ）のいる優勝候補を最後まで苦しめた。

前年の夏の甲子園で圧倒的な打力で勝利をモノにした済美が、翌年はエースの山口直哉《やまぐちなおや》を中心に粘り強く戦った。甲子園で準決勝まで進みながら、済美の選手は誰も、大会後のU-18日本代表に選ばれなかった。逆に言うと、超一流の選手がいなくても、そこまで勝

ち上がることができると証明したことになる。

新チーム発足直後に、中矢監督は山口にこう話したと言う。

「全試合、先発・完投。そうじゃないと甲子園には行けんぞ」

２０１７年夏の甲子園では、山口は18人のメンバーから外れ、補助員としてベンチ脇にいた。中矢がそうしたのは、新チームのエースに奮起を促すためだった。

「先輩に甲子園につれていってもらうのと、自分の力で行くのとは全然違います。山口にはベンチ入りするだけの力がありましたけど、あえてそうしました。彼は芯が強いんですが、あまり感情を表に出すタイプではない。『おまえの力で甲子園に出ろ』と、発奮させる狙いがありました。甲子園メンバーに選ばれなかった悔しさを、１年間持ち続けてほしかった」

愛媛大会をひとりで投げ抜いた山口は、憧れの舞台でも粘りのピッチングを見せ、５試合で６０７球を投げ、４個の勝利を積み上げていった。近年の高校野球では、バッターの打撃技術が格段に進歩している。選手のパワーアップとあいまって、投手受難の時代になった。

「いつもピッチャーに言っているのは、三振を取れるボールをつくれということ。ノーアウト満塁のピンチになったとき、三振を取れるボールがないと、大量失点をしてしまう可能性が高い。三振でひとつアウトを取れれば、ダブルプレイでピンチを脱することができるからと」

中矢監督の指示を受け、山口が取得したのがチェンジアップだった。夏の甲子園では左の好打者のインコースをスライダーで攻め、チェンジアップをアウトコースに落として三振を奪った。

甲子園の組み合わせ抽選が行われる前、「対戦したい相手はどこか?」と報道陣に聞かれた中矢監督は「大阪桐蔭」と答えている。その真意はどこにあったのか。

「センバツの優勝チームですし、甲子園で戦いたい気持ちはありました。でも本音を言えば、初戦は勝ちたかった。だから、ほとんどはリップサービスで(笑)。大阪桐蔭には準決勝で敗れましたけど、そこまで勝ち上がって戦うことができたことに大きな意味があったと思っています。たまたま対戦したわけではなくて、4試合に勝って彼らと試合できたということが」

それぞれが自分の役割を知る、成熟したチームに

大阪桐蔭とは5回表まで接戦を展開し、2対5で敗れはしたものの、春夏連覇を果たした強豪を追いつめた。

「あわよくば……というところまでいって、最後は力が及びませんでしたが、甲子園では力以上のものが出せたと思います。その年の三年生はいい子ばかりで、まじめで人間味のある子たちでした。野球はそれほどうまくはなかったけど、甲子園で4つも勝てた。

僕は彼らに、『このままじゃ勝てん』と言って厳しく引き締めていたんですけど、甲子園に行ってから自由にさせたんです。解き放ちました。練習中も少し引いて見てました。『どれくらいやるだろうか』と思って」

星稜戦の大逆転勝ちのあとも、選手たちに浮かれたところはなかった。エースの山口は終始、淡々と表情ひとつ変えることなく投げ続けた。

「大学生みたいというか、高校生としては落ち着いた感じで、自分がやるべきことを黙ってやる集団になっていましたね。それぞれにきちんと準備して、試合に臨む姿を見て、成

熟したチームになったと感じました。能力がないなら、ないなりに、いいチームができたと思いましたよ。ある意味、目指すべき最終形が見えたような気がします」

だが、1年ごとに選手が入れ替わる高校野球で、チームづくりに終わりはない。選手たちの能力や性格に合わせ、毎年ひとつひとつを積み重ねていくことになる。それが高校野球の大変さであると同時に、醍醐味《だいごみ》でもある。

「先日、部室を見たら、ひどいことになってて……道具や荷物がバラバラで、どうしようもない。ゴミが落ちとるし、散らかり放題で。練習を中止して、全員ですぐに掃除ですよ（笑）。昔だったら、何かしらのペナルティを選手に課したんでしょうけど、もうそれは違うかなと思いました」

中矢は選手に改善策を考えさせ、部室を清潔に保つためのシステムをつくるように指示した。

「みんなで知恵を出せば、何かいい方法が見つかるはず。『ああせい、こうせい』と言うんじゃなくて、自分たちで考えれば責任も生まれますから。選手に委《ゆだ》ねることにしました」

中矢は選手に甲子園でプレイさせてやりたいと考えているが、それだけにこだわっているわけではない。

「できれば選手たちに、東京六大学の試合も見せてやりたいなと思います。甲子園もいいけど、神宮球場もいいぞと。勉強して六大学を目指す子も出てほしい。神宮球場のスタンド、応援団の雰囲気は独特で、甲子園とはまた違うよさがありますからね」

北照の上林も、済美の中矢も、コーチングスタッフとして前任者とともに厳しい指導を強いる立場にいた。さまざまな葛藤、反省を抱えて監督になってから、いろいろな〝改革〟を行ったことが、不祥事を起こしても、すぐに甲子園に戻ることにつながったのだ。

北照は4カ月、済美は1年間という長い対外試合禁止期間を経て、甲子園出場のかかった大会への出場を、北照は1回、済美は2回もふいにするという大きな代償を払いながらも、それまでの体質を変えることができた。

長く継承されてきたことを変えるのは難しい。だが、立ち止まって考えることも、ときには必要だ。中矢が言うように「過去を一度否定する」ことで、新しいやり方が見つかるのかもしれない。

第五章

「暴力なし」で強くなる!

「暴力一切なし」の佐々木順一朗による野球

仙台育英（宮城）を率いて甲子園に19回（春６回、夏13回）出場し、通算29勝を挙げ、２０１９年秋に還暦を迎えた佐々木《ささき》順一朗《じゅんいちろう》は、ずっと暴力なしで指導を行ってきた。それは、早稲田大学野球部時代に、理不尽なしごきを経験したからだ。

東北高校（宮城）時代にエースとして２度甲子園に出場したが、早稲田大学に進む前に肩を痛めた。「満足にキャッチボールもできなかったくらいで、大学４年間はドブネズミみたいなもんでした」と佐々木は大学時代を振り返る。

「同期の三谷志郎は、１年の春から活躍しましたけどね。僕はいるんだか、いないんだか、みたいな選手でした。でもそのおかげで、日の当たらないところにいる選手の気持ちがよくわかるようになった。高校生を指導しても、『なんでできないんだ？』とは思いませんから。４年で卒業できずにもう１年学校に通いましたが、遠回りしたことが、いま役に立っています」

大学卒業後に電電東北（現ＮＴＴ）に入社、１９９３年に仙台育英のコーチになったあと、

1995年秋に監督に就任した（ちなみに前任監督の竹田利秋は、翌春に國學院大學野球部の監督になり、渡辺俊介を指導している）。

「僕は高校でも大学でも、殴られた経験があったので、そういうのは全部やめて、楽しく野球をしたいと思いました。教え子たちに聞いてもらえばわかるけど、そういうのは一切なし。初めからずっと。自分がやられて嫌だったことは全部やめました」

仙台育英は東北をリードしてきた強豪校だが、選手のスカウトはしないという方針を貫いた。

「ただ入部希望者はたくさんいるので、それは受け入れました。いろいろな選手がいたことは事実です。クセのあるやつ、少々問題のあるやつもいました。でも、そういう生徒も『仙台育英で野球をやってよかった』と言って卒業してくれればいいと思ってましたね」

「放任主義」と批判されようと

おそらく佐々木ほど、放任主義の高校野球監督はほかにいないだろう。「自由でいい」という声もある一方で、「あそこは緩すぎる」と他校の指導者から批判されることもあった。

30年近い監督経験のなかで、何度も不祥事による謹慎処分を受けている。

春のセンバツで準優勝した2001年秋には、7月に起こった不祥事（部員の暴力事件）を報告しないまま夏の甲子園に出たということで、監督を辞任している（2003年春に復帰）。2017年12月には、部員の飲酒、喫煙問題が発覚。その責任を取って監督をやめ、翌年3月限りで高校も退職している。

「仙台育英の監督をやめるときには、堂々と記者会見に出ました。記者の人に厳しく責められましたが、『学校がどうのこうのではなくて、責任者は僕です』と言いました。苦しいこともたくさんありました。退職の際には、『こんなことで、監督の仕事までやめるなよ』と励ましてくれる他校の監督さんもいました。確かに、なんでもかんでも選手が起こした問題の責任を取るというのは、つらい面もあります。

でも、基本的に生徒に全部任せました。グラウンドでも寮でも、選手たちの自治に委ねた。もちろん覚悟を決めて、『何かあったら、俺が責任を取るからな』と言っていました。生徒は楽しかったと思いますよ。僕が殴ることは一切ないし、そんな素振りを見せたこともない」

2001年秋に一度監督を退いた佐々木は、順天堂大学の大学院で学び直している。そこで自分が、「野球のこと以外は何も知らない」ということに気づいた。

「41歳のときですね。勉強して、論文も調べたんですが、野球関係の研究が少ないことに驚きました。『野球界自体が勉強してないんだ』と思いました」

他競技の指導者の話を聞いて、佐々木は頭を殴られたようなショックを受けた。

「陸上の先生に『野球では、新人選手の血液成分や筋肉成分を調べるんですか』と言われて、『そんなことしているところはありませんよ』と答えたら、『そうすれば選手の体の特性がわかるのに。だから野球はダメなんですよ』と」

佐々木は大学院で他競技の指導者から刺激を受けながら、研究論文を読み漁った。野球の現場から離れたことで、たくさんの発見があった。

「2001年のセンバツで準優勝したころまでは、もちろん殴りはしなかったけど、かなり厳しい練習をやらせていました。キツい言葉をぶつけることもありました。だけど、2003年に復帰して以降は、もう全然です。そういうのは一切やめました」

佐々木の教えを表す言葉として、「本気になれば世界が変わる」は、高校野球ではよく知られている。壁があっても受け入れ、前を向けという意味を込めて、「運命を愛し、希望に生きる」という言葉もよく使う。また、「いい親父になれ」という目標を掲げていることも有名だ。

「野球の世界でも、歴史をつくるのは勝者です。だから『勝たないと』とは思いますが、順天堂の大学院から戻ってきたときに目標を全部変えました。勝つとか、全国制覇というのを排除しました。正直、勇気はいりました。そのときに浮かんだのが、『いい親父になれ』でした。毎日がいい親父になるための修行です。

この目標に向かって全員が頑張る。たくさん失敗したほうが将来、子どもの相談に乗るときに役に立つ。『恥ずかしくない人間になれよ』というメッセージですね。どうしても、人間は陰で悪いことをしたがるものですが、そういうことがなくなるだろうと」

選手の自主性を信じる「総務部総務課総務担当」

高校での野球部員の活動期間は短い。甲子園につながる大会は3年間で5回だけ。あっという間に〝球児〟の時代は終わってしまう。

「三年の夏が終わったら、タガが外れるのがいるんです。でも、そこで『おまえな〜』と僕は言いたくない。『自分でわかれよ』と思う。だから、『いい親父になれ』と言っているんです」

佐々木は監督である前に、ひとりの等身大の人間として選手と接するようになった。

「監督だからといって、構えることもやめました。そもそも僕はけっこういい加減な人間なんですけど、それをそのまま出すようにして。飲み会で練習を早めに抜けるときには正直に言うし、ゴルフに行くときは『ゴルフでいなくなるけど、大丈夫？　俺は遊びに行くから、みんなも休んでいいよ』と言って」

佐々木の指導方針は「選手の自主性に任せる」。これを徹底した。

「昔は3カ月に1回くらい、『しっかりやれ～』と言うことはありました。僕は誰にも負けないだけの皮肉のボキャブラリーを持ってますから（笑）、口では生徒に負けることはありません。言いたいことがあれば、言葉で説明すればいいんです。だいたい、僕くらいじゃないですか。甲子園でノックを生徒に打たせる監督は。いい思い出になるし、恥をかきたくないから、選手は一生懸命に練習しますよ。

仙台育英に来たいという選手には、『うちに入ったからうまくなるわけじゃないよ。頑張るやつは頑張るけど、やらないやつはヘタになる』とはっきりと言うようにしていました」

佐々木にはチームを変えよう、強くしようという力みはなかった。

「もし弱くなったらやり方を変えようと思ってたんだけど、面白い現象が起こりました。チームが前よりも勝つようになったんです。強くなったわけじゃないんだけど、あきらめなくなりました。

実際、僕がチームを強くしたという感じはまったくない。生徒が勝手に強くなっている。僕にとってありがたいのは、彼らが勝手にいろいろ考えてくれること。言葉が浮かばなくて『う〜ん』となってるときでも、『先生が言いたいことはわかります。こういうことですよね?』と先回りしてくれる。何も考えてないときでも、『監督はすごいことを考えている』と思ってくれる(笑)。心のなかでは『自分でもわかってないのに、本当か?』と思ってますけどね」

2003年に佐々木が監督に復帰して以降、辞任するまでの14年間で、仙台育英は甲子園に12回出場し、20勝12敗。2015年夏は準優勝、2017年夏はベスト8まで勝ち進んだ。

説明不要の時代から、説明〝要〟の時代へ

年齢を経るごとに貫禄がつき、大物感の増す監督もいるが、佐々木は驚くほどに自然体だ。

「高校野球の監督は、〝総務部総務課総務担当〟になるしかない。10年間サラリーマンをやった経験からそう思っています。カリスマになんか、なる必要がない。みんなの仕事がうまく回るようにする、陰の存在でいいんです、目立たなくても。

一方で、広報としての役割もあって、対外的な〝顔〟になるときはある。だから、あいさつや笑顔がものすごく大事なんですよ。生徒にもよくそう言います。『営業マンは鏡の前で笑顔をつくってから商談に行くんだぞ』と。僕自身、笑顔をつくれと言われればそうするし、バカをやれと言われればバカになります」

かつては監督が指示を出し、選手はそれにただ応えて動いていた。しかし、時代は大きく変わった。

「絶対君主の時代というか、カリスマ監督がいたときは、発言や指示の説明がいらなかっ

た。いまはそうじゃない。生徒ひとりひとりに説明してあげなきゃいけない。どうしてベンチに入れないのか。試合に出られないのか。

僕のポリシーとして、誰を選んで誰を落としたか、その選考理由をみんなの前で説明しています。そうしないと、チームのなかでひずみが生まれるから。説明不要の時代から、説明〝要〟の時代に変わったと思うんですよ。だから、ひとりひとりが納得できるように話をします。生徒はそれぞれ理解度も違うので、毎日、ひとりひとりに理由を説明して回っている感じですね」

確かにこう聞くと、佐々木がワンマン社長型ではなく、〝総務担当型の監督〟だということがわかる。高校野球では珍しい〝総務担当型の監督〟である佐々木は、いまだに残る暴力についてどう考えるのか。

「野球に暴力は必要ないと思ってずっと指導しているので、いまさら暴力追放などとは思いません。人間は怒られたり恐怖を感じたりすれば、身がすくむし、体が硬くなる。その状態でいいパフォーマンスができるはずがない。僕が目指すところはストレスフリーなんです。大事な場面で、『この1球!』というときには、ストレスフリーで臨んでほしい。『いまが楽しくてしょうがない』という状態でプレイしてほしい。チーム全体がそうなれるように心がけています。

ある高校の監督に、こう言われたことがあります。『佐々木さんのやり方を真似したいけど、うちの高校では絶対にできない。ヤンチャなやつしかいないから、殴らないと。佐々木さんがやってるのは理想だけど……』って」

褒めて、叱って、また褒めて

監督がただ叱るだけ、注意するだけの存在なら、選手はなかなか耳を貸してくれない。10代の若い選手にも、それまで野球をやってきた実績も、プライドもあるからだ。だから、佐々木は褒めることを優先する。

「僕はまず『おまえ、たいしたもんだね。そんなこともできるのか』と言ってから、気になることがあれば直接注意します。面と向かってほめるのがむずがゆいときもあるので、ほかの選手に『○○はなかなかやるよなあ』と間接的にほめる。それが本人の耳に入ると喜ぶし、張り切ってやります。誰だって、『やらされる』より『やる』ほうがいい。大切なのは、その状態にどうやって持っていくかですよ。

監督はいろいろ言うけど、最後は俺のことを思ってくれているんだなと感じさせないと、こちらの話は聞いてくれません。関係づくりが大事なのに、注意したり、怒ったりしていては効果がない。僕だって、腹が立って腹が立って仕方がないときもある。そんなときは、高校時代の自分を思い浮かべるようにしています。そうすれば、怒りが静まる。どうしてかというと『俺のほうがもっといい加減だったな』と思うから（笑）」

怒ってばかりいる監督やコーチに、喜んで近づく選手がどれだけいるものか。自分のためを思ってくれていると感じるから、真剣に耳を傾けるのだ。佐々木は、褒める→叱る・怒る（注意する）のあと、もう一度褒めると言う。

「失敗して、怒られたままだと夜寝るときに思い出して、眠れなくなっちゃうといけないから。最後に褒められれば、安心できるでしょう」

佐々木は大学時代の下積み経験を、「ドブネズミみたいなもの」と冗談めかして言うが、その失敗があるから、選手に優しく接することができる。だから、「失敗経験は若いうちにたくさんしたほうがいい」とも言う。

「小さいころからずっと優等生で、人に言われなくてもなんでもできる生徒もいます。でも、いずれどこかで壁にぶつかるはずで、そのときに失敗経験がないとうまく乗り越えられない。だから、失敗したほうがいいんです。なるべく若いうちに」

２０１７年ドラフト６位で東北楽天ゴールデンイーグルスに入団した、西巻賢二《にしまきけんじ》（現・千葉ロッテマリーンズ）がそうだった。

「仙台育英では一年の秋からレギュラーで試合に出て、二年の秋からキャプテンをやりました。まじめでいい子。中学のときに日本一にもなっているし、ほめられたことしかない。あるとき、西巻を呼んで『これからは理不尽におまえを怒るからな』と宣言したんです。それから何かあると、西巻を怒りました」

失敗経験のない西巻はその後、変調をきたした。それを見て佐々木はまた彼を呼んだ。

「本人に『な?』と言うだけで理解しました。自分が打たれ弱いということに気づいたみたいです。人間、ほめられるだけじゃダメなんです。それに気づいてくれたところで、西巻への理不尽な怒り方はやめました」

ただのいい子では、その先も野球の世界を渡っていくことはできない。どんな指導者に巡り合うかも、どんな仲間とプレイすることになるかもわからないからだ。ときには、理不尽なことに耐える力も必要だと佐々木は教えたかったのだろう。

２０１７年夏、仙台育英は夏の甲子園で準々決勝まで進んだ。キャプテンだった西巻は大会後、清宮幸太郎《きよみやこうたろう》（早稲田実業→北海道日本ハムファイターズ）や中村奨成《なかむらしょうせい》（広陵→広島東洋カープ）、藤原恭大らとともに、U-18日本代表に選ばれている。

自分の心配より他人の心配をする選手になれ

2018年3月に仙台育英を離れた佐々木は、11月に学法石川（福島）の監督に就任した。グラウンドのフェンスには、「本気になれば世界が変わる」の文字がある。就任早々、選手たちに「自分のことよりも他人の心配をしろ」と言った。

「生徒はどんな監督なんだろうと不安だったと思うんです。『変なやつだったら、俺たち、どうなるんだろう』と。そんな顔を見ながら、『自分の心配をするな。それなら、赤ちゃんだってできる』と言いました。僕はコーチも誰もつれてこないで、ひとりでこの学校に来た。それまでのスタッフがいない、誰も知り合いのいないところに入ったわけです。『みんなは自分たちのことを知っているだろう、学校も野球部のことも。だけど、僕はなんにも知らない。だから、『佐々木先生は大変だなと思える人間になりなさい』』と言ったんです（笑）」

大事なのは、他人を思いやる気持ち、人の心を想像する力。他人の心配をすることが、チーム全体のことを考えることに通じる……佐々木の就任のあいさつから、選手たちはどんなメッセージを受け取っただろうか。

「就任してすぐの春の練習試合は、ほとんど負けました。それでも全部、笑顔でやりました。生徒には、『当たり前の反応は赤ちゃんでもできる。エラーしても笑顔、打たれても笑え。努力しないと前向きになれないぞ』と言いました」

佐々木は選手たちに「髪の毛を伸ばしてもいいよ」とも言った。

「僕は何十年も前から、ずっと生徒にそう言ってきました。だから、仙台育英は坊主頭じゃなかったんですよ。『どうだ、伸ばしてみないか?』と。学法石川ではこれまでやったことがないから、OBやまわりの人から批判されるかもしれない。もし髪の毛を伸ばして負けたら、もっとキツいことを言われるでしょう。それも含めて『覚悟して、やってみたら?』と。最初に生徒が選んだのは丸刈りです。それがいまでは坊主をやめています。どちらでも、彼らが選択したんだから、それでいいんです。

僕が福島に来たことで、髪の毛を伸ばす野球部がぽつぽつ出てきました。『佐々木さんがやる前に、うちがやろうと思って』という先生がいて。みんなが僕を意識してくれているということなので、それでいい。髪が長いか、短いかは、本当はどっちだっていいんですよ。伸ばしたら進歩的だとか自由だとかいうものでもない。仙台育英が春のセンバツで準優勝したとき、生徒はみんな髪が長くて。賞賛の声もあったんですが、お叱りの手紙もたくさん届きましたよ」

追い込むのではなく、心をひとつにする

40代以上の世代には、いまだに苦難を乗り越えてこそ勝利をつかめると考える人も多いだろう。『巨人の星』というスポーツ根性マンガのテレビ主題歌に、「思い込んだら試練の道を行くが男のど根性」という歌詞があったことを覚えている人もいるはずだ。

「野球の世界だけじゃなくて、日本の社会が、そういうもんだと思っていたんじゃないですか。欲しいものは簡単に手に入らないから、努力しろと。

でも、いまはそんなに追い込まなくてもいい。山登りだけでも、やり方次第では十分に苦しいことですから。いま風にどう変えていくかでしょう。ジャンプするためには一度、身をかがませないといけない。もちろん、高く跳ぶために準備をするのは大事なことです

が、やり方を間違えないようにしないと。根性で耐えるというのは違う気がします」

チームのなかにいるのは、能力の高い選手ばかりではない。レギュラーもいれば、補欠もいる。みんなでひとつになるためにはどうすればいいのか。

「結論としたら、楽しむしかないんじゃないですか。それも、みんなで。以前は冬場の土日、コミュニケーション合宿と銘打って、少年自然の家に行って、泊りがけでレクリエーションをやりました。チアリーディングのチームを呼んだり、ダンスしたり、バスケットボールやバレーボールをやったり。そういう場で動くのを見て『こいつはこんなやつだったんだな』と発見することもありました。合宿をきっかけにレギュラーになった子もいます」

全員を同じ方向に進ませるためには工夫が必要だ。佐々木は選手たちの心を動かすために、よく映画を観せるようにしている。

「練習を休みにして、映画を観せると、僕がいろいろ話すよりも生徒の心に響くようです。学法石川で最初に観せたのが、『ルディ／涙のウイニングラン』。アメリカンフットボールの映画です。レギュラーもいれば、控えの選手もいるけど、みんなで腐らずにやろうという話です。

年末には『男たちの大和』を観せて、平和な時代に生まれて野球をやれる幸せに気づいてもらいました。自分と同年代の若者が戦地に散った話を観て、心が動いたはずです。正月休みに実家に帰ったときに、親のありがたみが増すことを願って。まわりの人に感謝してほしい、少しでも手伝いをしてくれたらと思いながら、この映画を観せます」

『グレイテストショーマン』は佐々木が学法石川の監督になる決断を後押しした映画だ。

「19世紀に活躍した伝説的な興行師の実話をミュージカルにしたものです。これを観て、好きな野球ができるならどこにでも行こうと思いました。つらいことがあってもくじけずにやろう、最後はショーなんだからというところに感動しました。

『リメンバーミー』は、応援してくれる人や家族を大事にしろよ、裏切るな、と言いたくて観せました。生徒はけっこう泣きますよ。『海猿』を観たら、チームから心が離れつつあるやつも戻ってきます。自分の使命とは何かを考えてほしくて」

仙台育英時代に、三年生にとって最後の大会となる夏の県大会直前に観せたのは、インド映画の『きっと、うまくいく』だ。

「インドの超難関大学に通う3バカトリオの学園コメディです。涙あり、笑いあり、踊りあり、サスペンスあり、どんでん返しがあって、日本人からしたらふざけた映画なんですけど、これがいいんです。うまくいかないことがあっても、『ALL is well（きっと、うまくいく）』と唱えればなんとかなるという映画です。２０１７年夏の甲子園に出たとき、仙台育英の選手は、みんな帽子のつばに『ALL is well』と書いていました。だから、ピンチでも笑顔でいられたんですよ」

10代半ばから後半にかけて暴力を受ける経験もした佐々木は、指導者として独自の道を歩んでいる。選手の自主性を重視する佐々木の指導法に対して、「あまりにも自由すぎて、こちらが心配になるほど」という声を強豪校の監督から聞いた。ルールで選手を管理するのが〝常識〟である高校野球では、間違いなく異端の指導者だ。事実、何年かおきに不祥事に見舞われてきた。だが、それでも佐々木は、「全部、俺の責任」と覚悟を決めてここまでやってきた。

還暦を迎えたいま、新天地の学法石川でその指導方法をさらに進めていくことだろう。就任直後の２０１９年春の福島大会では、準決勝でサヨナラ勝ちし、準優勝を果たした。

春のセンバツ出場がかかった２０１９年の秋季大会では、強豪・聖光学院（福島）を相手に、7回コールドという番狂わせを演じた。準々決勝で敗れたため、センバツ出場は叶わなかったが、佐々木の笑顔がまた甲子園で見られる日はそう遠くないかもしれない。

稲尾和久から学んだ「野球は楽しく」

　ここまでは、どこかで暴力の洗礼を受けた野球人の話を聞いてきた。では、暴力的な指導にも、厳しい上下関係にも〝遭遇〟しなかった選手は、野球における暴力をどうとらえているのか。

　暴力の効能を知らなければ、当然「暴力なし」で強くなる方法を模索したはずだ。東京大学野球部で副キャプテン、キャッチャーをつとめていた喜入友浩《きいれともひろ》は、大学で野球人生を終えるまで、暴力を受けたことがない。現在、ＴＢＳアナウンサーとしてプロ野球の取材も行っている、野球界では珍しい存在だ。

　日本最古の大学野球リーグである東京六大学野球連盟に所属する東大野球部は、これまで一度も優勝したことがない。リーグ戦では最下位が定位置だ。２０２０年1月現在、44シーズン連続で最下位、42連敗中だ。ところが、喜入が正捕手だった２０１６年春には3勝、秋にも1勝を挙げ、他大学を震え上がらせた。その喜入が言う。

「僕はリトルリーグで野球を始めました。そこは、プロ野球の名投手だった稲尾和久《いなおかずひさ》さんがつくったチームで、稲尾さんが総監督。西鉄ライオンズでキャッチャーだった宮寺勝利《みやでらかつとし》さんが監督でした。一度も叩かれたことはなかったです」

リトルと同じ団体のシニアに上がっても、暴力とは無縁なままだった。

「稲尾さんは、いろいろなポジションを経験して野球を好きになれという考えでした。現役時代にやっていたという、つま先歩きでグラウンドを1周するような、ほかではやらない練習もありましたね」

１９３７年生まれの稲尾は、１９５６年から１９６９年まで西鉄ライオンズ（現・埼玉西武ライオンズ）のエースとして活躍。プロ野球で通算２７６勝を挙げたあと、ライオンズ、ロッテオリオンズ（現・千葉ロッテマリーンズ）の監督をつとめた。

「もともと稲尾さんの実家が漁師だったこともあって、練習メニューには根性論的なものも含まれていましたけど、暴力はまったくなくて、とにかく楽しくという方針でした」

リトルもシニアも強いチームではなかったが、喜入はそこで野球の楽しさ、面白さを味わうことができた。

「僕が進学した修猷館高校の野球部で、指導者からも先輩からも、暴力を受けることはありませんでした。上下関係に関しては、入部して半年くらいはしつけの期間があって、厳しめの指導を受けることはありましたが、それも言葉だけで。本当に1回だけ、罰走があったくらいです。もちろん東大でも、暴力は一切ありませんでした」

高校野球の名門や強豪で揉《も》まれ、甲子園で実績を残したスターが集まるほかの5大学と比べ、入学試験を突破するのが難しい東大の野球部の戦力は、圧倒的に劣っている。1980年代は甲子園球児が何人もいたが、1990年代以降はほとんどいない。小林至《こばやしいたる》（元・千葉ロッテマリーンズ）、遠藤良平《えんどうりょうへい》（元・日本ハムファイターズ）、松家卓弘《まついえたかひろ》（元・横浜ベイスターズなど）などをプロ野球に送り込んだものの、1998年春以来、ずっと最下位のままだ。

「僕が入学した2013年は、全然勝てない時期でした（2010年10月から2015年5月まで94連敗）。60連敗くらいしていた時期ですが、なぜか四年生が強い力を持っていました。そこで一年生の秋に、朝のスピーチで僕が『野球がうまい人が発言権を持ちましょう』と言ったら、ものすごい反発を食らって……先輩からは生意気なやつだと思われたんでしょうね。

僕は野球をするために東大に入りました。だから、試合に勝つために『一番賢い方法で強くなりましょう』と言いたかっただけなんですが」

先輩・後輩の関係は大事だが、いまのままではチームが強くならないという思いがあった。東京六大学でプレイするために東大に入った喜入にとって、そんな年功序列の空気が許せなかった。暴力はなかったものの、厳しい言葉を向けられたことはある。

「僕は肩が弱かったので、『そんなんだったら、サークルへ行けよ』と言われたことはあります。でも、それで『絶対にレギュラーになってやる』と思いました」

東大は「どうせ負けるだろう」という空気が許せなかった

一年の春季リーグ戦でベンチに入った喜入は、二年の春から神宮球場でもマスクをかぶるようになった。

「僕が途中から出た試合に負けたあと、レギュラーキャッチャーだった先輩が監督に、『これからは喜入がキャッチャーでいいんじゃないんですか』と言ったんです。上級生に控えのキャッチャーがいたのにですよ。それで次の試合から、その先輩がショートに回って、僕が試合でマスクをかぶるようになりました」

レギュラーを奪われた先輩が後輩をいびるという文化は、東大にはなかった。しかし、自分なりに野球の技術に自信は持っていたものの、東京六大学のキャッチャーと比較するとすべてが心もとなかった。そのときに支えてくれたのが、コーチとして指導に来ていたふたりの元プロ野球選手だった。

「谷澤健一《やざわけんいち》さんは早稲田大学出身で、中日ドラゴンズで活躍されたすごいバッター。今久留主成幸《いまくるすなりゆき》さんはPL学園時代に桑田真澄《くわたますみ》さん（元・読売ジャイアンツなど）とバッテリーを組んでいた方で、横浜大洋ホエールズでもプレイされました」

東京六大学リーグでは、自校のOB以外が指導に当たることはまずない。そんな慣例を打ち破って、当時東大野球部の監督だった浜田一志《はまだかずし》が、プロ野球経験者をコーチとして招いた。

「谷澤さんと今久留主さんの存在が僕には大きかった。おふたりとも、ものすごい愛情を注いでくれました。谷澤さんが2週間に一度練習に来られるたびに、日が暮れるまで練習して、一緒に寮のお風呂に入って、ずっと野球の話をしていました。『プロのキャッチャーはどんな練習をするんですか？』と質問すると、次に会うときにはメモを渡してくれました。

今久留主さんはPL学園と明治大学のOBですから、暴力的な指導を受けた経験があるかもしれませんが、そんなことはまったく感じさせませんでしたし、理にかなった教え方をしてもらいました」

プロで経験を積んだ名選手の技術、経験、情報を得て、喜入は東京六大学で戦う力をつけていった。

「東京六大学の相手チームは、『東大に勝って当たり前』だと思っているわけです。観客も『どうせ負けるだろう』と。僕たちは認めるわけにはいかないけど、東大の選手もそんな空気に慣れていた。初めて先発マスクをかぶった試合で負けて、僕がロッカーで泣いていたら、上級生から『おまえ、まだ泣くの早いよ』と言われました。そのとき僕は、『泣くの早いってなんだ?』と思ったし、みんなが負けることが当たり前だと思っていることが許せなかったんです」

94連敗をストップさせた原動力

東大の選手たちのなかには、「神宮で野球をするために東大に入った」学生が8割もいる。野球への思いの強さでは他大学に引けを取らないが、体格、実力、実戦経験、勝利の成功体験が少なすぎた。

「根性論を純粋に肯定するわけではありませんが、うちの野球部には根性すらない。だから、そこからスタートしました。プライドのないところから、勝てるチームを目指しているうちに『負けてたまるか』という気持ちが湧きあがっていきました。どうすれば野球がうまくなれるか、チームが強くなるか。勝つための方法を探っていくなかで、暴力は一切出てきませんでした」

喜入が所属していた時代の東大野球部の部員数は、学年15人から20人程度。1年ごとに入れ替わるので、ある程度は年功序列でベンチ入りが決まり、順番待ちをしていればチャンスが来るという雰囲気もあった。

「野球の技術でチームに貢献できない人は、別のところで存在意義を見出す必要があると考えていました。だから同期にも、コーチになるか、データ分析官になるかとプレッシャーをかけました」

喜入のこの言動は、非情にも冷酷にも感じられるかもしれない。だが、圧倒的に戦力的に劣る東大が「仲良しこよし」では、野球エリートが集まる東京六大学で勝てるはずがない。

「気持ちが緩んでいる選手にはキツく当たったかもしれません。僕たちには緊張感が必要だった。サークルであれば、『みんなで仲良く』でいいと思いますが、六大学で戦う以上は、覚悟を決める必要がありました」

ほかの5大学の選手にとって、東大戦はある意味で鬼門だ。勝って当たり前だと何の疑いもなく思っている。もし負けたら、優勝を争ううえで不利になるし、精神的にもダメージを受ける。ただの1敗では終わらない。法政大学出身で、現在は野球解説者である江本《えもと》孟紀《たけのり》（元・阪神タイガースなど）は、『週刊新潮』で自らの学生時代をこう振り返っている。

「僕が学生のころ、東大に負けたらそりゃ大変でした。選手から応援団まで走らされたり、監督にぶん殴られたりという〝地獄〟が待っていましたから。東大と対戦する際には、逆にプレッシャーになってビクビクしていたものです」

2015年5月、喜入がキャッチャーとして出場した法政大学戦で、東大が延長戦を制し、5年近く続いた94連敗をストップした。

その後、キャッチャーとして、四年時には副キャプテンとしてチームをリードした喜入は、どんな目標を立てたのか。

「勝ち点を取る（1カード3試合で2勝すれば勝ち点1）ことよりも、各大学から1勝ずつしたかった。どこの大学と戦っても勝てる実力をつけたかった。『東大と戦えば1敗はするかもしれない』という意識を他大学に植え付けたかったんです。そういう怖さを感じさせるように」

他大学でスターティングラインナップに名を連ねるエリートにスポットライトが当たることは多いが、神宮球場でプレイしているのは彼らのように〝選ばれた〟選手だけではない。そのことを示すのも、東大野球部の大きな役目だ。

「ほかの大学は学校やOBの期待も大きいし、優勝しなければというプレッシャーもあるでしょう。だから、根性論が生まれる土壌があるのかなという気がします。

逆に言えば、東大が強くなれば、野球界に残っている悪しき根性論は意味をなさなくなるんじゃないでしょうか。東京六大学で東大が勝つこと、甲子園で21世紀枠の高校や公立校が勝つことが、野球では大きな意味を持つと思っています。ポテンシャルとしては落ちるかもしれないけど、僕たちだって野球が好きで、本気で取り組んできたんです」

それを証明するためにも必要なのは、やはり勝利だった。

「たとえ負けても、納得できる試合にする」というテーマ

喜入とバッテリーを組んだサウスポーの宮台康平《みやだいこうへい》（現・北海道日本ハムファイターズ）は、1学年下。最速150キロのストレートを持ち、日米大学野球で日本代表に選ばれた実力者だ。

「あの宮台がいたという状況は特殊だったかもしれませんが、2016年の4勝のうち、実は宮台以外のピッチャーで3勝しています。下級生のころは3点くらいリードしていても、『いつ逆転されるんだろう……』と思っていましたが、三年、四年のときは意識が変わっていました。互角に戦える自信があった」

高校時代に名門校や強豪校での〝修行〟を終えて東京六大学にやってきたエリートは、およそ考えられるすべての武器を持っている。まともに向かっていったら、体力でも技術でも精神力でも太刀打《たちう》ちできない。

「野球は予測のスポーツです。150キロの速球を最後まで目で追うことはできないし、イレギュラーバウンドにもうまく反応できない。大切なのは反射神経ですが、それを身に

つけるには相当な練習量と経験が必要になります。東大の選手は、野球に触れた時間が絶対的に短いので、能力もセンスもない。だから、4年間でどうすれば効率よくうまくなるかを考えました」

179センチ、77キロという体格の喜入だが、キャッチャーとしては地肩が強くない。「だから、ピッチャーのボールを捕ってからいかに速く送球するかが課題でした。今久留主さんに教えてもらった練習を、繰り返し繰り返しやりました」

他大学の戦力を分析し、ピッチャーの特長を生かした配球を考えるのはキャッチャーの腕の見せどころだ。

「どんなにすごい打線でも、どこかには穴がある。試合前にキャッチャー陣は試合の流れを予想しながら、想定のスコアをひとり3枚書くようにしました。20枚ほどの紙を見ると、失点パターンが見えてくる。『このバッターをフォアボールで歩かせたら、次で打たれるな』と。キャッチャーたちのシミュレーションをもとに、想定される失点パターンを抽出して、防げる失点と防げない失点とに分けていきました。

負けても納得できる試合にしようというのが僕のテーマでした。弱かったから負けた、打たれたから負けたで終わらせたくなかったんです。だから、試合前のシミュレーションに時間をかけました」

自分たちの能力が劣っていることを自覚したうえで、準備に時間をかけ、試合で起こったミスを次に生かすように心がけた。パワーヒッターではなかった喜入は、打席でも配球を読むのが得意だった。２０１６年の春季リーグ戦は打率２割７分９厘という好成績を残している。

「相手ピッチャーのクセや配球のパターンも徹底的に分析しました。一塁に牽制球《けんせいきゅう》を投げたら次はカーブとか、カウントごとの球種も全部出して。打席ではいつも、変化球を狙っていました。ストレートはファウルでいいと割り切って。もともと僕は一番打者として試合に出ることが多かったんですが、トップバッターがいきなり変化球を強振したら、相手は嫌というか、気持ち悪いじゃないですか。凡退してもＯＫだと思っていましたね」

野手にポジショニングの指示を出すのも、キャッチャーの大事な仕事だ。

「試合前のシミュレーションをもとに、パターンを全部出しました。守備のヘタな選手については、『こういう打球が飛んだらミスするから』と事前にピッチャーに言っておきました。試合中にイライラしないように。自分たちの守備力をしっかりチェックしたうえで、ミスも覚悟したうえで試合に臨むようにしていました。

試合中に『なんでできないんだ？』と言ってはいけない。まさかのファインプレイはあっても、まさかのエラーはないと思っていました。ミスに寛容なわけじゃないけど、ミスも計算に入れながら戦おうと」

強豪校出身者から感じた凄み

甲子園に出ていない選手だけでも、東京六大学で勝てる。喜入はそのことを証明したかった。

２０１６年は春季リーグで3勝、秋季リーグで1勝を挙げた。最下位脱出はできなかったものの、目標に近づくことができた。だが、他大学の壁は分厚く、高かった。強豪校で鍛えられた選手のすごさ、たくましさを感じることも多かったと言う。

「彼らの〝根性〟が美しく見えるときもありました。明治大学のエースだった柳裕也《やなぎゆうや》から、僕は1本もヒットを打てませんでした。プロに進んだほかのピッチャーからは打っているんですけど。

柳を打てないのは、自分が人間として劣っているからじゃないのかと思ったほどです。

何をどうやっても打てなかった。技術も足りなかったんでしょうが、まず彼の気迫に負けていました。柳は〝人間力〟で野球をやっている気がして……三振が欲しいという場面で、きっちり三振を取って、吠える……勝ちに対する執念がすごかった。『厳しいところでやってきたからです』と言われたら、返す言葉がありません」

2016年ドラフト1位で中日ドラゴンズに入団した柳は、横浜高校（神奈川）時代には3度甲子園に出場している。明治大学に進んでからは、一年春に神宮デビューを果たし、リーグ通算23勝を挙げた。キャプテンとなった2016年は春に6勝、秋に5勝をマークして、春秋連覇を果たした。プロ3年目の2019年には、11勝を挙げている。

「バッターなら、立教大学にいた佐藤拓也《さとうたくや》（現・JR東日本）。彼はいつもポーカーフェイスで、打っているときも調子が悪いときも表情が変わらない。東大の選手は、すぐに弱気な顔をするから、ポーカーフェイスはつくれないんです。

佐藤は三振しても悔しがらない。タイムリーヒットを打っても、盗塁を決めても同じ表情をしています。ひとつうえのところからこちらを見ているような、見下《みお》ろされているような気がしました」

佐藤は浦和学院（埼玉）で一年の春からベンチ入り、その秋にエースとして背番号1をつけた。明治神宮大会でベスト4、2012年春のセンバツではベスト8進出に貢献した。立教大学では、一年春からリーグ戦に出場し、四年秋の東大戦で通算100安打（史上32人目）を放っている。

「文武両道」の公立校や東大が強くなれば、野球界も変えられる

東大の教育学部を卒業した喜入は、野球界の暴力についてどう考えるのか。

「高校も大学も、基本的には野球だけをするところではないと考えています。野球選手を養成することを目的とするから、軍隊のような野球部が存在するのかもしれない。僕にとって、初めに稲尾さんのつくったチームで楽しい野球を経験したのが大きかった。そのあと、負ける悔しさを味わって、勝つための方法を考えるようになった。ゼロの状態から根性を鍛えるのが、方向性としてはいいのかなと思っています」

甲子園出場が義務づけられた名門校、強豪校もたくさんあるが、文武両道を目標に掲げるところも多い。

「日本の文化のよいところは、文武両道を目指すところだと思います。たとえば韓国のよ

うに、野球なら野球だけ、競争を勝ち上がった選手しか次のステージに進めないというシステムではありません。

強くなるためには、いろいろな方法があることを知ってほしい。だから、後輩の宮台にはプロ野球で活躍してほしいんです。僕はいまはスポーツアナウンサーなので、野球の現場にもよく行きますが、ファイターズの栗山英樹《くりやまひでき》監督から『宮台には使命があるから、どんどん取材してくれ』と言われました。『東大のやつが何を言っているんだ』という状況のままでは、野球界は変われない。東大と公立高校が強くなることが、日本の野球界を変えるきっかけになると思っています」

　喜入が宮台のほかに注目しているのが、熊本県で有数の進学校である済々黌高校から早稲田大学に進み、２０１７年育成ドラフト４位で福岡ソフトバンクホークスに入団した大《おお》竹耕太郎《たけこうたろう》だ。大竹はエースとして２０１２年夏の甲子園に出場し、春夏連覇を果たす大阪桐蔭に３回戦で敗れたものの、聖地で１勝をマーク。翌春のセンバツでも１勝を挙げた。しかし、１８１センチ68キロの細身のサウスポーは、決して怪物ではなかった。

「大竹は大学に進学したとき、１３０キロくらいのボールしか投げられなかった。大学の４年間とプロの２年間で１５０キロ近くまで球速を伸ばしています。彼がひとつの成功例だ。

になってくれればと思っています」

済々黌と喜入が通った修猷館は定期的に練習試合を行っていた。喜入と大竹は旧知の仲

「済々黌は進学校ですが、野球部には規律があって、かなり細かいところまで決まっている。帽子のつばは曲げない、ユニフォームに名前を書く位置もみんな一緒。バット引きでも、ボールを拾うときでも常にダッシュする。クラシックスタイルを守っていて、僕たちは憧れたものです。そこで野球を学んだ大竹が早稲田大学のエースになって、プロでも育成契約から支配下選手になって、日本シリーズでも投げましたからね」

早稲田大学では一年秋のリーグ戦で4勝を挙げ、翌年の春季リーグ戦、全日本選手権優勝に貢献した。しかし、その後は故障のために成績が振るわず（通算11勝）、ドラフト会議では育成4巡目での指名となった。

ところが、プロ1年目の2018年に、ウエスタン・リーグで8勝を挙げて支配下登録されると、3勝2敗、防御率3・88という成績を残した。2019年は17試合に先発し、5勝をマークしている。

済々黌は熊本県を代表する古豪ではあるが、いわゆる野球強豪校ではない。甲子園出場、

早稲田大学のエースという経歴だけを見れば野球エリートと思われるかもしれないが、その道筋はかなり違う。だからこそ、喜入は大竹の存在に期待を込める。

圧倒的に不利な戦いに挑むことの意義

野球を始めてからずっと暴力とは無縁だった喜入は、「暴力なし」で強くなれると信じている。

「試合で負けたら悔しいし、恥ずかしい。それを東京六大学と神宮球場が教えてくれました。僕はよく、後輩にこう聞いていました。『いま、慶應の選手と入れ替わっても、彼らと同じ振る舞いができるか』と。体つき、振る舞い、声の大きさ、プレイの精度、スイングのスピード……東大だったら許されても、ほかでは通用しないんじゃないかって。実力もない、センスもない。その圧倒的な差を認めたうえで、どうするかが問われているんだと思います。僕らが94連敗を止めたとき、『喜ぶなよ、絶対』と試合前に言ったんですよ。だから、連敗が止まっても冷静に整列しました。そこがゴールじゃないから。強いときの東大は、勝っても喜ばない、負けて悔しがる。弱いときの東大は、勝って喜ぶし、負けても悲しまない」

圧倒的に不利な戦いに挑むからこそ、東大野球部の存在意義があると喜入は考える。

「勉強って、つらいじゃないですか。努力しても結果がついてこないこともある。僕も東大に入るのに一浪して、苦しい時期もありました。ただ、東大生はこれまでものすごく勉強してきて、努力すればいい結果がついてくると思っています。東大に受かったという成功体験を通じて、勉強は努力すれば報われると考える人は多いはずです。

でも、野球の世界では全然違います。いくら努力したって、東京六大学のほかの大学の選手たちに近づくことは難しい。才能も経験も違うから、簡単には追いつけない。

それでも、東大が彼らに勝つ方法がないわけではない。僕たちは少しだけ、その可能性を示すことができました。新しい野球の形を提示するためには、東大の勝利が必要だと思っています。だからこそ、後輩たちには頑張ってほしい」

この先、東大が他の大学を打ち負かすことができるのか。神宮球場が盛り上がれば、日本野球は少しずつ変わっていくはずだ。

第六章　野球界の未来のために

ライセンスのない野球指導における、さまざまな課題

日本サッカー協会（ＪＦＡ）は、指導者のレベルアップのために、そのニーズに合わせた指導者養成講習会を開催している。ＪＦＡ主催の指導者養成講習会の修了者には、ＪＦＡ公認ライセンスが付与される。

プロ選手の指導ができるＳ級コーチから、Ａ級コーチジェネラル（全国レベルの選手を指導できる）、Ｂ級コーチ（Ｕ‐16年代指導者の最上級ライセンス）、Ｃ級コーチ（Ｕ‐12年代の指導にフォーカスしたカリキュラム構成）、Ｄ級コーチ（グラスツールで活動する指導者）、さらに10歳以下の選手、子どもたちに関わるキッズリーダーまで、段階的に分けられている。ＪＦＡは「長期一貫指導」を重視しており、指導者が替わっても選手が戸《と》惑《まど》うことのないようにと考えられている。

しかし、日本の野球界には、指導者のためのライセンスがない。渡辺俊介は言う。

「野球には指導者に必要なライセンスはありません。どのコーチも、自分で学んできたことを選手に教えています。何が評価されるかと言えば、結局はチームや選手の成績という

ことになってしまうんですね。そういう評価の方法では、コーチはなかなか育ちにくいのではないでしょうか」

渡辺には、プロやオリンピックでの経験がある。アメリカ、ベネズエラで学んだことも多い。それらをベースに、最新の野球理論やトレーニング方法をミックスしながら、指導を行っている。

アマチュア時代に暴力的な指導を受けた経験もあるが、渡辺は選手主体で考えさせ、練習方法を選ばせるようにしている。

「初めのうちは、選手がわかるまで何度でも言い聞かせるのがいいと思っていたんですが、それはそれで非効率的かなと思うようになりました。選手が自分で発想して、考えて行動したときが一番覚えがいいし、成果も出る。だから、そういう環境をつくろうと心がけています」

社会人野球では、高校卒業後に入社する18歳の選手もいれば、大学を経由して入ってくる選手もいる。体の成長度合いも、野球選手としての成熟度もさまざまだ。

「それまでの鍛えられ方もいろいろです。もちろん性格はみんな違う。コーチの仕事は、その選手に合った練習法を選ばせることではないかと考えるようになりました。その先の段階では、自分なりの方法を生み出してほしい。だけど、現段階では『AとBとCがあるけど、自分には何が必要だと思う?』と提示しています。目の前に選択肢を出して、『うまくなるためにはどうすればいいのか?』を考えさせようと」

指針がないからこそ、指導スキルが求められている

プロ野球で何十年もプレイしているベテランなら別だが、普通の選手は、練習メニューは与えられるもので、選ぶものだとは考えていない。だから当然、初めは戸惑う。

「選手ははっきりと言いますよ、『これをやれ!』と言われるほうが楽ですと(笑)。エクセルで練習メニューを共有しておいて、ある程度の時期になったら、それがうまくいっているかどうかを選手と話します。

たとえば、体重移動がうまくできないピッチャーがいるとします。それを直すためのトレーニングを僕も考えますが、『どんな練習でもいいから、自分で考えてこい』と言います。その選手の考えたものが間違っていてもいいんです。技術をつかむための練習だったら、ケガさえしなければマイナスではないので。

いまは自分でつくりだすということを選手たちにやらせているところです。ストレッチもそうですが、自分の体と相談しながらでないと、絶対に効果は出ません」

自分にとって必要な練習はなんなのか。成長するために、最短で効果が出る方法をなるべく早く見つけなければならない。高校野球は2年4カ月しかないが、社会人野球の選手にも多くの時間は与えられない。成績が振るわない場合、成長が見込めないと判断されればユニフォームを脱ぐことになる。プロ入りを目指して社会人のチームに入っても、長くプレイできるとは限らない。

「その選手が置かれた状況によって、どんな判断をするのかも難しいところです。プロを目指すなら無理しないほうがいいピッチャーもいるし、多少無理してでも投げたほうがいいケースもある。

あるピッチャーがひじを痛めていて、無理をすると投手生命が終わるかもしれないという状況だったことがありました。でも、登板できなければ、このチームで野球を続けられる可能性が低くなる。『だから、投げたい』と言うんです。投げたら故障がひどくなるとわかっていて、登板させたのは初めてのことでした」

本人は故障を隠し通し、最後の段階で直訴した。それが本当によかったのかどうか。渡辺はいまでも「難しい判断だった」と言う。

指針となる指導マニュアルがないのなら、監督やコーチが自分たちの経験をベースにつくり上げるしかない。

「いまは、指導者が急激に伸びている時期なんじゃないでしょうか。昔のように朝から夜まで練習できるわけじゃない。選手の気質も変わっている。もちろん、暴力的な指導もそうですが、指導自体を考え直さないといけない時期なので、逆に工夫しがいがあります」

選手たちの心と体を守りながら、短い練習時間で効果的な指導を行うことが求められている。選手をいたずらに叱りつけ、痛めつけていては成果は得られない。

「たとえば、ピアノの練習のように体重移動の必要がないものは、練習すればするだけ技術は上がっていくそうです。でも、野球のピッチングもバッティングもフィールディングも、数をやりすぎると故障のリスクが増える。一定数を超えると、正しいフォームでできなくなるし、動く幅が小さくなります。

ピッチングを覚えるためには、ある程度の回数は必要なんですよ。投げなければうまくならないというのは、もちろんある。だから、特に投げることに関しては、しっかりと見守ることと、見極めることがコーチには必要なんだと思います。

投げる感覚をつかむには投球数が必要で、多く投げることが全部間違いだとは思わない。その選手に合った技術、練習方法を提供するのがコーチの仕事。そのスキルが求められているんじゃないかなと思います。そういう指導者がもっと増えればいい」

コーチを養成する仕組みも、ライセンス制度もない現状では、指導者それぞれに委ねるしかない。時間をかけさえすれば、技術は少しずつでも上がっていくだろう。しかし、試合で実力を発揮できるかどうかはわからない。「負けたら終わり」のトーナメントや高いレベルで求められる勝負強さは、選手が持って生まれたものなのか。それとも、練習や環境によって身につくのだろうか。

「持って生まれた素質と育った環境、どちらも重要です。よくハングリー精神と言いますが、そういう環境で育った人間はやっぱり強い。一方で、小柄な選手は気が強いとか、傾向はいろいろあります。競り合いで勝つ、ギリギリの場面で力を出すというのもひとつの技術なので、それを教えることはできます。

大事な場面で力む選手には脱力する方法を教えればいいし、力が入らないような考え方を身につけさせればいい。力んでもパフォーマンスが落ちにくい投げ方に変えることだってできます。うちのチームに大柄のピッチャーがいるんですが、オーバースローだと力んでしまう。だから、本人と相談して、腕を下げてサイド気味に投げさせてみました。そうすると、力んでもうまく投げられるようになった。何かを少し変えることで、パフォーマンスが大きく上がることはあります」

重責を担う指導者が、追いつめられることもある

過度なストレスから「イップス」になる選手がいる。野球における「イップス」とは、ボールをコントロールできていたプレイヤーが、自分の思うように投げられなくなってしまうことを指す。故障をきっかけに発症することもあるが、ほとんどは心因性だと言われている。心が体の動きを邪魔してしまうのだ。

「中日ドラゴンズで活躍した荒木《あらき》雅博《まさひろ》と話をしたときに、『もしイップスになったら、アンダースローにすればいいんですよ』と言われて、それが指導のヒントになりました。彼もスローイングで苦しんだことがあって、サイドからステップスローにすることで克服したようなんです」

怖い先輩に送球を捕ってもらえない、悪送球の記憶が残ってしまう……そんなトラウマ

から送球難に陥る選手もたくさんいる。失敗が怖い、監督や先輩に怒られる、殴られる……そうして発症するケースも少なくない。

「心の傷を負って、そうなる選手は多いですよね。キャッチャーに多いかな。心理的に追い込まれると、イップスになることがあるようです。過去の精神的なトラウマが引き金になっていることが多くて、アメリカではカウンセリングで治していく方法が採られています」

そういう場面で、よく監督やコーチが「何やってるんだ、ちゃんと投げろ！」と怒鳴りつけるが、それでは悪化はしても治ることはない。

「トラウマがあるなら、治療しなければいけない。もしプロ野球選手だったら、厳しいけれど、やめれば済む。でも、学生野球の場合、そういうわけにはいきませんよね。学生野球の指導者には大きな責任があるので、大変だとは思います」

渡辺は高校生の野球少年の父でもある。10代の選手を教える指導者の苦労がわかる。

「高校野球の場合、ひとりの監督の責任の範囲が広くて、重すぎると思います。生徒がグラウンド以外のところで起こしたことに対して、監督が責任を取らないといけないとなると、厳しいルールをつくったり、管理をしなければいけなくなる。日本以外の国で、そんなことありますか？　たとえば、選手が万引きをしたら、それは選手の責任で、本人が罰を受けるのが普通だと思います」

選手をコントロールする過程で、暴力が顔をのぞかせることがある。かつて暴力的な指導を受けた監督やコーチが思わず感情を爆発させることもあるだろう。

「その人が危機を感じたときにどう反応するか、怖いところですね。指導者だって、追いつめられることがある。言葉で言って聞かせられる生徒だといいんでしょうが……。

アメリカの場合、高校でも大学でも、選ばれないとスポーツができない。学業も含めて決められた基準に届かなければ、ルールを守れなければ、競技を続けられなくなるんです。でも、日本の場合はお客さま扱いされることが多くて、生徒側の立場のほうが強かったりしますからね」

野球はいろんな子にチャンスがあるスポーツ

渡辺は高校、大学とずっと控え選手だった。50メートル走は7秒台だと言う。身長177センチという体格も、プロ野球のピッチャーのなかでは恵まれた部類ではない。それでも、まわり道をしながらプロ野球選手になり、世界の大舞台でも活躍した。

「社会人野球の新日鐵君津のとき、監督だった應武篤良さんに『ここで耐えられなかったら、プロでは通用しない』とはっきり言われました。あのころはバンバン投げるし、数えきれないくらい走るし、毎日怒鳴られるし、だったんですけど。『社会人で壊れるなら、プロでも壊れる』のは本当だなと、プロに行ってからそう思いました。プロのレベルにいかに適応するか、一軍選手に負けない強さを持たないとやっていけないと痛感しました。球が速いとか、パワーがあるとかも、大事ではあるんですけど」

暴力で選手をコントロールする指導者、罵声・暴言が日々飛び交う野球部はいまだに残っている。さまざまな種類のハラスメントがグラウンドのまわりにある。

「わかっていても、そういう野球部にわが子を入れる親もいます。選択肢はほかにもあるのに……甲子園への近道だと思い込んでいるからか、誘われたから行くのかはわかりませんが。もし正しい情報が伝わっていないのなら、大きな問題ですよね。

体が大きくて、素質があって、伸びしろのある子は、放っておいてもプロ野球に行くんです。そうじゃない子は、自分に合ったところを探してほしい。野球の場合は、少々運動神経が悪くても、活躍できる可能性がある。ポジションもたくさんあって、長所を生かす方法はいくらでもある。いろんな子にチャンスがあるスポーツだとは思うんですよね。だから、いまの子たちには、バスケットとか、テニス、卓球、いろいろなスポーツを経験してほしい」

幸いにも、日本には自分に合ったスポーツを選ぶ自由がある。

「野球人口が減っていることが問題になっていますが、これだけ多くのスポーツがあるなかで、『野球だけをやれ』というのもおかしな話で。子どもたちに選ばれる野球界にしないといけないと思っています」

そのためには、10代の選手の取り組みから考え直す必要があるだろう。第二章で触れたように、子どもにそっぽを向かれるような野球界には、明るい未来はやってこない。

才能を「あきらめさせる」ことが重要

田中聡は、こう言い切る。

「野球選手の才能をどこで見極められるか、わかりますか。身長です。体重無差別の競技で必要なのは背の高さ。大きくて、スピードがあるやつが有利に決まっています。ちっちゃい選手はなかなか勝てない。

天才は本当にいて、そういう選手を怒る必要はないんです。人に迷惑をかけるようなことをしたときは別ですが、彼らには技術やロジックを与えればいい。大多数は天才じゃないから、その子の才能を見極めながら、あきらめさせてやることが必要だと思っています。うまくなることではなくて、本人の才能の程度を教えてあげる。

才能以上の期待を持たせるから、無意味なトレーニングをさせたり、限界まで追い込んだりということになるんじゃないですか。まず全員に、やりたいことをやらせます。どうすれば野球がうまくなるかを僕は知っているので、初めに面白さに気づかせる」

「東京広尾リトル」で少年たちの指導をする田中は、そのために実にユニークな取り組みをしている。

「野球ドリルをつくっています。10級から1級まであって、トライアウト（進級テスト）を受けて合格すれば昇級していきます。もしかしたら、野球の世界ではうちだけかもしれません。そもそも、その子がどのくらい野球がうまいかを示す基準があいまいなんです。

スキーの世界には1級、2級というステップがあって、1級すら持たない選手がワールドカップやオリンピックに出ることはありえません。野球の世界にはそれがないから、補欠が頑張るための目標がない。しかも選手起用に対して、監督の好き嫌いが入ることが多いから、モチベーションをなくしてしまう。そうならないために、野球ドリルがあるんです」

その級に必要な技術が明示されていれば、取り組むべき練習メニューもわかりやすい。できることが増えていくたびに昇級すれば、「もっと、もっと」と思えるはずだ。自分に足りないものはなんなのか、どうすればチャンスをつかめるのかがわかれば、選手はおのずと奮起する。

「誰にでもわかる評価基準があれば、『どうしてうちの子を試合に出さないんだ』というクレームもなくなるでしょう。『だって、まだ3級だから』と答えればいい。『1級になれば、試合に出られますよ』と言えますから。

野球そのものも、野球の技術も体系化されていないから、これまでは基準がなかったんだと思います。でも、採点競技だと考えれば、そう難しくない。うまいかヘタかを決める基準は、美しく見えるかどうかですよ」

田中が初めに子どもたちにやらせるポジションは、ピッチャーだ。

「野球のなかで、一番簡単なポジションがピッチャーだからです。投げることは基本の基本で、どのポジションを守っても大事。だから、初めはピッチャーから。次に簡単なのが外野で、その次がキャッチャー。最後が内野、特にショート、セカンドですね」

野球は、投げる・捕る・打つ・走るの４つの要素が集まった競技だ。初めからすべてが得意な選手は少ない。

「そのなかで一番簡単なのは、打つことです。でも、初めて野球をする未就学児に、投げろ、捕れと言っても難しい。フライを捕る、ゴロを捕るというところからドリルはつくっています。10級から1級まで上がったときには、全部のポジションを守れるようになっていて、1級以上からが選手コースになります」

少年野球の段階では、試合に出るか出ないか、レギュラーか補欠かというところで大きな線が引かれている。どうすればその線を越えられるかは、どのチームでも明確ではない。チャンスに恵まれない選手はモチベーションを低下させてしまう。

「日本ではピッチャーをやっている人がすごいと思われているけど、僕はそう思いません。僕の法政大学時代は、東京六大学で48勝という最多記録を持つ山中正竹《やまなかまさたけ》さん（全日本野球協会会長）が監督でしたが、内野の守備もバッティングも専門ではない。

だから、コーチがいなくて苦労したんです。監督ひとりでできることは限られていて、山中さんの仕事は選手をふるいにかけることでした。専門分野をきちんと見られる人がいないと評価は偏るし、ひずみが出て、ストレスがかかり、暴力も生まれる。理不尽が理不尽を呼ぶんです」

子どもたちは成功と同じように、失敗からもさまざまなことを学ぶだろう。ベンチに座って声を出すだけでは、何も得られない。

必要なのは納得できる「ロジック」と「基準」

アマチュア時代に暴力を受け続け、プロでもコーチと殴り合いもした田中は、野球界の暴力についてどう考えるのか。

「殴られたことに対して、恨みもなければ、変な感情もありません。よく殴られたのは事実だけど（笑）。自分のことを振り返ってみると、暴力はムダだなと思います。オモシロ・エピソードとして話してきましたし、けっこう飲みの席では盛り上がりますけどね。僕の場合、全然、懲《こ》りてない。まったく意味がなかったということです。僕に必要だったのは、ロジックでした。なぜ怒られるのか、まわりから反感を買うのか、それがいかにマイナスなことかを、誰も教えてくれなかった」

なぜ殴られるのかわからないから、同じことを繰り返す。そして、また殴られる……。

「野球は、基本的に他人に迷惑をかけちゃいけないスポーツです。単独プレイはダメで、空気を読むセンスが求められる。なのに勝手なことばかりするから、よく殴られた。マイナスぶんを埋めるためにいい成績を残さなきゃいけなかったし、悪いときにはメンバーから外されたんです」

それを田中に諭してくれる人がいなかった。

「指導者から評価されないと、チャンスが巡《めぐ》ってこない。田中聡はどういう選手なのか。自分が思うような評価を得るためには、言動も服装も大事だったんですけど。いまになってそう思います」

ただ、田中は暴力とペナルティは別物だと考えている。

「僕は、暴力は絶対にダメだけど、ペナルティはあってもいいと思います。世の中でも、悪いことをすれば、罰を受けるでしょ。会社なら懲戒免職《ちょうかいめんしょく》だってあるし、交通違反をすれば罰金を払う。試合で審判に暴言を吐いたら退場になりますよね。それと一緒。そのあたりを見極めながら、ルールを運用する能力が指導者に求められているんじゃないですか」

そのチーム独自のルール、選手が納得する基準づくりが必要だと考えている。

「うちのチームなら、10級から1級までの評価基準がある。トライアウトを受けて、合格すれば昇級していく。選手の起用方法でクレームがついたら、ピッチャーをやらせます。ボンボン打たれても問題ない。失敗したっていいじゃないですか。勝つことが目的じゃないから。何度でもチャレンジさせますよ。エラーして怒ることなんかありません。ほとんどは、技術不足が原因ですから。

ただ、チームの決め事には厳しいですよ。『この場面はバックホームだよ』と監督に言われたのに、ほかのところに投げるのはダメ。決められたことをちゃんとやる。それでうまくいかなかったら、監督の責任。みんなと違う方向を見ているときには、『みんながひとつになっているチームは、そうじゃないチームより強いよね』と言います」

ただし、投げ方も打ち方も、野球を始めたばかりの子どもには自由にさせている。

「僕は『この打ち方じゃダメだ』とは言いません。前のチームで教えられたことをしたいのなら、『どうぞ』と。正しい理論かどうかなんてどうでもいい。どの場面で、どういう技術を使うかのほうが、大切だからです。

初めに子どもには、『攻撃のとき、前のランナーを抜かしたらアウトだよ』と教えます。

前のランナーをホームに帰すために打つんです。自分が帰るためじゃない。キャッチボールもそう。相手が捕れるボールを投げるのが大事なんです。『どうやったら相手が捕れるボールを投げられる?』『あの子が捕れないってきみは怒っているけど、捕れないのは投げるほうがヘタだからだよ』と言います」

ピッチャーをやりたい子にはピッチャーを、バッティングをしたい子にはどんどん打たせる。成功と失敗を繰り返しながら、子どもたちは野球の面白さを知り、仲間への思いを強くする。ここにも「暴力なし」で野球をうまくする方法がある。

創部10年で日本一になった札幌大谷という「ダークホース」

小学生や10代半ばまでなら、野球を楽しむ期間だと考えてもいいだろう。しかし、野球少年たちも〝球児〟になると、途端に時間が少なくなる。目標を甲子園に置くならば、それを目指して戦える期間は2年4カ月しかない。繰り返しになるが、のんびりしている時間はない。

チーム内のライバルに打ち勝ち、試合出場のチャンスをつかみ、他校を蹴散らさなければばならないからだ。強豪校になればなるほど、当然レギュラー争いは熾烈《しれつ》になる。厳しい上下関係をかいくぐりながら、監督やコーチに認められなければ、ユニフォームを着ることもできない。最近よく〝アスリートファースト〟という言葉を目にするが、残念ながら、その理想からはほど遠い現実がある。

だが、大会の過密日程や高校野球を取り巻く環境を、ひとりの球児やひとつの高校が変えることなどできない。現行のルールのなかで、どうやってベストを尽くすことができるのか。おそらく勝つことでしか、正しさは証明できないだろう。

２０１８年秋に行われた第49回明治神宮大会には、東北代表の八戸学院光星（青森）、北信越代表の星稜（石川）、東海代表の東邦（愛知）、中国代表の広陵（広島）など、各地区の秋季大会を制した強豪が出場した。そのなかで、創部わずか10年目の野球部が日本一になった。

その学校、札幌大谷（北海道）に野球部ができたのは、男女共学になった２００９年。秋季北海道大会を制して、神宮球場に乗り込んできた。１回戦で近畿代表の龍谷大平安（京都）に6対5で競り勝つと、東京代表の国士館を7対3で下した。準決勝で九州代表の筑陽学園（福岡）、決勝で星稜を撃破して日本一にのぼりつめた。

春のセンバツや夏の甲子園に比べれば注目度は低いものの、各地区の王者が集まるだけにレベルは高い。なぜ、ダークホースは頂点に立つことができたのか。

伝統のない「中高一貫校」というアドバンテージ

監督就任5年目を迎える船尾隆広《ふなおたかひろ》は、函館大有斗（北海道）を卒業したあと、社会人野球の新日鐵室蘭、NTT北海道でプレイした。1997年にキューバを破ったインターコンチネンタルカップでは、日本代表メンバーとして戦っている。1971年生まれの彼は、厳しい上下関係のなかに身を置いてはいたものの、「ボコボコに殴られたことはない」と言う。

「高校時代は、厳しいのが当たり前だと感じていました。社会人のチームには10歳以上も離れた先輩もいましたが、上下関係は常識的なものがあるだけでした。だから、野球の現場で暴力を使ってなんとかしようなんて考えたこともありません」

言葉を選びながら静かな口調で話す船尾は、会社の総務担当にしか見えない。

「そもそも、暴力と野球がうまくなることには何の関係もありません。暴力が絶対にダメだということを大前提として、頭に叩き込んで指導に当たっています。僕だって、生徒に対してイライラすることはありますよ。ときに怒りに近い感情になることも。でも、そのときには一歩引いて、気持ちを落ち着かせるようにしています」

選手たちは10代半ばなのだから、指示通りに動かないことも、うまく真意が伝わらないこともあるだろう。

「ときには言葉遣いが荒くなることはあるかもしれません。暴言かどうかは、相手がどう感じるかによって変わってくるんでしょうが、厳しい言い方になったときには、きちんとフォローをするようにしています。監督の僕以外に、部長もコーチもいるので、みんなで連携を取りながら、生徒たちと接しています」

なかには「厳しく指導してくれ」という保護者もいるが、船尾が真に受けることはない。

「暴力的な指導が許されない、時代に合っていないというのは、もうわかりきっていることですから。昔の感覚なら、『甘い』とか『緩い』とか言われるかもしれませんが、保護者にどう言われても、指導方針は変わりません」

創部10年目で明治神宮大会を制した札幌大谷は、2019年春のセンバツにも出場し、1回戦で米子東（鳥取）を4対1で破って甲子園初勝利を挙げた。

「伝統がないぶん、ほかの強豪校のようなプレッシャーはありません。まだＯＢ会もないんですよ。よその監督さんと比べれば、やりたいことをやりやすい環境にあると思います」

明治神宮大会の優勝メンバーには、２０１６年のリトル・シニアで全国ベスト８入りを経験した選手が多かった。中高一貫校のため、中学三年の夏以降にブランクをつくることなく、高校の練習に加わることもできた。それが札幌大谷の大きなアドバンテージになっている。

「普通なら、中学生は三年の夏の大会が終われば引退して、高校に入学するまでは練習ができません。でも、うちの場合は、９月から高校の練習に合流できる。高校に上がってすぐに試合に出る選手が毎年、ひとりふたりいます。多い年には、４、５人いたこともあります。生徒からすれば半年間を有意義に使えるし、指導者は実力とか体力とか性格とかを把握することができる」

秋季大会をスタンドから観戦することで、高校野球のレベルの高さもわかるし、「自分だったら〜」とシミュレーションもできる。2年4カ月しかない活動期間の〝助走〟を、8カ月も余分に取れるのは大きい。中高一貫校には、さらなるメリットがある。

「いつでも中学と高校の指導者間で、情報交換が可能です。ひとりの生徒を6年間かけて指導できるのは、ほかの高校にはない強みだと思います」

当たり前の話だが、選手はひとりひとり成長の度合いが違う。中学生で身長が止まる選手もいれば、高校生になってから10センチも20センチも大きくなる選手もいる。故障歴や体の強さも指導者間で共有できれば、不用意な故障を防ぐことができる。選手にとっても、体や心の成長を見守ってくれる先生たちが大勢いるのは心強いだろう。

全体練習は「短時間で集中的に」、自主練習は「自発的に」

札幌大谷が創部5年目で秋の北海道大会決勝まで進んだのは、2013年。そのとき小学六年生だった太田流星《おおたりゅうせい》をはじめとした有望選手が、北海道で唯一の中学硬式野球部（リトルシニア連盟）がある札幌大谷に進んだ。中学から数えて5年目で明治神宮大会優勝、6年目に甲子園初勝利を挙げたことになる。だが、船尾はあくまで謙虚だ。

「2018年の秋季大会で優勝できたのは、子どもたちの力があったから。明治神宮大会で優勝できた理由については、まったくわかりません。まぐれだとしか思えない。大会前、ほかの高校の監督には、『札幌大谷ってどこだよ』と思われていたと思います」

しかし、甲子園常連校を向こうに回して力勝負を展開したうえで、すべて押し切った。

「優勝できるかどうかはともかく、全国の舞台でも『意外に戦えるな』と思いました。それまで遠征も含めて、北海道から出たことがなかったから、自分たちの力量がわからなかったんです。各地区の優勝校と互角に戦うことができて、これまでやってきた練習が間違ってなかったかなと思えました」

メンバーは全員が北海道出身。それだけに、この日本一には価値がある。

秋季北海道大会で優勝投手となった太田は、春のセンバツの米子東戦で先発し、被安打4で完投勝ち。2回戦の明豊（大分）戦でも4回から登板して好投したものの、1対2で敗れた。

「絶対的なエースがいないなかで、サイドスローの太田がよく投げてくれました。センバツは準備時間の足りなさを痛感しました。北海道では冬場は外で練習するのが難しくて、バッティングの慣れとか、打球の感覚とか、なかなか戻り切らなかったんです。でも、初出場だったので、甲子園に出たという喜びのほうが強かったですね」

中学時代に全国ベスト8の実績を持つ選手たちを中心に、学校初の快挙をふたつも果たした意義は大きい。

「中学で全国大会を経験した生徒たちは、落ち着いていましたね。メンバー同士、お互いのことがわかっているので、まとまりがいい。外部から入ってきた選手とのバランスもよかった。明治神宮大会で優勝したこの学年は、元気がありすぎて、グラウンド以外でのミスはたくさんありましたけど（笑）。学校での生活態度については、特に力を入れて指導しました」

短期間で日本一になったと聞くと、猛特訓をイメージするだろう。しかし、札幌大谷が練習に割く時間は驚くほどに短い。駒大苫小牧の選手時代、２００４年と２００５年の甲子園連覇を経験した、札幌大谷野球部部長の五十嵐大《いがらしだい》が、「駒大苫小牧だったら、アップだけで練習が終わる」と語るほどの短さだ。船尾が言う。

「正味2時間半で練習は終わります。終業後、16時前に学校を出て、バスのなかでおにぎりを食べながら、30分かけてグラウンドに行きます。学校のルールで、生徒は20時には下校することになっているので、19時半にはグラウンドを出るようにしています」

グラウンド整備、道具の片付けの時間を考えれば、練習できるのは2時間半ほどになる。そんな短時間で、どんな練習ができるのだろうか。

「極力、ウォーミングアップは短めにして、2時間半でできることを集中してやります。

効率を考えると、ムダなことをやっている暇がない。やっぱり練習でやっていないことは試合でもできないので、選手のモチベーションを見ながら、大会から逆算して仕上げていきます」

シートノックに入るまでに、ウォーミングアップ、ストレッチ、キャッチボールなどで30分。そこから技術練習に入る。守備を中心にメニューを組み立てるときもあれば、バッティング練習だけの日もある。全体練習の時間は少ないが、最後の30分は自主練習にあてている。

「生徒それぞれが、自主練習のなかで何をしているのかを見ています。こちらと認識がずれているなと思ったら、その子を呼んで話をします。『この練習のほうがいいんじゃないか』ということもありますし、何をやっていいかわからない子には、まとめてノックしたりもしますね」

自分たちの使える時間が少ないことを、選手たちも理解している。

「守備練習が多い日は、自主練習でバッティングをする子もいます。その日その日、限られた時間のなかで何ができるかを、みんなが考えるようになりました。時間が短いので、割り切ってやらないと難しいですね」

部員は70人ほど。限られた時間、スペースで練習するには人数が多い。

「全員が同じ練習はできないので、シーズンに入るとAチーム、Bチームに分けます。Aチームは30人ほどでレギュラーに近い選手。Bチームはそれ以外。Aチームがバッティング練習をしているときは、Bチームがバッティングピッチャーをしたり、ファウルグラウンドでノックを受けたり。Bチームの選手も補助させるだけでなく、練習させるようにしています」

北海道の冬は長い。それなのに1日2時間半ほどの練習で、日本一になれたのはなぜか。2019年のチームにドラフト会議で指名されるほどの選手がいなかったことを考えれば、練習の質、選手の目的意識や集中度など、目に見えない部分の勝利だったと推察できる。

「何のためにこの練習をしているのか、接戦のときにどんな攻め方をすればいいのか、ランナーはどう動くのか。土日には練習試合を多く組んで、実戦形式で学ばせています。なかにはすぐに理解できない子もいますが、選手のほとんどはこちらの意図を汲んでくれています」

しかし、それだけでは肉体を強化する時間がない。走り込み、ウエイトトレーニングなどはいつやっているのだろうか。

「朝練習のときにローテーションを組んで、ウエイトトレーニングをしています。冬場は雪のためにグラウンドが使えなくなるので、放課後にもガッチリやります。朝練習も放課後の練習も、1分たりともムダにしたくないんです」

これだけみっちり詰まったスケジュールなら、上級生が下級生を集めて「説教」する時間もない。

いまどきの選手たちに教えるべきは「技術」

現役時代に日本代表としてプレイした船尾から見ても、いまの選手たちの技術レベルは高いと言う。

「僕が25、26歳くらいで身につけたものを、10代半ばでもう持っています。守備もうまいし、パワーのある子も多い。うらやましいくらいです。内野手だったら、逆シングルで捕ったり、ランニングスローをしたり。ピッチャーの球速も、自分たちの時代よりも10キロは速い。

だから、高校生にはまだ無理かなと思わないで、僕の引き出しのなかにあることは全部教えるようにしています。理解できるかどうかは、本人次第です。いつかわかるときがくるかもしれない。出し惜しみすることなく、すべて教えます」

選手が求めているのは、ただの猛練習ではない。短い期間で野球がうまくなる方法と、相手に勝つための技術だ。そこに暴力が入り込む隙間《すきま》はない。ピッチャーに走り込みを課すことも少ない。

「以前、試したことはあります。試合前にプレッシャーをかけて、『この試合で負けたら、ランニング10キロだぞ』と。そのときは僕も走りましたけど。いまはやりません。

ピッチャーが走ることは必要だと思っていますが、大事なのは目的をわかっているかどうか。冬の間、生徒に自分たちで練習メニューを考えさせたことがあります。それぞれにランニングメニューをつくって、管理表に記入していきました。なかには、あまり考えないままやっている子もいますが、他人と比較しながら、競いながら走る生徒も出てきました。刺激し合って、いい練習ができました」

限られた時間のなかで、有効な練習をどれだけやるか。練習の意味を理解して、どれだけ集中できるか。その積み重ねによって、技術は上がり、チームは強くなる。

「そこが野球の原点だと思います。70人いる部員全員が、練習が終わって家に帰るときに、

『今日はこの練習をした』『これだけうまくなった』と感じてほしい。練習の意味を理解して、充実感を持って明日を迎えられるように。僕の理想はそれです」

昔の監督はよく、〝怒られ役〟を決めて雷を落としたものだ。それによってチームに緊張感が生まれ、引き締まるからという理由で。

「誰かをターゲットにしてチームを締めるというやり方は、僕はやりません。本当に成長してほしい生徒に重点的に話をすることはありますが、70人も部員がいてひとりを叱っても、全員が同じように感じるわけではないので。数名はピリッとするかもしれませんけど、全員が同じ感覚ということはありえないでしょう」

ミーティング中に、全員がわかったような顔でうなずいていても、船尾が額面通りに受け取ることはない。

「半分は聞いてないと僕は思っています。だから、注意した翌日にまた同じことをする（笑）。本当に大事なことは1対1で伝えないとダメですね。『いまの子は……』とよく言いますが、僕らの時代もきっと同じでしたよ」

船尾が見ているのはレギュラーだけではない。むしろ、試合に出られない子のことが気にかかる。

「彼らのモチベーションがどうなっているのか、ものすごく気になります。特に、大会が近づいたときには。チームにとって彼らの行動や存在は大きいから」

明治神宮大会で日本一になり、春のセンバツで甲子園初勝利を挙げた札幌大谷は、夏の南北海道大会1回戦で駒大苫小牧に敗れた。しかし、彼らが再び聖地を踏むことで、高校野球の常識は覆《くつがえ》されるはずだ。

1日2時間半の練習で日本一になったチームの挑戦は続く。

おわりに

普通の高校でも、暴力が起こる野球界

２０１９年12月20日、日本学生野球協会は、東京都内で審査室会議を開き、高校の不祥事計10件の処分を発表した。上級生から下級生へのいじめ、暴力行為に加え、監督やコーチの暴力、暴言によって、野球部や監督、部長、コーチが、１カ月から6カ月の謹慎処分を受けている。

本書では、野球強豪校を中心にさまざまなケースについて書いてきたが、今回処分を受けた10校のうち、強豪と言えるのは数校、多くは全国的には無名の存在だ。「勝つためには暴力もしょうがない」という論がいかに的外れなのかは、これだけでわかるだろう。残念なことではあるが、甲子園を本気で狙うところだけではなく、さまざまな高校で日常的に暴力が行われていると考えざるをえない。

30年以上も前に私が通った大洲高校には、１２０年を超える歴史があるが、野球部はこ

れまで一度も甲子園に出場したことがない。2017年夏の愛媛大会で準々決勝まで進出したときには、応援バスが何台も出たほど町が盛り上がった。各県によくある典型的な公立の進学校で、甲子園出場など「夢のまた夢」だと、選手たちも地域の人も考えている。腕に自信のある中学生は、松山商業や宇和島東、今治西といった甲子園常連校に進み、そこから聖地を目指す。

そんな野球部のことが新聞記事になったのは、2019年夏のことだ。50代の監督が部内暴力で、日本学生野球協会から1カ月の謹慎処分を受けた。校内グラウンドで守備練習を指導していた際、声が出ていないなどと感じた監督が、部員のひとりにボールをぶつけたことが明らかになった。監督は指導から外れ、その部員は退部することになった。

母校で起こった不祥事に対して、私には疑問しかない。学校関係者やOBから過剰に勝利を求められることはないし、野球の実績で進学先を決める生徒もいない。それなのに、なぜ指導者は暴力に訴えたのか。

野球部OBの保護者のひとりは、私にこう言った。

「熱心に指導してくれる、いい監督さんやったんです。暴力は悪いことなんでしょうけど、やっぱりダメなんでしょうか」

私はその監督と面識があり、人となりはわかる。甲子園出場校でのコーチ経験もあり、この保護者が言うように、野球への情熱も持っていたはずだ。

しかし、熱心さがあれば、暴力が許されるということはない。暴力行使の権利など、どんなに実績のある監督にも、熱意のある指導者にも与えられていない。このことに関して、学校も、指導者も、保護者も、再認識する必要がある。

強いチームでも弱いチームでも、暴力が生まれる可能性がある。だからこそ、それをなくす努力を日常的に行わなければならないのだ。

佐々木朗希の登板回避から見えた「ゆがみ」

2019年の高校野球は、大船渡（岩手）の佐々木朗希《ささきろうき》という最速163キロを投げる大型投手の出現に沸いた。甲子園出場がかかった7月の岩手大会では、大勢のメディアや観客が集まり、大騒ぎになった。

佐々木の好投、チームメイトの活躍によって準決勝まで進み、35年ぶりの優勝に王手をかけた大船渡だが、強敵・花巻東（岩手）との対戦にもかかわらず、エースを登板させなかった。本来、四番打者でもある佐々木は最後までベンチに座ったままで、試合は2対12で完敗。投打の柱である佐々木を起用しなかったことが波紋を広げた。

32歳の國保陽平《こくぼようへい》監督は、筑波大学を卒業後に、アメリカ独立リーグでプレイした経験を持つ。彼は試合後、佐々木を出場させなかった理由について報道陣にこう話した。

「故障を防ぐためです。ここまでの投球数、登板間隔、気温……投げられる状態にあったかもしれませんが、私が判断し、投げさせませんでした。もちろん、私が『投げなさい』と言えば、本人は投げたと思うんですけど、私にはその判断ができませんでした」

一方で、佐々木はこう語っている。

「高校野球をやっている以上、投げたいという気持ちはありました。負けたことが悔しいです」

主力選手のひとりはこう言った。

「もうちょっと相談してほしかった。やっぱり、投げさせてほしかったというのは、正直なところあります」

決勝戦までの4試合で計435球を投げた佐々木のコンディションがどうだったのか、それは関係者にしかわからない。だから、監督の判断に異議を唱えるつもりはない。

ただ、私が落胆したのは、監督と選手とのコミュニケーションのあり方だった。甲子園出場のかかった決勝戦でエースが登板するかどうかは、一番重要なことだ。しかし、その判断に当人が加わっていなかったことが残念で仕方がない。

チームメイトであれば、エースの登板回避に至った経緯を知りたいと思うのが当然だろう。だが、決勝では予選で一度も登板のない4番手投手が先発し、初回から点を奪われて敗れた。

監督に「投げるな」と言われ、一度も出場機会がないまま、ベンチで試合終了を迎えたエース。その理由も聞かされず、「エースで四番」不在の戦いを強いられた選手たち。私にはそれが、「高校野球のゆがみ」に見える。

勝者が歴史をつくるなら

本書では「野球と暴力」との関係について書いた。

取材に協力してくれた人のなかには、暴力的指導や厳しすぎる上下関係を受けた指導者もいるし、まったく洗礼を受けなかった選手もいる。

彼らに話を聞いてわかったのは、暴力が野球のそばから離れないのには、いくつもの原因があるということだ。

◎監督の存在が大きすぎる（権限も責任も）
◎指導者と選手がフラットにコミュニケーションを取るのが難しい
◎選手の受け身の姿勢が変わらない
◎甲子園があまりにも大きな存在になっている

ほかにも、さまざまな要因が重なり合っている。

2018年夏の甲子園での吉田輝星《よしだこうせい》（金足農業→北海道日本ハムファイターズ）が連投したことが社会問題化したことをきっかけに、日本高校野球連盟は「投手の障害予防に関する有識者会議」を発足させ、ピッチャーの投球制限に対する指針を出した。

しかし、定期的に明るみに出る暴力事件に対して、何の策も打ち出していない。

あくまでも各高校の責任において対処するしかないというのが現状だ。これからも、不祥事発覚→関係者の処分が続くことだろう。対症療法だけで、果たして暴力は根絶できるのか……。

「勝者が歴史をつくる」のが真実なのだとすれば、暴力を排除した指導を行うチームが勝利を積み重ねることでしか、現状を変えることができないことになる。私は野球を愛するライターのひとりとして、彼らの指導や哲学を伝えていきたいと強く思う。

２０２０年２月　元永知宏

野《や》球《きゅう》と暴《ぼう》力《りょく》

殴《なぐ》らないで強《きょう》豪《ごう》校《こう》になるために

2020年3月24日　初版第1刷発行

著　者　元永知宏《もとながともひろ》
装　丁　金井久幸［TwoThree］
DTP　小林寛子
編　集　木下 衛
発行人　北畠夏影
発行所　株式会社イースト・プレス
〒101-0051
東京都千代田区神田神保町2-4-7 久月神田ビル
Tel.03-5213-4700
Fax03-5213-4701
https://www.eastpress.co.jp
印刷所　中央精版印刷株式会社

ISBN978-4-7816-1860-9

新日本プロレスブックス

獣神サンダー・ライガー自伝

完結編

獣神サンダー・ライガー

イースト・プレス

1.4 & 1.5 in TOKYO DOME

PHOTO DOCUMENT OF 2020.

1.4 TOKYO DOME

2020.1.4 東京ドーム

獣神サンダー・ライガー&藤波辰爾&ザ・グレート・サスケ&タイガーマスクwithエル・サムライvs
佐野直喜&大谷晋二郎&高岩竜一&田口隆祐with小林邦昭

NEW AIR, ON AIR.

BanG Dream!

はなまるうどん

はなまるうどん
Sanuki Udon
HANAMARU

1.5 TOKYO DOME

2020.1.5 東京ドーム

獣神サンダー・ライガー&佐野直喜with藤原喜明vs高橋ヒロム&リュウ・リー

DRAGON
LEE

平成元年、この東京ドームで
プロレスラー獣神サンダー・ライガーは生まれました。
そして今日、この東京ドームで
プロレスラー獣神サンダー・ライガーは終わりました。
31年間、応援していただきまして、ありがとうございました！

RETIREMENT CEREMONY 2020.1.6 in OTA-CITY GENERAL GYMNASIUM

2020.1.6 大田区総合体育館

平成元年に東京ドームで獣神サンダー・ライガーはデビューいたしました。そして、昨夜、同じく東京ドームで最後の試合をさせていただきました。

対戦相手のヒロム選手に粉々に砕かれましたが、これでなんの悔いもなく引退できると確信いたしました。31年間、ファンの皆さま、ご声援本当にありがとうございました。

プロレスラー獣神サンダー・ライガーは今日で終わりますが、新日本プロレスは、ますます大きくなり続けていくと思いますので、変わらぬご声援を皆さんにお願いいたしまして、挨拶とかえさせていただきます。

最後に個人的なコメントさせていただきたいと思います。今日、広島から母親がこの会場に来てくれています。お母ちゃん、頑丈な身体に産んでくれて、本当にありがとう。感謝してます。ありがとう。

それから、チィちゃん、貴光、いままでさみしい思いをさせたぶん、父親らしいことをこれからしていきたいと思いますので、よろしくお願いいたします。

本当に、皆さま、31年間ありがとうございました！

獣神サンダー・ライガー
ベストバウト20

※順位はYouTube Live「獣神サンダー・ライガー ベストバウト総選挙」2019年12月22日放送より

流出した至宝奪回を懸けて、究極龍と初一騎打ち！

1993.1.4 東京ドーム／IWGPジュニアヘビー級選手権試合
vs ウルティモ・ドラゴン（王者）
○ライガー（20分9秒 雪崩式フランケンシュタイナー→体固め）ウルティモ×

宿命のライバルと5年ぶりの邂逅！

1995.10.9 東京ドーム／新日本プロレスvsUインター対抗戦
vs 佐野直喜
○佐野（10分14秒 タイガー・スープレックス・ホールド）ライガー×

方舟の天才と夢のタイトルマッチが実現!

2010.4.4 後楽園ホール／IWGPジュニアヘビー級選手権試合
vs 丸藤正道（王者）
○丸藤（19分36秒 タイガーフロウジョン→片エビ固め）ライガー×

ジュニア8冠王座を懸けた"ジュニア版"世代闘争!

1997.2.9 札幌中島体育センター／ジュニアヘビー級8冠選手権試合
vs 大谷晋二郎（挑戦者）

16位

新世代の旗手を粉砕し『スーパーJカップ』2連覇！

2000.4.9

両国国技館／
スーパーJカップ
3rd.STAGE決勝戦

vs CIMA

○ライガー（12分28秒
垂直落下式ブレーンバス
→体固め）CIMA×

15位

若きライガーが立ち向かうも、〝いぶし銀〟保永の牙城は崩

1991.4.30

国国技館／
2回トップ・オブ・ザ・
ーパージュニア
勝決定戦&
GPジュニアヘビー級
座決定戦

s 保永昇男

呆永（21分54秒 ダルマ式ジ
ーマン・スープレックス・ホールド）

14
位
悲願のジュニア8冠王座奪取！

1997.1.4
東京ドーム／ジュニアヘビー級8冠選手権試合
vs ウルティモ・ドラゴン（王者）
○ライガー（18分21秒 スタイナー・スクリュードライバー→片エビ固め）ウルティモ×

13
位
血に染まった素顔でライバルとの大激戦に勝利！

1990.1.31
大阪府立体育会館／IWGPジュニアヘビー級選手権試合
vs 佐野直喜（王者）
○ライガー（20分00秒 シューティングスター・プレス→片エビ固め）佐野×

12位

鈴木軍の暴挙に鬼神ライガー降臨！

2012.6.16

大阪府立体育会館／IWGPジュニアタッグ王座決定戦
withタイガーマスク
vs TAKAみちのく&タイチ
○タイガー（9分20秒 タイガー・スープレックス・ホールド）TAKA×

11位

自らマスクを脱いだ壮絶なる異種格闘技戦！

1990.6.12

福岡国際センター／プロレスvs空手異種格闘技戦
vs 青柳政司
○ライガー（4R2分12秒 TKO）青柳×

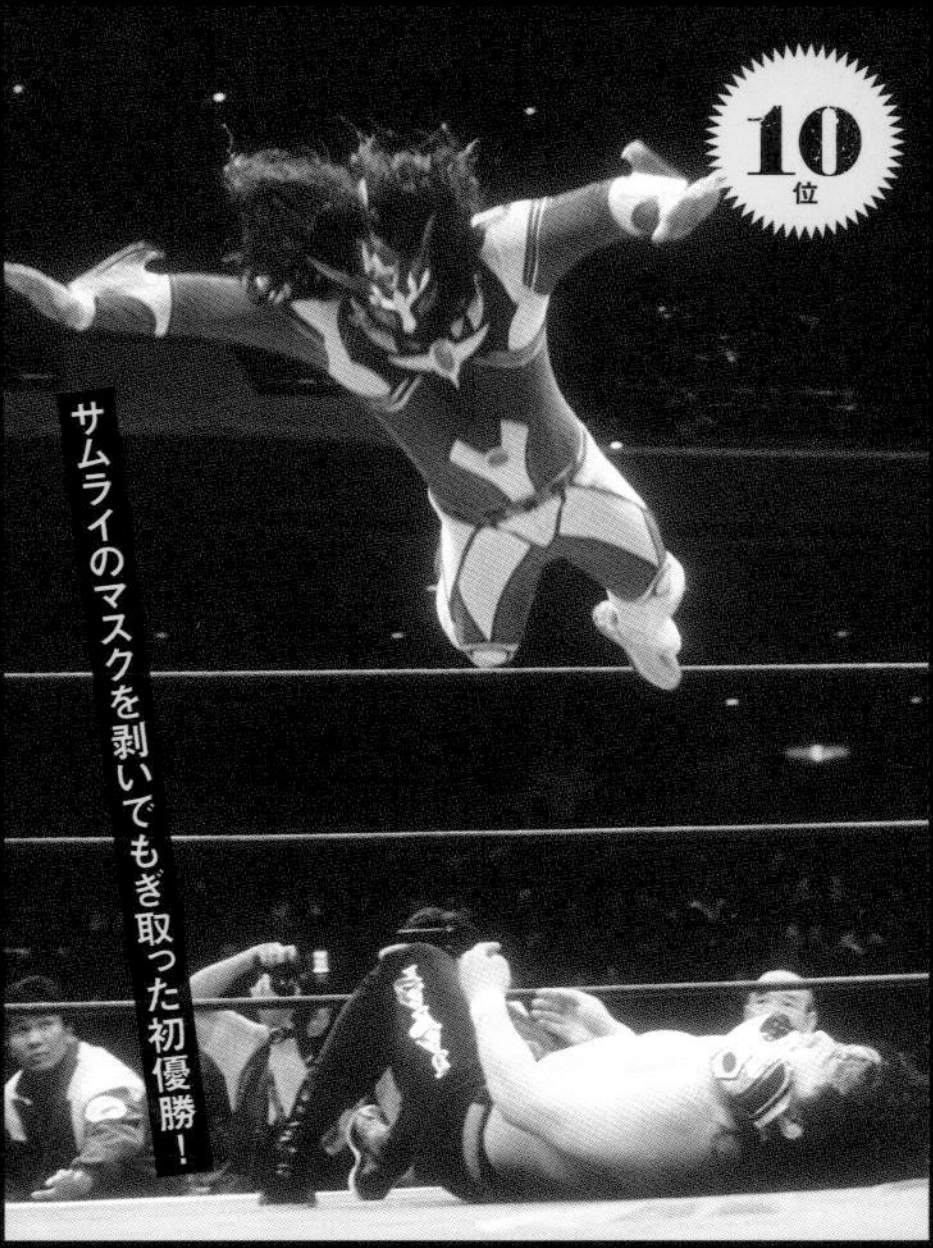

サムライのマスクを剥いでもぎ取った初優勝!

1992.4.30

両国国技館／第3回トップ・オブ・ザ・スーパージュニア優勝決定戦

vs エル・サムライ

○ライガー（21分15秒 雪崩式フランケンシュタイナー→体固め）サムライ×

6年ぶりのIWGPジュニア王座挑戦で新日イズムを伝承!

2016.5.3

福岡国際センター／IWGPジュニアヘビー級選手権試合

vs KUSHIDA（王者）

○KUSHIDA（14分37秒 リストクラッチ式ホバーボードロック）ライガー×

8
位
引退を決意した最後のIWGPジュニア王座戦！

2019.3.6 大田区総合体育館／IWGPジュニアヘビー級選手権試合
vs 石森太二（王者）
○石森（15分51秒 Yes Lock）ライガー×

みちのく旋風を正面から受け止めた懐深き獣神！

1994.6.13 大阪府立体育会館／
第1回ベスト・オブ・ザ・スーパージュニア優勝決定戦
vs スペル・デルフィン
○ライガー（18分27秒 雪崩式フィッシャーマンズ・バスター→体固め）デルフィン×

6位

団体の垣根を超えたジュニア新時代の象徴的一戦！

1994.4.16

両国国技館／スーパーJカップ1st.STAGE 1回戦

vs ハヤブサ

○ライガー（10分17秒 フィッシャーマンズ・バスター→体固め）ハヤブサ×

5位

ジュニアの祭典で実現した夢の対決！

1994.4.16

両国国技館／スーパーJカップ1st.STAGE準決勝

vs ザ・グレート・サスケ

○サスケ（18分9秒 フランケンシュタイナー→エビ固め）ライガー×

東京ドームが戦慄した黒ライガーの秒殺劇!

2000.1.4

東京ドーム／IWGPジュニアヘビー級選手権試合

vs 金本浩二（挑戦者）

○ライガー（3分56秒 垂直落下式ブレーンバスター→体固め）金本×

ムタとの異次元対決が生んだ鬼神伝説!

1996.10.20

神戸ワールド記念ホール

vs グレート・ムタ

○ムタ（17分35秒 ムーンサルト・プレス→体固め）ライガー×

破壊王にパワーで肉薄したバトルライガー！

1994.2.24
日本武道館／IWGP無差別級決戦
vs 橋本真也
○橋本（23分8秒 垂直落下式DDT→片エビ固め）ライガー×

長きにわたる因縁と青春の決着戦！

2019.10.14
両国国技館
vs 鈴木みのる
○鈴木（17分38秒 ゴッチ式パイルドライバー→体固め）ライガー×

獣神サンダー・ライガー 主要タイトル歴

IWGPジュニアヘビー級王座（11回）

山田恵一時代（挑戦3回）

［挑戦］1986年7月19日（後楽園ホール）
vs高田伸彦（第2代）
○高田（17分26秒 チキンウィング・フェースロック）山田×

［挑戦］1988年6月10日（広島県立体育館）
vsオーエン・ハート（第6代）
○ハート（13分33秒 エビ固め）山田×

［挑戦］1988年12月9日（後楽園ホール）
vs越中詩郎（第7代）
○越中（15分48秒 ドラゴン・スープレックス・ホールド）山田×

#1 第9代王者
（獣神ライガー）

1989年5月25日（大阪城ホール）
vs馳浩
○ライガー（8分39秒 ライガー式バックドロップ・ホールド）馳×

［防衛1］1989年7月12日（大阪府立体育会館）
vsブラック・タイガー
○ライガー（5R 2分53秒 ライガーボム→エビ固め）タイガー×

［防衛2］1989年7月13日（両国国技館）
vs佐野直喜
○ライガー（13分55秒両者KO引き分け）佐野×

［陥落］1989年8月10日（両国国技館）
vs佐野直喜
○佐野（15分38秒 雪崩式バックドロップ→片エビ固め）ライガー×

#2 第11代王者
（以下、獣神サンダー・ライガー）

1990年1月31日（大阪府立体育会館）
vs佐野直喜
○ライガー（20分00秒 シューティングスター・プレス→片エビ固め）佐野×

［防衛］1990年3月19日
（広島県立体育館）
vsペガサス・キッド
○ライガー（15分21秒 飛びつき前方回転エビ固め）ペガサス×

［陥落］1990年8月19日（両国国技館）
vsペガサス・キッド
○ペガサス（15分2秒 ダイビング・ギロチンドロップ→片エビ固め）ライガー×

#3 第13代王者

1990年11月1日（日本武道館）
vsペガサス・キッド
○ライガー（12分32秒 シューティングスター・プレス→片エビ固め）ペガサス×

[防衛1]1990年12月26日（浜松アリーナ）
vsネグロ・カサス
○ライガー（16分37秒 雪崩式バックドロップ→片エビ固め）カサス×

[防衛2]1991年3月21日（東京ドーム）
vs AKIRA
○ライガー（16分08秒 雪崩式DDT→体固め）AKIRA×
※1991年4月15日「TOP OF THE SUPER Jr.II」にて王座返上

[王座決定戦]1991年4月30日（両国国技館）
vs保永昇男
○保永（21分54秒 ダルマ式ジャーマン・スープレックス・ホールド）ライガー×

[挑戦]1991年5月31日（大阪城ホール）
vs保永昇男（第14代）
○保永（12分32秒 片エビ固め）ライガー×

#4 第15代王者

1991年6月12日（日本武道館）
vs保永昇男
○ライガー（13分42秒 雪崩式DDT→片エビ固め）保永×

[陥落]1991年8月9日（両国国技館）
vs野上彰
○野上（17分16秒 ダブルアーム・スープレックス・ホールド）ライガー×

#5 第18代王者

1992年2月8日（札幌中島体育センター）
vs保永昇男
○ライガー（17分30秒 雪崩式フランケンシュタイナー→体固め）保永×

[防衛1]1992年2月10日（名古屋レインボーホール）
vsペガサス・キッド
○ライガー（16分22秒 飛びつき後方回転エビ固め）ペガサス×

[防衛2]1992年3月9日（京都府立体育館）
vsマッドブル・レックス
○ライガー（8分45秒 雪崩式フランケンシュタイナー→エビ固め）レックス×

[防衛3]1992年5月17日（大阪城ホール）
vsエル・サムライ
○ライガー（26分6秒 シューティングスター・プレス→片エビ固め）サムライ×

[陥落]1992年6月26日（日本武道館）
vsエル・サムライ
○サムライ（13分1秒 スライディング式足掛けエビ固め）ライガー×

[挑戦]1992年10月21日（浜松アリーナ）
vsエル・サムライ（第19代）
○サムライ（15分7秒 雪崩式前方回転エビ固め）ライガー×

#6 第21代王者
1993年1月4日(東京ドーム)
vsウルティモ・ドラゴン
○ライガー(20分9秒 雪崩式フランケンシュタイナー→体固め)ウルティモ×

[防衛1]1993年3月21日(名古屋レインボーホール)
vsディーン・マレンコ
○ライガー(24分11秒 フランケンシュタイナー→エビ固め)マレンコ×

[防衛2]1993年8月8日(両国国技館)
vsワイルド・ペガサス
○ライガー(14分36秒 裏投げ→片エビ固め)ペガサス×

[防衛3]1993年9月23日(横浜アリーナ)
vs折原昌夫
○ライガー(17分23秒 足4の字固め)折原×

[防衛4]1993年11月24日(新潟市体育館)
vsブラック・タイガー
○ライガー(13分30秒 雪崩式ムーンサルト・ホイップ→体固め)タイガー×

[防衛5]1994年3月21日(愛知県体育館)
vsブラック・タイガー
○ライガー(16分41秒 スイング式ダイビング・フランケンシュタイナー→片エビ固め)タイガー×
※足首を負傷し王座返上

#7 第26代王者
1996年1月4日(東京ドーム)
vs金本浩二
○ライガー(18分59秒 スターダスト・プレス→体固め)金本×

[防衛1]1996年2月3日(札幌中島体育センター)
vsブラック・タイガー
○ライガー(12分26秒 雪崩式フィッシャーマンズ・バスター→片エビ固め)タイガー×

[防衛2]1996年3月17日(尼崎市記念公園総合体育館)
vs大谷晋二郎
○ライガー(20分27秒 掌底→片エビ固め)大谷×

[陥落]1996年4月29日(東京ドーム)
vsザ・グレート・サスケ
○サスケ(19分27秒 タイガー・スープレックス・ホールド)ライガー×

[挑戦]1996年12月30日(TNシビック・コロシアム)
vsウルティモ・ドラゴン(第28代)
○ウルティモ(4分39秒 片エビ固め)ライガー×

#8 第29代
1997年1月4日(東京ドーム)
vsウルティモ・ドラゴン
○ライガー(18分21秒 スタイナー・スクリュードライバー→片エビ固め)ウルティモ×

[防衛1]1997年2月9日(札幌中島体育センター)
vs大谷晋二郎
○ライガー(27分14秒 掌底→片エビ固め)大谷×

[防衛2]1997年2月16日(両国国技館)
vs金本浩二
○ライガー(19分26秒 雪崩式フィッシャーマンズ・バスター→片エビ固め)金本×

[防衛3]1997年3月20日(愛知県体育館)
vs茂木正淑
○ライガー(16分5秒 雪崩式垂直直下ブレーンバスター→体固め)茂木×

[防衛4]1997年4月12日(東京ドーム)
vsザ・グレート・サスケ
○ライガー(20分8秒 雪崩式垂直直下ブレーンバスター→体固め)サスケ×

[陥落]1997年7月6日(真駒内アイスアリーナ)
vsエル・サムライ
○サムライ(19分40秒 リバースDDT→片エビ固め)ライガー×

#9 第32代王者

1998年2月7日（札幌中島体育センター）
vs大谷晋二郎
○ライガー（23分8秒 雪崩式垂直落下フィッシャーマンズ・バスター→体固め）大谷×

[防衛1]1998年4月4日（東京ドーム）
vsケンドー・カシン
○ライガー（15分8秒 雪崩式垂直落下ブレーンバスター→片エビ固め）カシン×

[防衛2]1998年7月15日（札幌中島体育センター）
vs金本浩二
○ライガー（28分27秒 掌底→片エビ固め）金本×

[防衛3]1998年9月10日（大宮市民体育館）
vsザ・グレート・サスケ
○ライガー（17分13秒 腕ひしぎ逆十字固め）サスケ×

[防衛4]1998年9月23日（横浜アリーナ）
vsカズ・ハヤシ
○ライガー（21分12秒 掌底→片エビ固め）ハヤシ×

[防衛5]1998年10月24日（福岡国際センター）
vsエル・サムライ
○ライガー（16分44秒 掌底→片エビ固め）サムライ×

[防衛6]1998年12月4日（大阪府立体育会館）
vs高岩竜一
○ライガー（18分2秒 掌底→体固め）高岩×

[防衛7]1999年1月4日（東京ドーム）
vs金本浩二
○ライガー（23分11秒 雪崩式垂直落下ブレーンバスター→体固め）金本×

[防衛8]1999年2月6日（札幌中島体育センター）
vsドクトル・ワグナーJr.
○ライガー（27分6秒 雪崩式垂直落下ブレーンバスター→体固め）ワグナー×

[陥落]1999年3月17日（広島サンプラザ）
vs金本浩二
○金本（31分38秒 ムーンサルト・プレス→体固め）ライガー×

#10 第35代王者

1999年10月11日（東京ドーム）
vsケンドー・カシン
○ライガー（16分8秒 雪崩式垂直落下ブレーンバスター→体固め）カシン×

[防衛]1999年11月26日
（メキシコシティ アレナ・メヒコ）
vsショッカー
○ライガー（24分23秒 回転エビ固め）ショッカー×

[陥落]1999年11月29日
（アメリカ コロラド・デンバー・ペプシアリーナ）
vsフベントゥ・ゲレーラ
○ゲレーラ（5分31秒 体固め）ライガー×

#11 第37代王者

1999年12月6日(アメリカ ウィスコンシン・ミルウォーキーアリーナ)
vsシコシス
○ライガー(7分5秒 ラ・マヒストラル)シコシス×

[防衛1]2000年1月4日(東京ドーム)
vs金本浩二
○ライガー(3分56秒 垂直落下式ブレーンバスター→体固め)金本×

[防衛2]2000年2月4日(月寒グリーンドーム)
vs田中稔
○ライガー(5分4秒 垂直落下式ブレーンバスター→体固め)稔×

[防衛3]2000年3月10日(柳井市体育館)
vsエル・サムライ
○ライガー(8分00秒 雪崩式垂直落下ブレーンバスター→体固め)サムライ×

[陥落]2000年7月20日(北海道立総合体育センター)
vs高岩竜一
○高岩(16分32秒 ラリアット→エビ固め)ライガー×

[挑戦]2005年2月20日(両国国技館)
vsタイガーマスク(第47代)
○タイガー(10分4秒 タイガー・スープレックス・ホールド)ライガー×

[挑戦]2009年2月15日(両国国技館)
vsタイガーマスク(第56代)
○タイガー(11分22秒 デストロイ・スープレックス・ホールド)ライガー×

[挑戦]2009年9月28日(アレナ・ブエラナ)
vsミスティコ(第57代)
○ミスティコ(時間無制限3本勝負2-1ダブルアーム式脳天砕き→体固め)ライガー×

[挑戦]2010年4月4日(後楽園ホール)
vs丸藤正道(第59代)
○丸藤(19分36秒 タイガーフロウジョン→片エビ固め)ライガー×

[挑戦]2016年5月3日(福岡国際センター)
vsKUSHIDA(第73代)
○KUSHIDA(14分37秒 リストクラッチ式ホバーボードロック)ライガー×

[挑戦]2019年3月6日(大田区総合体育館)
vs石森太二(第83代)
○石森(15分51秒 Yes Lock)ライガー×

IWGPジュニアタッグ王座(6回)

#1 第3代王者
withザ・グレート・サスケ

1999年4月10日(東京ドーム)
vsケンドー・カシン&ドクトル・ワグナーJr.
(15分55秒 雪崩式垂直落下ブレーンバスター→体固め ○ライガー●ワグナーJr)

[陥落]
1999年7月13日(岩手県営体育館)
vs大谷晋二郎&高岩竜一
(16分31秒 クロスアーム・スープレックス・ホールド ○高岩●ライガー)

[挑戦]1999年8月28日(神宮球場)
withエル・サムライ
vs大谷晋二郎&高岩竜一
(15分00秒 スパイラルボム→エビ固め ○大谷●ライガー)

[挑戦]
2000年9月12日(後楽園ホール)
with真壁伸也
vs金本浩二&田中稔(第5代)
(21分46秒 ミノルスペシャル ○田中●真壁)

#2 第6代王者
withエル・サムライ

2001年3月6日(大田区体育館)
vs金本浩二&田中稔
(8分17秒 アームブリーカー→ドクターストップ ○ライガー●金本)

[防衛]2001年5月5日(福岡ドーム)
vsドクトル・ワグーナーJr.&シルバーキング
(19分9秒 垂直落下式ブレーンバスター→体固め ○ライガー●ワグナーJr)

[陥落]2001年7月20日(札幌ドーム)
vs邪道&外道
(8分17秒 クロス・フェイス・オブ・JADO ○邪道●サムライ)

#3 第8代王者
with田中稔

2002年5月2日（東京ドーム）
vs邪道&外道
（17分44秒 垂直落下式ブレーンバスター→片エビ固め　○ライガー●外道）

[防衛]2002年7月4日（兵庫県立体育館）
vs金本浩二&AKIRA
（22分42秒 垂直落下式ブレーンバスター→体固め　○ライガー●金本）

[陥落]2002年8月29日（日本武道館）
vs金丸義信&菊地毅
（22分16秒 火の玉ボム→片エビ固め　○菊池●ライガー）

#4 第10代王者
with金本浩二

2003年1月26日（神戸ワールド記念ホール）
vs金丸義信&菊地毅
（27分11秒 掌底→片エビ固め　○ライガー●菊池）

[防衛1]2003年3月9日
（名古屋レインボーホール）
vsヒート&AKIRA
（18分6秒 飛び付き後方回転エビ固め
○金本●ヒート）

[防衛2]2003年5月2日（東京ドーム）
vsヒート&タイガーマスク
（19分50秒 タイガー・スープレックス・ホールド
○金本●ヒート）

[防衛3]2003年6月10日（大阪府立体育会館）
vs丸藤正道&鈴木鼓太郎
（20分9秒 ヒザ決めアンクルホールド
○金本●鈴木）

[防衛4]2003年9月14日（名古屋レインボーホール）
vs邪道&外道
（6分28秒 反則勝ち　○金本●邪道）

[防衛5]2003年9月23日
（安比高原スキー場ザイラーゲレンデ特設）
vs日高郁人&藤田ミノル
（17分37秒 アンクルホールド　○金本●日高）

[防衛6]2003年10月18日（福岡国際センター）
vs外道&竹村豪氏
（14分20秒アンクルホールド　○金本●竹村）
※金本の負傷により王座返上

[挑戦]2004年2月1日
（北海道立総合体育センター）with金本浩二
vs邪道&外道（第11代）
（19分11秒 スーパーフライ→片エビ固め　○外道●金本）

#5 第20代王者with AKIRA

2008年2月17日（両国国技館）
vs稔&プリンス・デヴィット
（14分55秒 雪崩式垂直落下ブレーンバスター→体固め
○ライガー●デヴィット）

[防衛]2008年4月13日（後楽園ホール）
vs裕次郎&内藤哲也
（18分52秒 オールド・ボーイ　○AKIRA●内藤）

[陥落]2008年7月21日（月寒アルファコートドーム）
vs稔&プリンス・デヴィット
（17分44秒 飛びつき前方回転エビ固め　○デヴィット●AKIRA）

[挑戦]2008年8月16日（両国国技館）with AKIRA
vs稔&プリンス・デヴィット（第21代）
（18分9秒 プリンスズ・スロウン→片エビ固め　○デヴィット●AKIRA）

#6 第32代王者
withタイガーマスク

［王座決定戦］2012年6月16日（大阪府立体育会館）
vsTAKAみちのく&タイチ
（9分20秒 タイガー・スープレックス・ホールド ○タイガー●TAKA）

［陥落］2012年7月22日（山形市総合スポーツセンター）
vsロッキー・ロメロ&アレックス・コズロフ
（13分44秒 コントラクトキラー→片エビ固め　○ロッキー●タイガー）

［挑戦］2013年3月3日（後楽園ホール）withタイガーマスク
vsKUSHIDA&アレックス・シェリー（第34代）
（11分22秒 シェリークラッチ　○シェリー●タイガー）

［挑戦］2018年10月8日（両国国技館）withタイガーマスク
vs金丸義信&エル・デスペラード（第57代）
（9分51秒 ピンチェ・ロコ→片エビ固め ○デスペラード ●タイガー）

ヤングライオン杯

第2回優勝（山田恵一）
1986年2月28日～3月26日（東京体育館）
vs後藤達俊　○山田（12分49秒 エビ固め）後藤×

トップ・オブ・ザ・スーパージュニア（1回）

第3回優勝
1992年4月16日～4月30日
出場：エル・サムライ、保永昇男、ネグロ・カサス、ペガサス・キッド、デーブ・フィンレー、エディ・ゲレロ、金本浩二、フライング・スコーピオ

ベスト・オブ・ザ・スーパージュニア（2回）

第1回優勝

1994年5月26日～6月13日
出場：スペル・デルフィン、エル・サムライ、ワイルド・ペガサス、ブラック・タイガー、ディーン・マレンコ、大谷晋二郎、石沢常光、デーブ・フィンレー、TAKAみちのく、茂木正淑

第8回優勝

2001年5月18日～6月4日
出場：エル・サムライ、シルバー・キング、クリス・キャンディード、愚乱・浪花、井上亘、田中稔、AKIRA、ドクトル・ワグナーJr.、スペル・ショッカー、真壁伸也、柴田勝頼

スーパーJカップ（2回）

2nd STAGE 優勝

1995年12月13日（両国国技館）
出場：獣神サンダー・ライガー、エル・サムライ、大谷晋二郎（以上新日本プロレス）、ウルティモ・ドラゴン、外道（以上WAR）、船木勝一（プロフェッショナルレスリング藤原組）、茂木正淑（レッスル夢ファクトリー）、中島半蔵、愚乱・浪花（以上みちのくプロレス）、望月成晃（武輝道場）、ワイルド・ペガサス、ライオン・ハート（以上WCW）、ダミアン、ドス・カラス（以上フリー）

3rd STAGE優勝

2000年4月1日(仙台市体育館)、4月9日(両国国技館)
出場:獣神サンダー・ライガー、真壁伸也(以上新日本プロレス)、MEN'Sテイオー(大日本プロレス)、リッキー・フジ(FMW)、怨霊(レッスル夢ファクトリー)、臼田勝美(格闘探偵団バトラーツ)、CIMA、SUWA(以上闘龍門JAPAN)、グラン浜田、ザ・グレート・サスケ、タイガーマスク(以上みちのくプロレス)、カズ・ハヤシ(WCW)、リッキー・マルビン(EMLL)、佐野なおき(髙田道場)、サスケ・ザ・グレート(MOBIUS)、カレーマン(フリー)

ジュニア8冠王座

第3代王者　1997年1月4日(東京ドーム)

vsウルティモ・ドラゴン○ライガー(18分21秒 スタイナー・スクリュードライバー→片エビ固め)ウルティモ×

IWGPジュニアヘビー級王座(第29代)&インターナショナルジュニアヘビー級王座(第8代)&英連邦ジュニアヘビー級王座(第10代)&NWA世界ジュニアヘビー級王座(第84代)&NWA世界ウェルター級王座(第39代)&WWF世界ライトヘビー級王座(第30代)&UWA世界ジュニアライトヘビー級王座(第31代)&WWA世界ジュニアライトヘビー級王座(第8代)

他団体

■プロレスリング・ノア
GHCジュニアヘビー(第8代)
GHCジュニアタッグ(第18代)withタイガーマスク
日テレG+杯争奪ジュニアヘビー級タッグリーグ戦(2013優勝)withタイガーマスク

■DRAGON GATE
オープン・ザ・ドリームゲート(第7代)

■大阪プロレス
大阪プロレスタッグ(第7代)with 村浜武洋

■みちのくプロレス
英連邦ジュニアヘビー(第6代、第10代)

■WCW
WCW世界ライトヘビー(第2代)

■CMLL
CMLL世界ミドル(第16代)
CMLL世界タッグ(第34代)with 棚橋弘至
カンペオン・ウニベルサル(2010優勝)

■NWA
NWA世界ジュニアヘビー(第84代、第118代)

■WAR
インターナショナルジュニアタッグ(第3代)withエル・サムライ

■JAPW
JAPWライトヘビー(第25代)

■オールスターレスリング
世界ミドル・ヘビー(第4代)

レスラーも生身の人間なんで、正直しんどいなってときもあるんですけど、
入場の扉が開いてファンの声援が聴こえたら、一気にスイッチが入るんです。

JYUSHIN THUNDER LIGER
獣神サンダー・ライガー自伝
完結編

CONTENTS

Chapter.1

獣神の引退ロード

『マスターズ』は新日本の同窓会

――2017年にライガーさんの半生を振り返る自伝の上下巻を刊行しましたが、今回はその続きから引退までを〝完結編〟としてお聞きできればと思います。

前はどのへんまで話したんでしたっけ？

――2017年7月にイギリスのRPWで開催された『ブリティッシュJカップ』で優勝したあたりです。その直前の『ベスト・オブ・ザ・スーパージュニア』に最後の出場を果たし、いよいよ〝ライガー最終章〟が現実味を帯びてきたと思ったら、海外で健在ぶりを発揮するという（笑）。

我ながらタフだなあ（笑）。いや、そのときは（タイガー）服部さんに「ユー、イギリスからトーナメントのオファー来てるよ」って言われて、「エッ、『スーパージュニア』卒業したばっかなのに？」って困ってたら「ノープロブレムだよ」って押し切られたんですよ。しかも優勝したら、服部さんが「来月、イギリスでタイトルマッチね」って（苦笑）。

――バリバリのトップ選手級の扱いですね（笑）。それと並行して、ライガーさんはこの時期から藤波辰爾選手や長州力選手、武藤敬司選手など、かつて新日本で一時代を築いた選手が一堂に会する『プロレスリング・マスターズ』にも参戦するようになりますが、この経緯というのは？

武藤選手から「ライガー、出てよ」って頼まれたんで「いいよ！」って、とくに深く考えないでOKしたんですよ。それでいざ会場に行ってみたら「アレ？　この控室、俺がいちばん年下やん！」みたいな（笑）。ホント、80年代、90年代の新日本っていう感じですよね。会場は若い女の子よりも、スーツを着たおじさまたちが「行け〜！」みたいな。

――現在の新日本の客層とは違う感じですか？

そうですね。ただ、僕が入ったばかりの頃の新日本も、じつは女性ファンが多かったんですよ。〝元祖プ女子〟というか。若かりし日の前田（日明）さんや高田（延彦）さんの人気は高かったし。その直後の1984年あたりに選手の大量離脱があって、しばらく男性ファンばかりの時代が続きましたけど。00年代の〝暗黒期〟は観客動員が厳しかったって言いますが、80年代半ばもかなりきつかったんですよ。僕が入門してすぐに初代タイガーマスクの佐山（聡）さんが辞めて、山崎（一夫）さんもそれにくっついていって。で、少ししたら藤原（喜明）さんたちもいなくなって。この世界、新日本プロレスの卒業生ばかりですね。

――そういう意味で『マスターズ』は〝新日本を辞めた人たちの集まり〟というか。

ホントそのとおり（笑）。のちのち天山（広吉）や小島（聡）とか第三世代も参戦するようになったけど、最初の『マスターズ』はいまの新日本所属は僕だけでしたからね。でも、団体を辞めてもレスラー同士はつながりがあるものだし、時間も経って同窓会みたいな雰囲気ですよ。話題は「どこそこが痛い」とか健康に関することが多いけど（苦笑）。で、僕が控室で「お茶を飲まれますか？　水がいいですか？」とか聞いて。

――新日本では現役最古参のライガーさんが、甲斐甲斐しくお世話するわけですね。

この年になって、なかなか味わえない感覚ですよ（笑）。いまだに僕は長州さんや藤原さんたちを前にすると緊張するんですよね。僕は縦社会を叩き込まれた世代の人間なので。

――現在、そういったレジェンドと言われるかたがたが、テレビのバラエティー番組で重宝されています。たとえば長州さんと前田さんがジャンケンゲームを行なったり。殺伐としていた時代を知るライガーさんは、ときを経て先輩たちが和気あいあいとされている姿をどうご覧になっていますか？

一言で表せば〝戦友〟っていうことじゃないかな。「戦い済んで」というか、映画で言えばロッキーとアポロの関係じゃないけど。同じ時代をすごして、いろんな困難も経験して互いに共感で

2017年2月8日、後楽園ホールで行なわれた『プロレスリング・マスターズ』の旗揚げ戦では、90年代の新日本を彩ったレジェンドが揃い踏みした。（©週刊プロレス）

きる部分があると思うんですよね。手術を何回もしたり、藤原さんみたいにガンを乗り越えた人もいるし。戦った者同士だからわかることだってあるでしょうし。なかには馳(浩)先生みたいに、国会議員のかたわらでリングに上がる選手もいるし、『マスターズ』はいろんな人生が見えておもしろいですよ。

――馳さんのコンディションに驚かれたようですね。

あの人も60近いのにたいしたもんですよ。議員会館にジムがあって、ちゃんと練習してるって聞きました。トレーニングしてるかどうかは、見ればすぐにわかるので。僕も先輩がたにはいつも決まり文句みたいに「オマエはいつも元気でいいねぇ」って言われてましたけどね(笑)。『マスターズ』は新鮮な気分にさせてくれましたよ。一瞬で懐かしい時代に戻れました。

「ほとぼり冷めたら戻ってきなよ」

――17年2月8日の『マスターズ』旗揚げ戦では、藤波選手と長州さん、そして武藤選手と組み、90年代の新日本マットで一世を風靡した平成維震軍(越中詩郎&ザ・グレート・カブキ&AKIRA&齋藤彰俊)と対戦しました。平成維震軍にはどのような印象を持たれていますか？

ヘビーとジュニアで階級は違うけど、僕も何度か対戦してますね。華やかさとは正反対の泥臭いユニットでしたよ。木村健悟さんや小林邦昭さんもいて、渋いというか、職人系のレスラーの集まりで。最初は青柳（政司）さんの誠心会館との抗争がきっかけで生まれたんですよね？

――はい。その後、戦いを通して青柳さんと友情が生まれた小林さんが誠心会館の興行に強行出場したことで、志が一緒だった越中選手と共に新日本の選手会を追放となり、平成維震軍の前身にあたる反選手会同盟を結成して。それでベテランレスラーたちが息を吹き返し、非常に勢いのあるユニットでした。

昔から若手もベテランも何かチャンスが来たらポーンッといけるように、常に練習をしてるのが新日本プロレスですからね。チャンスが来てから練習じゃ遅いんですよ。レスラーの数が多くなってくれば、そのチャンスも回ってこないし、みんなが「絶対に逃してなるものか！」っていう気持ちを持っていて。平成維震軍は力のある人の集まりだったから勢いに乗れたんでしょうし、新日本が派手になっていくなかで、あの男臭い感じがファンに受け入れられたんじゃないですかね。青柳さんのアイデアだったらしいけど、みんなで道衣を着ましたよね。

――みなさんでスキンヘッドにしてましたね。後藤達俊さんに至ってはまゆ毛まで剃って。

あれは怖かった！　当時、まだ僕も福岡に引っ越す前で、カミさんと道場の近くに住んでたんですよ。で、カミさんがバス停に並ぼうと思ったら、眉なし状態の後藤さんがいて「オウ」って話しかけられたらしいんです、昔から知ってるから。そうしたらほかに並んでた人たちに、「この怖い人とどういう関係なんだろ……？」って不審な目で見られたらしくて、あとで「あの顔で声かけるんだもん。ホントにイヤだった！」って言ってました（笑）。

——プロ意識というか、あそこまでの出で立ちにするのは相当な覚悟がいりますよね。

プロのその筋の人たちが、前から歩いてきた後藤さんを見て、よけていったらしいですよ（笑）。そのうち〝令和維震軍〟ができたらおもしろいかもしれないな。いまはシュッとした選手が多いけど、岡（倫之）あたりは打ってつけというか、眉毛を剃ったら怖いだろうなあ（笑）。

——そのほか、『マスターズ』ではライバルである佐野巧真さんとタッグを組んだり、復活したＴＥＡＭ２０００と肌を合わせたりしています。

いろんな選手とリングで絡ませてもらってますね。でも、『マスターズ』の場合は、もしかしたら試合よりもリング外の他団体の選手との交流のほうを楽しんでるかもしれないです。「おお、元気か！」「ご無沙汰してます！」っていう挨拶がいろんなところであって。ただ、懐かしすぎ

2018年2月16日、後楽園ホールで行なわれた『プロレスリング・マスターズ』では、復活したTEAM 2000と対戦。蝶野正洋とも久々にリング上で対峙。（©週刊プロレス）

るあまり、無駄話が多くて練習にならないんですけどね。スクワットで400回くらいまで数えたのに、話しかけられて何回かわからなくなっちゃったり（笑）。

――19年8月30日の『マスターズ』では、武藤選手から「ライガーは引退するけど、必ずプロレスやりたくなるから戻ってきてよ」と継続参戦のラブコールがありましたね。

なんか「ほとぼり冷めたら戻ってきなよ」って誘われてるんだけど、〝ほとぼり〟ってなんだよっていう（苦笑）。まあ、試合じゃなくてトークショーみたいなイベントだったら、いくらでもバカ話はできますけどね。武藤選手も僕と同じ時代を生きた選手ですけど、普段はまともに歩けないくらいのヒザなのに、リングに上がり続けるのはすごいですよ。「昭和のプロレスラーだな」って思います。昔からだけど、武藤選手は本当に練習好きですからね。よく、トラちゃん（4代目タイガーマスク）がジムで顔を合わせるらしくて、「重いの、ガンガン上げてますよ」って言ってましたから。藤波さんも70近くでグッドシェイプだし、『マスターズ』に出ると「やっぱり新日本で育った選手はすごいんだな」って実感しますね。

新日本の世界進出

――17年の7月1日、2日には、ロサンゼルスでビッグマッチ『G1 CLIMAX SPECIAL』が開催されました。いまや海外での大会も珍しくないですが、新日本の選手のなかでもとくに世界中のリングで戦う機会の多かったライガーさんは、規模が年々と拡大する団体の海外進出をどうご覧になっていますか？

ふたつ思うことがあります。ひとつは新日本プロレスがもっともっと世界に打って出て、グローバルな団体としてWWEと肩を並べるようになってほしいな、と。いまの新日本は国内では一強と言われてるけど、僕はWWE・NXTに出場して（15年8月22日／vsタイラー・ブリーズ）、演出から何から日本とケタ違いなのを目撃してるので。あと、もうひとつ思うのは、選手の肉体とメンタルのケアですね。いまはアメリカだけじゃなく、ヨーロッパとかオセアニアとか、ほかの地域への進出にも力を入れてますけど、そのぶん選手には負担がかかるし、集中力が途切れてケガしないように気をつけないと。

――選手のコンディションを鑑みてか、シリーズによって出場せずにオフを取るケースも増えてきましたよね。

ただ、昔に比べるとオンとオフのメリハリをつけるのが難しいと思います。昔はシリーズが終われば横一列で休んでいたのが、いまは自分がオフでも大会は開催されているわけで。となれば、レスラーの性として練習しちゃいますからね。「前半戦だけ出て、後半戦は休みで」って言われても、自分がいないリングは気になるし。それに加えていまは芸能の仕事も少なくないですし、選手自身も会社も、いい試合をするための管理が必要だなとは思ってます。

――選手の立場から考えられるという部分で、引退後に会社のフロント入りを考えられたことは?

いやいや、僕はそんな責任ある仕事には就けないですよ。昔の猪木さんや藤波さんみたいに、レスラーがフロントにいてもいいとは思いますけど、自分から入りたいというのはないです。いまの自分の立場だからこそ言えることもあると思うし。

――なるほど。ちなみにライガーさんが海外に行かれた回数は、もはや数えきれないくらいですよね?

そうですね、どの国に行ったのかもわからないくらい(笑)。極端な話、プロレスがある場所なら行ってない国を数えたほうが早いんじゃないかって思いますよ。パスポートに入国のスタンプを押しきれないから、有効期限が切れる前なのに新しいパスポートを取りに行かないといけないので、けっこう面倒くさいんですよね。マイルは貯まるけど、僕は日本が好きなんで、プライベートまで海外に行きたいとはあんまり思わないですし。カミさんには「マイルがもったいないから貸してよ」とか言われるんですよ。「それ、〝貸してくれ〟じゃなく、単純に〝くれ〟ってことだろ」って（笑）。

――印象に残っている海外での試合は？

わりと最近だからっていうのもありますけど、やっぱりWWEですね。試合前にあんなに緊張すると思わなかったんで。たしか、当日は5試合くらいしかなかったんですよ。それなのにスタッフの数がすごくて、「いったい何人がこのイベントに関わってるんだろう？」って驚いて。僕はWCW（WWEに並ぶメジャー団体で88年10月～01年3月に活動）にも何度も上がってますけど、それでも緊張の度合いが違いましたね。キャリアの終盤でそういう経験ができたのはうれしかったですよ。あとは海外武者修行でイギリスに行ったとき（86年9月～87年4月）、マーク・ロコさん（初代ブラック・タイガー）との試合で、リングが壊れたのとか（笑）。

――たしか最初にロープが切れて、そのうち鉄柱が倒れたんですよね？

そうそう（笑）。日本じゃ考えられないけど、海外じゃその手の試合は珍しくなかったんですよ。

メキシコでは野っ原みたいなところにリングを作って、場外にマットも引かないでザーザー降りのなか、泥でベッチャベチャになりながら試合して。メキシコの野外の試合では、照明が用意されてなくて、代わりに車のヘッドライトでリングを照らして試合をしたこともあったし。そのときは「マジかいな!?」って思ったけど、いまは全部いい思い出ですよ。ギャラの代わりに「メシ食ってけ」っていうのもあったみたいですよ。レスラーの主催興行で「息子が誕生日だから試合に出てくれないか？　終わったらギャラの代わりにメシを食ってくれ」とか（笑）。

――どれも日本では味わえない貴重な経験ですね。では、試合以外に海外で印象的だった場所というと？

カナダのバンフ国立公園！　海外武者修行でカナダを転戦してたとき（87年5月〜8月）、お世話になった安達（勝治＝ミスター・ヒト）さんに連れてってもらったんですよ。大きな湖のうしろに雪を被ったロッキー山脈が連なって、これでもかっていうくらいの大自然で。もう30年以上前ですけど、いまだにあの景色は忘れられないですね。

幻のミステリオ戦

――18年3月25日にはロサンゼルスで『STRONG STYLE EVOLVED』が開催され、ライガーさんは当初、世界的ビッグネームであるレイ・ミステリオJr.選手との大一番に臨む予定でした。しかし、直前でミステリオ選手が左腕上腕二頭筋腱損傷で欠場に追い込まれ、代わりに当時IWGPジュニアヘビー級王者だったウィル・オスプレイ選手とノンタイトル戦で対峙しました。

ミステリオ戦は向こうの対戦アピールを受けて決定したカードなんで、「ハアッ?」って拍子抜けする部分はありましたよ。というのは、僕も楽しみにしてたんですよ。正直、ライガーになって30年のなかでいろんなことをやってきて、いまさら僕のほうから「あのレスラーと戦いたい」っていう気持ちはないんです。でも、ミステリオといえばアメリカのクルーザー級で一時代を築いた偉大な選手ですから。何より、ミステリオ選手からのメッセージVTRが会場に流れたとき(18年の2・10大阪)、会場も盛り上がったし、海外からの反響も大きかったので「よっしゃ、いっちょやったるか!」と思って。

――そもそも、ライガーさんは96年12月29日にWCWでミステリオ選手とシングルマッチを行なってるんですよね。

それ、申しわけないことにロスのミステリオとのカードが決まってから、「ライガーさん、ミステリオとやってますよね」と言われて「エッ、そうだったんだ！」って思ったくらいで（苦笑）。僕は記憶力がいいほうでもないし、いろんな国でいろんな選手と戦っていると、つい忘れちゃうんですよね。だから、ミステリオについては、いつの間にかクルーザー級なのにWWEでヘビー級のベルトを獲ったっていうのを知って、「スゲーな！」っていう印象だったんです。僕もヘビーと戦うしんどさは身をもって知ってますからね。倒れてる相手の足を持つだけでも、ジュニアと比べて全然違うので。しかもミステリオは、僕よりもさらに小さいわけで。僕がよく目標として言ってた「ジュニアだけどヘビーでも通用する選手」っていうのを、まさに体現した選手ですよ。だから、こんな楽しみな初対戦もなかなかなかったんですけどね……あ、初対戦ではないのか（笑）。

――21年3か月ぶりの対戦になるはずでしたね（笑）。ミステリオ選手はロスでのライガーvsオスプレイをリングサイドで見届けました。そして、ライガーさんに勝利したオスプレイ選手は、ミステリオ選手に対戦を

2018年3月25日、ROHのロサンゼルス大会で、当時IWGPジュニアヘビー級王者だったウィル・オスプレイとの3度目のシングルマッチに挑むも敗退。

アピールしますが、マーティー・スカル選手が乱入します。すかさずライガーさんが救出に登場し、その遺恨を引きずるかたちで6月9日の大阪城ホール大会ではライガー&ミステリオ&棚橋弘至というドリームタッグを結成し、スカル選手にＣｏｄｙ選手とハングマン・ペイジ選手を加えたBULLET CLUBのトリオと対峙しました。

ミステリオ、かなり気合いが入ってましたね。マスクが新日本のライオンマーク仕様になってて、「俺が一番目立ってやる!」っていうのが伝わってきました。僕との試合が中止になったとき、彼はかなり落胆してたらしいんですよ。結果的に戦うのではなく、組むことになったけど、同じリングに立てたことがうれしかったですね。ただ、あのときはリング上が個性的なメンバーだらけだったんで、「この試合、どうやってまとめりゃいいんだ?」って思いましたけど（苦笑）。プロレスは人数が増えれば増えるほど、みんなが好きなことばかりやったら単なる技見せ合戦に終わっちゃうから。でも、結果的には相手も実力のある選手たちで、最後は僕がＣｏｄｙにいかれましたけど。

――そのなかでスカル選手は近年、ジュニア戦線に参入するようになり、ＩＷＧＰジュニアヘビーを戴冠したこともある選手ですが、ライガーさんの印象は?

2018年6月9日、大阪城ホールで実現した棚橋弘至、レイ・ミステリオJr.との豪華トリオ。
ミステリオは新日本仕様のマスクで登場。

彼は飛んだり跳ねたりもしないし、最近のジュニアの選手のなかで毛色が違うというか、ホントにヒールっていうタイプですよね。彼はイギリスの選手だけど、それこそマーク・ロコさんに近いと思います。イギリスはキャッチ・アズ・キャンっていう、正統派のレスリングの国というイメージがあるけど、昔からスカルみたいな悪いヤツはいるんですよ。スニーキーでうまい選手ですね、相手に対しての対応が早くて。メキシカンでもアメリカンでも、どんな選手とでもいい試合しますから。

——最近の新日本マットはスカル選手やオスプレイ選手、ザック・セイバーJr.選手など、イギリス出身のレスラーの活躍が目立ちますね。

僕も気になってたんですけど、おそらくそれはWWEの影響が強いと思うんですよ。WWEが世界中をツアーするようになり、いまはネットで試合映像も簡単に観られるようになった。だから、イギリスとかヨーロッパのほうも90年代くらいまでは伝統的なラウンド制の試合がふつうにあったのに、気づいたらなくなりましたからね。ネットで育った選手たちはいろんな国のプロレスを観て、おもしろいと思った技をマネたり研究したりしてるんだと思います。

——たしかに現在はプロレスもボーダレスというか、いろんな国のスタイルをミックスした若い選手が増えている気はします。

そうなってくると、どこの国でも通用しますよ。でも、そのなかで自分の特色をどう打ち出すか。ザックはキャッチの色が濃いけど、あの試合を観て「こんなレスリングがあるんだ!」って新鮮に感じる人もいれば、昔を知ってる人は「懐かしい!」って思うでしょうし。ただ、メキシコのルチャ・リブレだけは独特ですよね。いまも3本勝負がベースとか、6人タッグでタッチが必要ないとか、昔ながらのスタイルなんで。そういう意味ではルチャは奥深いなって思います。はじめてあの国で試合をすると、みんな戸惑うんですよ。若い選手はメキシコに武者修行に行っても、帰国前にほかの国を転戦するのは、経験を積むことに加えて、試合の感覚を戻すっていう意味もあると思います。

――新日本マットで毎年恒例の『CMLL FANTASTICA MANIA』が人気を博しているのも、通常のシリーズとは雰囲気が異なるからというのもありますよね。

普段は新日本もほかの団体も観ないのに『FANTASTICA MANIA』だけは観るっていうファンもいますからね。でもまあ、いまの世界標準はWWEなんだと思いますよ。あそこは派手なパッケージに目が行きがちだけど、コーチ陣がデビッド・フィンレーのオヤジさん(デーブ・フィンレー）やロビー・ブルックサイド、ジャイアント・バーナードとかすばらしいメンツが揃ってますから。ちゃんとした〝中身〟が詰まったうえでの、派手なパッケージですからね。

――ライガーさんもWWEのコーチに誘われたそうですね。

NXTに上がったあと、そこの責任者のスティーブ・リーガルに「いつでもコーチのポジションを用意する」って言われたけど、そのときは僕も現役でしたから。それにやっぱり日本のほうがいいですよ。リーガルのことは、僕が武者修行でイギリスに行ってたときから知ってるんですよ。一緒に狭い車でギュウギュウ詰めになってサーキットして。その後、新日本に90年代に来日したときは、イギリスのテクニックを大谷（晋二郎）とか当時の若手にも教えてたみたいですね。いまと違って、新日本にイギリスのレスラーが来るのも珍しかったから。最近の新日本は国際色豊かになってきましたよね。

――現在の新日本のジュニア戦線で活躍するロビー・イーグルス選手はオーストラリア出身ですね。2018年の『SUPER Jr. TAG LEAGUE』が初来日で、その初戦でライガーさんからギブアップ勝ちを収めて。

イーグルスもいい選手ですよ。ヘタしたら僕より小さいくらいだけど、タッグパートナーのオスプレイと遜色ない動きで。最初はBULLET CLUBにいたけど、絵に描いたような好青年なんで息苦しさは感じてたんじゃないかな。オーストラリアではバリバリのベビーでやってましたし。オーストラリアからああいうレスラーが出てくるのも、WWEのひとつの功績だと思うんですよ。いろんな地域の若い人たちに、プロレスに興味を持たせて。いま、そういう若い外国人が新日本に修業に来るのもおもしろいですね。WWEで活躍した選手たちが、自分の息子を留学させたり。なんでも基礎が大事なわけで、そこを新日本で学べばどこでも通用するってことなんでしょうね。ホント、どんどんプロレスに国境がなくなってきたなって思いますよ。

Chapter.2

最後のジュニアヘビー級王座戦

王者・石森からの逆指名

――2019年3月6日、ライガーさんが引退を決断するきっかけとなる一戦を迎えます。大田区総合体育館での『旗揚げ記念日』で、ライガーさんは石森太二選手のIWGPジュニアヘビー級王座に挑戦します。この王座戦は、2・11大阪で田口隆祐選手を相手にベルトを防衛した石森選手からの逆指名を受けて、実現することになりました。

あのときは解説席に座ってたら、石森選手がベルトを掲げて僕を指差したんですよね。映像を観るとわかるんですけど、僕は「どういうつもりだろ?」って一瞬ポカンとしてるんですよ。すぐには立ち上がらなかったですし、「俺が動いていいのか?」っていうのもありましたし。それでもしつこく挑発してきて、場内も「ライガー」コールが巻き起こったんで、もう出るしかないな、と。

――リングに立ったライガーさんは「後悔するぞ? 坊主、オマエが逆指名するなら、俺はいつでもどこでもそのベルト、もらいにいくよ」と受けて立つ構えを見せました。

そのときは会場の雰囲気でテンションも上がってたし、「このクソガキが！」っていう気持ちでしたよ。でも、少し経って冷静になったときに「あ、これが最後の王座戦になるかもしれないな」って頭によぎったんです。それで勢いに任せるようにカミさんに「俺、タイトルマッチに負けたら引退発表するわ！」と言って。ここ数年、引退の二文字は頭にありましたけど、急に思い立ったというか。

——唐突なことだったんですね。奥さまのご反応は？

「あ、そう。へ～」で終わり（笑）。まあ、そんなもんだと思いますよ。前から「ボロボロになってまでリングに上がりたくない。まだまだやれるって思われてるうち、強いイメージが残ってるままで辞めるのが華だよ」っていう話もしてたし、カミさんにしてみれば「ああ、ようやく決断したんだ」ってところじゃないですかね。ウチの坊主にいたっては、まったく関心もなかったんで（笑）。

——まだ現実味がなかったんでしょうね。そして、迎えた王座戦は結果こそ敗戦でしたが、石森選手をあと一歩のところまで追い詰めました。

たしかにコッチがパワーで押し切ったところや、テクニックでも応戦できましたけど、終わってみれば石森選手の試合でしたよ。戦いながら「あれ？　あれ？」って思いはじめて「ああ、こりゃ勝てないな」って。いまの新日ジュニアのレベルの高さを感じたし、これはやってる人間にしかわからない感覚だと思いますけど、技が全部吸い取られていくというか。

――石森選手は紆余曲折のキャリアというか、闘龍門でのデビュー当初から非凡な動きで注目を集め、新日本にも何度も参戦していましたが、18年の5月にBULLET CLUBのメンバーとして変貌しました。

観る側のみなさんにはそこまで大事《おおごと》には映らないかもしれないけど、レスラーがそれまでのイメージをガラッと変えるのは、相当な覚悟がいるんですよ。失敗して、そのまま浮上できない選手だっているし。大きなプレッシャーのなかで勝負に出て、IWGPジュニアヘビーのチャンピオンにまでなった石森選手はすごいですよ。一級品の技術があるからこそ、あそこまで変身してもファンがついてくるんでしょうし。身体つきもいいし、「何食ってんだろ？」って思いますよ（笑）。あと、あの王座戦のときに思ったのが、ファンっていうのは本当にありがたいなって。「ライガー、こんなに応援してもらっていいの？」って、自分が怖くなるくらいだったから（笑）。

2019年3月6日、大田区総合体育館で石森太二とIWGPジュニアヘビー級王座をかけて激突。最後のベルト挑戦となったこの日も健在ぶりをアピールし、大ライガーコールを巻き起こした。

引退会見

——そしてタイトルマッチ翌日の3月7日、記者会見で20年1月の東京ドームでの引退を発表されました。

「湿っぽい気持ちは一切ないです」と語り、和やかな雰囲気の会見となりました。

あれは明るい生前葬みたいなもんですから（笑）。でも、引退自体にはビックリした人は多かったみたいですね。僕は新日本では現役最古参で、後輩に相談するということもなかったし、あの会見で知った選手もいたみたいで。坂口（征二）さんからは「オイ、聞いてないぞ。一言も相談ないのか？」って怒られましたよ。相談役に相談しなかったんで「すみませ〜ん！」って謝りました（笑）。リッキー・フジとか（ザ・グレート・）サスケとかからも連絡がきました。なかには武藤選手みたいに「どうせカムバックするんだろ？」みたいな人もいたし（苦笑）。でも、前に天龍源一郎さんとお話させていただいたときに「のちのち復帰するのはみっともないと思わないか？だったら腹いっぱいプロレスをやって、潔く辞めたほうがいいよ」と言われ、もはややり残したことはないと感じて、あの発表になったんです。この引退は決められたことじゃなく、自分で決

2019年3月7日の引退発表会見。「東京ドームで引退。カッコよくね？」とさっぱりとした笑顔で答えた。

めたことですからね。しかも時間をかけて、考えていたことではあったので。

――振り返ると、ライガーさんは14年の11・8大阪でチェーズ・オーエンズを下してNWA世界ジュニアヘビー級王座を戴冠したときに、〝ライガー最終章〟という言葉を口にされました。そして、17年には『スーパージュニア』の卒業を宣言して。

いまだから言えることだけど、その『スーパージュニア』の前日会見で卒業を口にしたあと、木谷（高明）会長に「ライガーさん、本当に卒業しちゃうんですか？」とお声がけいただいて、「はい。あと、僕は現役を長々とやる気はないので、ゆくゆくは引退も」という話はしてたんです。そうしたら「でしたら、ぜひ大きな舞台を用意させてください」とおっしゃってくださって、それで結果的にドーム2連戦を提案いただきました。われながら「うまくできてんな、ドラマだな」って思いましたよ。

――平成元年の新日本プロレス初の東京ドームでデビューしたライガーが、平成最後に引退発表を行ない、そしてデビュー戦の地である東京ドームでキャリアにピリオドを打つというのは、まさにお膳立てが整ったというか。

いやあ、ドームで引退できるなんて恵まれてますよ。会見で「猪木さんだけだよ！」ってテンション高めで言ったら、「長州さんもです」ってツッコまれたんだけど、あとから聞いたら山崎（一夫）さんもドームが最後だったみたいで、そこは申しわけなかったです（笑）。引退発表に関しては、ツイッターとかでもファンの方々の反響も大きかったですね。

ライガーのツイッター

――ライガーさんは17年の12月19日からツイッターを開始されましたよね。自伝の下巻では「もし僕がはじめたら、炎上炎上でずっとファイヤー・ライガーになる」と発言されていたのに、その直後にアカウントを開設していたので驚きました（笑）。

あれは有無を言わさずだったんですよ。その開始当日の朝、寮の自分の部屋でゴロゴロしてたら新日本のマネージャーがいきなり来て「ライガーさんのツイッター、はじめますから！　写真撮るんで、ちゃんと服を着てください」って言われて（笑）。で、これは絶対に載せてほしいんですけど、よくファンの人が知ったかぶって「あれゴーストライターがやってるんだ」とか言うんだけど、違うんですよ！　ちゃんと自分で打って、それをマネージャーに送ってアップしても

ツイッターでは“世界の獣神”の日常を垣間見ることができる。

らってるんです。「ガラケーだし、ツイッターの使いかたなんてわからないよ」って言ったら、「大丈夫です、文章と写真を送ってもらえれば、こちらでアップするので」と押し切られて。だから、文章を書いて写真を撮ってるのは僕自身なんですよ。

――引退の反響を感じられたということですが、ライガーさんはツイートに対するリプライは見ていますか？

見てますよ！　でも、ガラケーだと打ち込みかたもよくわからないんですよ。正直カチンと来るようなことも書かれてるけど、マネージャーからは「相手にしないでくださいね」って言われるし、そもそも返しかたがわからないんで。だから、逆に炎上しないで済んでるし、このまま覚えないほうがいいかなって（笑）。ただ、みなさんの僕のつぶやきへの書き込みは見させてもらってるので！

ドラゴンボンバーズ復活

――引退発表以降、国内外の団体から参戦のオファーが殺到したそうですね。

ありがたいことにお話はいろいろいただいたんですけど、スケジュールが合わなくて断ったのもけっこうあって。田中稔選手なんて、最後の最後まで僕との対戦実現にこだわってくれて、ホントに悪いことしちゃったなって思ったんですけど。最終的に『マスターズ』の会場で稔選手に会ったときに、新日本のスタッフに言って僕のスケジュールを見せたんですよ。「引退まではこんな感じなんだよね」って言ったら「エッー！　たしかにこれは無理ですね……」ってビックリして、納得してもらえたんですけど。

――稔選手は2020年1月5日のライガーさんの引退試合の日に、他団体のリングでライガーさんが開発したシューティングスター・プレスを初披露されたんですよね。それが稔選手からのメッセージというか。

それはあとで聞きました。うれしかったたし、カッコいいよね。彼はバトラーツから移籍してきて、00年代の新日本が苦しかった時代に戦ったり組んだりした仲で、新日本ジュニアを振り返るうえでは欠かせないひとりですよ。稔選手以外にもいろいろなオファーを断っちゃいましたけど、何も他意はないし、できるかぎり応えたかったです。ただ、あたりまえだけど新日本のツアーが最優先で、引退ロードは「これまで応援してくれたファンのみなさんに感謝をお伝えしにいきます」ということだったので。その合間を縫って、いろんな団体に上がれたのは最後にいい思い出になりましたね。

――4月26日にはドラディションの後楽園ホール大会で、90年に結成したドラゴンボンバーズを藤波辰爾選手と越中詩郎選手と復活させ、藤原喜明&ヒロ斎藤&ブラック・タイガー組に勝利を収めました。ライガーさんはこのときがドラディション初参戦でしたよね。

あれは懐かしかったですね！　のちに藤波さんは「無我」という、新日本内の別働隊みたいな興行を打ってましたけど、ドラゴンボンバーズはその原型ですよね。藤波さん、越中さん、ネコさん（ブラック・キャット）、飯塚（高史＝引退）、あと問題児の元力士（南海龍と高見州）がいて（笑）。まだ早すぎたのか、志半ばで終わりましたけど、ライガーとしてはじめて所属したユニットだから、思わぬかたちで復活してうれしかったですよ。

2019年4月26日、後楽園ホールのドラディションに初参戦。ドラゴンボンバーズが約29年ぶりに復活。（©週刊プロレス）

「早く転職したほうがいいよ」

――ドラディションには10月27日の大阪・南港ATCホール大会にも参戦されました。このときは「ヒロ斎藤デビュー40周年記念試合」として、ライガーさんはヒロ選手と越中選手と組み、藤波&藤原&船木誠勝組と対戦予定でしたが、船木選手の欠場により、藤波選手の息子さんであるLEONA選手が急遽出場することになりました。そして、試合後にライガーさんの怒りが、初対決だったLEONA選手に爆発した、と。

ボロクソに言ったんですよね。あれはねえ、あとでカミさんに怒られましたよ。「ヒロさんの記念試合でしょ？　子どものケンカじゃないんだから」って。いや、僕はLEONAのことを小さい頃から知ってるわけですよ。キャッキャッと走り回って、クセッ毛を伸ばして女の子みたいにかわいくて。それがプロレスラーになるって聞いて、甘い世界じゃないけどがんばってほしいなって思ってましたし。何より僕がプロレスラーを目指したきっかけである藤波さんのお子さんと、この引退ロードで当たれることになって、運命めいたものも感じたんです。だけど、LEONAがデビューして5年以上経ってるっていうことや、足をケガして療養してたっていうのを差

2019年10月27日、ドラディションの大阪大会では、藤波の息子であるLEONAと初遭遇。試合後のLEONAへの厳しいコメントが話題を呼んだ。（©週刊プロレス）

し引いても、「ちょっとお粗末じゃないか？」って。

――ライガーさんはLEONA選手の技術に苦言を呈し、最後には「早く転職したほうがいいよ。いつまでもズルズルやってんな、バーカ！」と吐き捨てるようにコメントしました。

ああ、子どものケンカですね（笑）。まあ、僕にはLEONAのドロップキックが、練習したものに見えなかったんですよ。ロープワークにしろ「脇腹にアザができるほどやってるのか？」って。最後はスタミナが切れてヘロヘロだったし、「あの藤波さんの息子がそれでいいのか？　自分からレスラーを志願したんだろ？」って情けない気持ちになったんです。まあ、藤波さんは藤波さん、LEONAはLEONAなので。もし、藤波さんから「新日本で預かってくれ」って言われたらまた話は変わりますけど、いまはドラディション所属ですから。ホントはもっと、同世代の若い連中とガンガンやったほうがいいとは思います。

――二世レスラーになると、どうしても注目カードとして、お父さんと縁のある有名選手との対戦が組まれやすいというか。

ベテランとばっかりやっても「クソッ！」っていう闘争心はなかなか沸かないと思いますよ。負けて当然っていうのがあるし、ファンもそういう目で見るでしょうし。でも、同世代に負ければ「なんでアイツに負けたんだ！」って悔しい気持ちになって、一層練習に身が入るだろうし。そのへん、橋本のところの大地は変わってきたと思いますよ。

――橋本大地選手もデビューしてしばらくは大物レスラーとの対戦が続きましたが、同世代の橋本和樹選手らとやりあうようになってから次第に頭角を現し、大日本プロレスでシングルのベルトを戴冠するまでになりました。

アイツも遠回りしたと思いますけど、風格も出てきたし、もう大丈夫ですよ。それは身体のハリとか見てもわかるし。まあ、橋本のカミさんだった和美ちゃんは「破壊王と似て、全然練習しないんですよ～」とか言ってたけど（笑）。じゃあ、これからＬＥＯＮＡはどうするのか。僕にボロクソ言われて、彼が何を思い、どうキャリアを重ねていくのか、そこはやっぱり気になりますね。

メキシコのライガー・フィーバー

――19年の7月19～21日には、メキシコのラストマッチとしてＣＭＬＬで３大会に出場しました。いずれも大盛況だったそうですが、とくに21日のアレナ・メヒコでの金曜定期戦はすごかったそうですね。

そうなんですよ。街中の電光掲示板にも、〝ライガー・ファイナルマッチ〟って出てたし、普段より入場料が高かったのに、ありがたいことに『アニベルサリオ』（CMLL年間最大のビッグマッチ）よりも早くチケットが売り切れたって、OKUMURA選手から聞きました。試合前にセレモニーも盛大にやってくれて、記念品もたくさんもらって。なかには2メートルくらいあるトロフィーもあったんですけど、さすがにそれは後日の郵送でお願いしました（笑）。

――試合はネグロ・カサス、カリスティコ、ウルティモ・ゲレーロと、現地のトップ選手たちとの4WAYマッチでした。その入場時には和太鼓の演奏のなか、ライガーさんのコスチュームをモチーフにした衣装に身を包んだエデカン（セクシーな女性ダンサー）がダンスを踊って、演出もすごかったですよね。

ねえ！　世界でいちばん盛り上がったんじゃないですかね。カリスティコもライガー仕様の角が生えたコスチュームで。彼が初代ミスティコとしてはじめて日本に来たときも（09年8月）、スペル・エストレージャ（スーパースター）として多忙なのに「ライガーがいるからニュージャパンに上がりたい」って言ってくれたんで、最後に同じリングに立ててよかったですね。ゲレーロも昔から僕は「いい選手だから呼ぼう」って話していて、なかなか機会がなかったけど、いまは『F

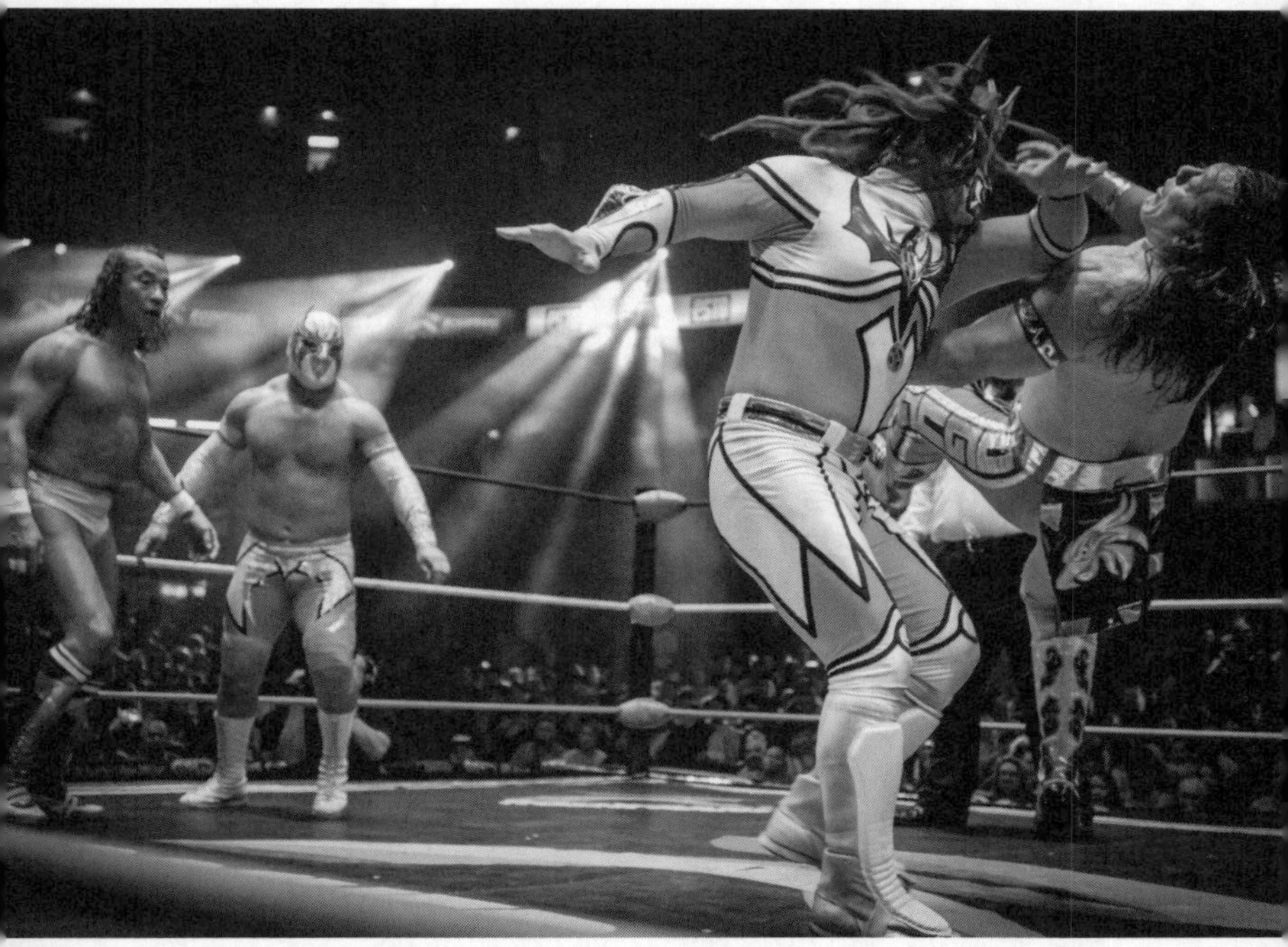

2019年7月21日、メキシコCMLLのアレナ・メヒコでの金曜定期戦に参戦。90年代にジュニア戦線でしのぎを削ったネグロ・カサスとも再会。（©週刊プロレス）

ANTASTICA MANIA』の中心レスラーで暴れまわってますしね。

――何度も対戦したネグロ・カサスは、思い入れがある選手では？

もちろん。ネグロは日本のプロレスが大好きで、とくに長州さんの影響をかなり受けてるんですよ。何年か前に来日したとき、彼がいろんなストレスで全身に蕁麻疹が出ちゃったことがあって、「もう俺も長くないよ」なんて言ってたんですけど、60歳でまだまだバリバリですからね。あとはいろんなルチャドールが挨拶に来てくれましたけど、とくにうれしかったのが、僕が新日本に入団する前、右も左もわからないままでメキシコに行ったときに、ルチャをコーチしてくれたエル・ハルコン（アルコン・オルティス）さんとサングレ・チカナさんが顔を出してくださって。で、マスクをくれたんですけど、感慨深いものがありましたね。

――レスラーとしての原点とも言える国で、よき思い出を作ることができたと。

そういえば今回、はじめてカミさんがメキシコについてきたんですよ。「あなたがレスラーになるきっかけになった国を最後に見てみたい」って言われて。本場のルチャの雰囲気を味わって楽しんだみたいです。ただ、メキシコの料理が全然合わなかったみたいで、現地には1週間くらいいたんですけど、3日目くらいからは「もうイヤ」ってカレーライスを食べてましたね（笑）。

ZERO1初参戦

――その遠征直後の7月28日には、ZERO1の後楽園大会に参戦し、ザ・グレート・サスケ選手とタッグを組んで大谷晋二郎&高岩竜一組と対戦しました。意外だったのが、ZERO1は創設者の橋本真也さんをはじめ、ライガーさんに所縁のある選手がいるのに、このときが初参戦だったということで。

いままでも話自体はあったと思うんですけど、結局は団体間の話し合いがうまくまとまらなかったんですよね。でも、今回は僕の引退ロードということで話が成立して。たしかに橋本も大谷も高岩も僕にとっては身近なレスラーだけど、彼らが新日本を辞めるのも直前まで知らなかったんですよ。両国でやった大谷の新日本最後の試合のとき（01年2月19日、佐々木健介のIWGPヘビー級王座に挑戦）、控え室で聞いて「エーッ?」って驚いたくらいで、話をする間もなくバイバイでしたから。橋本とは大地とウチの坊主が一歳違いで、カミさん同士も仲よかったんで家族ぐるみの付き合いもしてたけど、退団してからは会う頻度は減りましたからね。

――ZERO1のリングに上がって思うことはありましたか?

橋本も亡くなったし、紆余曲折あった団体だと思いますけど、ずっと続いてるのがすごいことですよ。前に大谷が「チケットを一枚でも買ってくれたお客さんは神さまに見える」っていう話をしてたんですけど、常にバッグにはチケットが入っていて、一枚の重みを実感していると。それを聞いたときに「苦労してるなあ、がんばれよ！」って思いましたね。新日本も会社が苦しいときはレスラーがチケットを手売りしてましたけど、基本的にはないんで。

——大谷選手は若い頃から、自分の思いをライガーさんにぶつけていたというお話をされていました。

90年代当時、ジュニアの選手はよく会議をしてたんですよ。どうやってジュニアを盛り上げるか、みんなで意見交換をして。そのなかでも大谷は熱い男だから、「なんでジュニアが前座なんですか？」とか、会社に対する不満をぶつけてましたね。彼が長州さんと衝突して「辞める」って言いだしたときも、永島さん（勝司＝当時の新日本のフロント）に頼まれて、あいだに入ってなだめ役をやったこともあったし。

——ライガーさんは若手を厳しく指導するイメージもありますが、ケアもしてたわけですね。

若い選手の意見を聞いて、少しでもガス抜きになればと思ったし、「じゃあ、ちょっと会社に掛け合ってみるわ」って答えることもありましたし。そういうふうには見えないかもしれないで

2019年7月28日、盟友・橋本真也が旗揚げしたZERO1に初参戦。かつて「トンガリコーンズ」として世代闘争を展開した大谷晋二郎＆高岩竜一と対戦。（©週刊プロレス）

すけど（苦笑）。

小杉俊二との再会

――このあと、9月18日にはZERO1の佐渡島大会に出られましたが、そのときにライガーさんの素顔でのデビュー戦の相手である小杉俊二さんと再会されたそうですね。

そうなんですよ！　ZERO1は毎年1回、佐渡島で興行を打っていて、現地のかたから「引退する前にライガーをぜひ呼んでほしい」という声があったそうで、「ぜひ行きます」と。それで「そういえば小杉さんが佐渡島に住んでらしたな」と思っていたら、会場まで来てくださったんですよ。僕の記憶では小杉さんが引退してから会ったのって、過去に一度だけなんですよ。そのときも挨拶程度だったんですが、今回はじっくりお話できました。それこそライガーになってからははじめてのことで。でも、話をすると一瞬で30年以上前に戻るんですよね。佐山さんが辞めて、藤原さんたちも抜けたときのこととか、「昔の新日本はメチャクチャでしたね！」って話に花が咲きましたよ。そんな時代を一緒にすごした身近な先輩ですからね。こうして引退に向け

2019年9月18日、ZERO1佐渡島大会で地元在住の小杉俊二と再会。小杉は素顔時代のデビュー戦の相手であり、1985年の第1回ヤングライオン杯の決勝戦も戦った。

たなかでお会いできたことがうれしかったです。「僕、小杉さんが辞められてから、30年以上も続けちゃいましたよ」って言ったら「おつかれさん、小さい身体でがんばったな」って（笑）。

Chapter.3

因縁の鈴木みのる戦

越えちゃいけないライン

――ライガーさんの引退ロードのなかでとくに大きな注目を集めたのが、鈴木みのる選手との抗争でした。その直接の発端となったのは2019年9月6日の後楽園大会で、鈴木選手は放送席で解説を務めていたライガーさんを襲撃。そして、リングに上げてゴッチ式パイルドライバーでKOすると、バックステージでは「なに勝手に楽しく余生過ごそうとしてんだよ。テメーが生きる場所はリングの中なんだよ。その中ですべて燃やしちまえ。これで終わりか？ 終わりなら終わりでもいい。さっさと辞めちまえ、今日がアイツの引退する日だ」と挑発を繰り広げました。

そのあともやりたい放題でしたからね、鈴木は。セコンドにも手を出すわ、コッチのマスクを剥ぎに来るわ。僕の正体なんか、いまどきネットで調べればすぐに出てくるんだし、わざわざマスクを取る必要はないわけですよ。それなのにアイツは越えちゃいけないラインを越えてきた。「だったら、オマエの首を奪ってやる！」っていう怒りが沸いてきて。

――そして、9月22日の神戸ワールド記念ホール大会では、〝鬼神ライガー〟が12年6月以来の登場を果た

2019年9月6日の後楽園で、テレビ解説をしていたライガーを鈴木みのるが襲撃。鈴木はライガーの引退発表直後から挑発を繰り返していた。

しました。鬼神は96年10月の初登場以来、この神戸までのあいだに姿を現したのはわずか3度のみです。キャリアの集大成として引退ロードのどこかで鬼神を出したいという考えはあったのでしょうか？

いや、なかったです。ファンからそういう声が上がってるのは知ってたけど、アレは記念なんかで出すようなものではないし。ライガーの怒りが頂点に達したとき、鬼神は現れるんですよ。だから、鈴木にまんまと引き出されたっていうことではあるんだけど、アイツもかなり面食らったと思いますよ。

――毒霧にまみれた鈴木選手を、バックステージまで追いかける姿は鬼気迫るものがありました。

あとで雑誌を見ましたけど、アレはかなり気持ち悪かったですねえ！　まあ、いままでの鬼神と違ってスキンヘッドだったんで、一部でオバQにも見えるって話もあったみたいですけど（苦笑）。はじめて鬼神が登場したとき（1996年10月20日／vsグレート・ムタ）と会場が同じだったのも、因縁めいたものを感じましたね。

2019年9月22日、神戸大会で鬼神ライガーが出現。リング設営用の鋭利な金具を鈴木に向けて振るうなど狂乱状態でバックステージまで追いかけた。

「ありがとな」

――その抗争の決着戦として、10月14日の両国国技館大会ではおふたりの一騎打ちが組まれ、〝バトルライガー〟仕様で出陣しました。

出で立ちに関して、そこまで深い考えはなかったんですけどね。鈴木に前哨戦で角をつかまれてコントロールされたんで、だったら余計なものをなくそうということで。アイツに勝つため、自分なりに準備万全でリングに上がったんですけど、見事に玉砕しました。強いですよ、鈴木は。そして僕が弱かった、それだけですよ。

――試合後、鈴木選手はリングで大の字のライガーさんにイス攻撃を見舞おうとします。しかし、そのイスを投げ捨てると、深々と座礼をし、場内は大きな拍手に包まれました。そして、ライガーさんはリングを去った鈴木選手に対し、「ありがとな」と言葉を投げかけましたが、一連の流れはおふたりの長きにわたる歴史が凝縮したように感じました。

結果的に鈴木が僕の大事なものを掘り起こしてくれたんですよ。鬼神やバトルライガーってい

2019年10月14日、両国での鈴木みのるとの一戦にバトルライガーで登場。引退前とは思えぬビルドアップした肉体を披露。

うライガーの歴史もそうだし、新日本のリングに上がるうえでいちばん必要な怒りの感情も目覚めさせてくれた。きっと、僕のなかで引退を表明してから「他団体に上がるなら満足なコンディションで出ないと。ラストのドームを無事に迎えないと」っていう気持ちがあったんだと思います。そういうどこか守りに入っている自分がいて、それを見抜いた鈴木が「オマエ、それでいいのか？　偉そうに日頃〝新日本プロレスとは〟って語ってるオマエが、そんな気持ちでリングに立つ資格があるのか？」と、戦いを通して投げかけてくれた。だから、鈴木には本当に感謝してますし、「ありがとな」の一言がすべてです。

――鈴木選手は87年に入門し、ライガーさんにとって身近な弟分のような存在でした。その後、袂をわかつも、02年11月にパンクラスのリングでライガーさんと総合格闘技ルールで対峙したのを機に、鈴木選手はまた導かれるようにプロレスのリングに上がるようになります。鈴木選手はあのときのライガーさんと戦ったことで、次の世界がパッと見えた、と。

いや、すべては本人の努力なんですよ。なんか、他団体の選手でも「ライガーさんのおかげでここまで来られました、新日本に立つことができました」みたいなことを言ってくれる選手がいるんですよね。きっかけは僕だったのかもしれないけど、努力したのは他人じゃなく自分であっ

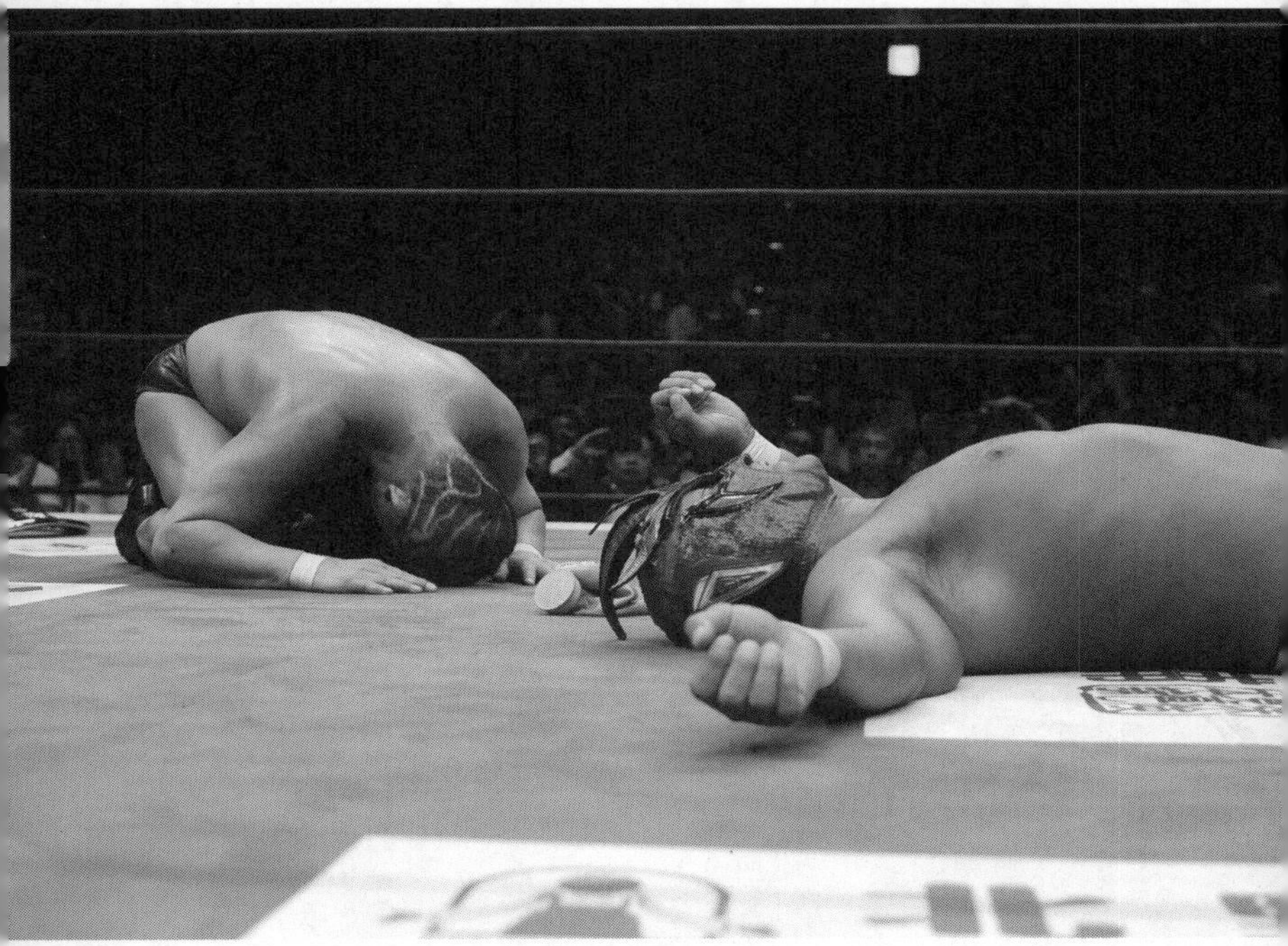

ライガーに勝った鈴木は敬意を表しリング上で座礼。野毛の道場からはじまったふたりの長きにわたる物語を感じさせた。

て、コッチからすれば「そんなこと言う必要はないし、これからもっとがんばれよ。新日本は生き残るのがたいへんなんだから」という気持ちしかなくて。鈴木もＵＷＦ、藤原組、そしてパンクラスと、その道程のなかでいろいろな苦労をして、プロレスに戻ってきてからも試行錯誤したと思うんですよ。でも、アイツはお客さんを納得させて、プロレス界のどの団体でもトップを張ってきた。フリーは「いらない」って言われたらおしまいですからね。

──鈴木選手は新日本で鈴木軍として活動するなかで、自身の試合順が下がったときに肉体改造に着手したそうです。そして、いまもトップ戦線で活躍を続けていて。

だから、やっぱり努力なんですよ。もともと、アイツは若い頃から練習好きだし、僕と同じ藤原教室の門下生として切磋琢磨して。最後に両国で当たったときも、序盤はグラウンドの攻防になりましたけど、懐かしかったですよ。僕はパンクラスで鈴木に負けてから地元で柔術を学びはじめたんで、それをぶつけてやろうって思ったものの、及ばずでしたね。まあ、僕から言わせれば鈴木はかわいい後輩だし、好きなプロレスラーですよ。いや、好きな人間ですね。鈴木みのるという人間が好きです。

道場の浸水

――そういえばこの鈴木戦の直前、10月12日には台風19号が関東を直撃し、多摩川の氾濫により野毛の道場が浸水の被害に遭いました。あのときはライガーさんの的確な指示で、寮生も無事だったそうですね。

あのとき驚いたのが、食堂の勝手口から水が入ってきて、横殴りの雨かと思って戸を開けたら、すでに水が浅い川みたいに流れはじめてたんですよね。だから、まずは玄関の靴を靴箱の上のほうに移動して。で、このまま水位がどこまで上がるかわからないし、2日後が両国のビッグマッチだったんで「とにかく選手たちの試合道具を持って、2階に上がろう！」って寮生に声をかけたんです。道場にコスチュームを置いてる選手も多かったんで、それをみんなでバケツリレーみたいに運んで。昔、僕が入門する前に道場が浸水したことがあったんですよね。そのときはリングの上に荷物を運んでことなきを得たので、2階だったら大丈夫だろうと思ったんです。それからものの数十分で、1階は水浸しになりましたね。

――ライガーさんは道場のリングの下にお手製のガレージキットを収納していますが、そちらも運んだわけですか？

いや、水没です（苦笑）。試合道具を運ぶのに精いっぱいで、ガレキまで気にかける余裕はなかったですよ。ただ、ほとんど箱で保管してたのが不幸中の幸いというか、中身は乾かせば大丈夫だったので。水かさがどんどん増えてきたとき、2階から外を見たら救助隊の人がいたので「僕たちも避難したほうがいいですか？」って聞いたんですよ。そうしたら「いちばん深いところで大人の胸くらいまでありますし、もう夜で危ないので、とりあえず2階にいてください。危なくなったら救助に向かいます」って言われたんで、寮のみんなにも「2階もやばくなったら、少し高い位置にあるトレーナー室に逃げよう。それでもダメなら屋根の上で救援を待てばいいから」って伝えました。

——緊迫した状態だったんですね。

でも、あせってもしょうがないし、こういうときこそ冷静に判断しないと。まさかビッグマッチの直前にこういうことが起こるとは思わなかったですね。水が引いたあと、寮の床はベコベコになったし、道場の被害も大きくて、復旧まで時間もかかりました。ただ、何より大事なのは選手自身と試合道具なんで、そこは何事もなくてよかったです。キャリアの最後に忘れられない経験になりましたよ。

イッテンヨンのカード発表

――鈴木みのる選手との最後の一騎打ちの翌日の2019年10月15日に、2020年の1・4東京ドームのカード発表会見が行なわれました。ライガーさんの引退カードIとして「獣神サンダー・ライガー&藤波辰爾&ザ・グレート・サスケ&タイガーマスク with エル・サムライ vs 佐野直喜&大谷晋二郎&高岩竜一&田口隆祐 with 小林邦昭」が発表され、会見に藤波選手と登壇されましたが、どのような心持ちでしたか？

いやあ、緊張しましたよ！　いろんなところで言ってますけど、園芸部出身の僕がプロレスラーを目指すきっかけになったのは、本屋で藤波さんが表紙の『ゴング』を見かけて「カッコいいなあ！」って憧れたのがきっかけなので。藤波さんのポスターを部屋に貼って、畳が汗で腐っちゃうくらいに腕立てやスクワットをしたことを思うと、自分のキャリアの最後にこうして会見で並んでいただけたのは、ただただ恐縮でしたね。それに藤波さんも新日本のリングから遠ざかっていて、なかなか上がっていただく機会がなかったので、一緒の舞台に上がれることが本当にうれしかったです。

――藤波選手は会見で「上がるきっかけを作ってくれたライガー選手、懐の深いところを見せてくれた新日本プロレスに感謝します」と発言されていました。ライガーさんのなかで、藤波選手が新日本のリングに長らく上がる機会がなかったのは、やはり寂しさを感じる部分はありましたか？

そうですね。結局、僕らは会社でどのような話し合いがなされているのかはわからないんですよ。それは僕の性格もありますけど、政治的なことは気にせず、リングに集中したいというか。ただ、アントニオ猪木さんや木戸修さんが引退されて、山本小鉄さんは亡くなられたいま、藤波さんは新日本プロレスの旗揚げメンバーで唯一、いまも現役でプロレスを続けられてるわけですよ。さらに藤波さんは一時期、新日本の社長まで務められていて、言ってみれば僕にとっては〝ミスター新日本〟みたいなかたなので、リングに上がれなかったのは寂しいなっていうのと「なんで？」っていう気持ちがありましたね。

――ライガーさんが19年にドラディションに参戦されるなかで、藤波選手が新日本マットに上がる話も進んだということでしょうか？

僕としては「藤波さんには、かたちはどうあれ絶対に絡んでいただきたい」という強い思いがあって、そこから会社同士の話し合いで理想的なかたちに収まったというか。会社から「藤波さんのOKが出ました」と連絡がきたときは、すぐにご本人にお電話して「ありがとうございます、よろしくお願いします！」とお伝えしました。藤波さんはああやって公の場で感謝してくださいましたけど、「いやいや、勘弁してください！」という感じですよ。

ジュニアの歴史を見せたかった

――カード決定前にライガーさんは「湿っぽくなるよりは、華やかなものにしたい」と意向を示し、そのキャリアの集大成となるようなマッチメイクとなりました。しかし、ライガーさんの場合は所縁のある選手も多いですし、さまざまな案もあったのでは？

僕のキャリアを反映したものではあるんですけど、それと同時に新日本ジュニアの歴史もお見せしたかったんですよね。藤波さんがマディソン・スクエア・ガーデンでカーロス・エストラーダからWWWFジュニアヘビー級王座を奪取して（1978年1月20日）、新日本ジュニアの歴史を切り開いたなら、そのあとを引き継ぐかたちで大活躍されたのが、初代タイガーマスクの佐山聡さんで。本当は佐山さんにもお声かけしたかったんですけど、手術をされて体調が悪いと人づてに聞いていたので、無理をさせてしまってはいけないなと。ほかにもグラン浜田さんやウルティモ・ドラゴンとか、挙げればキリがないくらいいますけど、みんなに出てもらうとなるとドーム3連戦くらいしなきゃいけないんで（笑）。

――ライガーさんが常日頃、いちばんのライバルとお話されてきた佐野直喜さんも、引退に花を添えるかたちとなりました。佐野さんとは『プロレスリング・マスターズ』では17年7月26日にタッグを組まれていましたが、新日本マットでタッグを組むのは、ライガーさんの20周年記念試合となった09年の1・4東京ドーム（vs金本浩二&井上亘）以来です。

佐野さんも新日本に上がっていただくのは、ひさびさでしたよね。最近のプロレスファンにはピンと来ないのかもしれないですけど、僕と佐野さんは切っても切り離せないんですよ。若手時代から切磋琢磨して、そのあとも常に気になる存在だったので。ライガーになったばかりの頃、ファイトスタイルの確立に試行錯誤してた僕の前に立ちはだかって、そんな悩みを払拭してくれたのが佐野さんなんですよ。新日本ジュニアでマスクマンとなれば、どうしても初代タイガーの幻影を意識するわけですけど、佐野さんが「オマエはオマエなんだ」と無言で教えてくれたというか。お互いに「コイツにだけは負けたくねえ！」っていう存在だったと思いますよ。3か月先輩ですけど、同日デビューで同期みたいなものですから。だから、佐野さんは僕にとってライバルであると同時に恩人なんですよね。佐野さんの出場が決まってから、京都でやられている焼き肉屋さんまで「ありがとうございます」とご挨拶に伺いました。

――他団体からは、90年代にライガーさんと世代闘争を繰り広げた現ZERO1の大谷選手と高岩選手も名を連ねました。

ZERO1に上がったときにうれしかったのが、ふたりとも変わってなかったんですよ。黒いショートタイツで、あのときと同じように闘志むき出しで向かってきて。結局、根っこが一緒ですからね。彼らは新日本という畑の苗をZERO1に植え込んで、変わらぬ戦いを続けている。そこは、新日本のプロレス学校で山本小鉄さんの教えを受けたサスケも、根底に持っているものだろうし。あとはライガーとしてのデビュー戦の相手をしていただいた小林さん、90年代に僕の壁になった保永（昇男）さんがレフェリーとして参加してくださるのもうれしかったです。くしくも、このおふたりの引退試合の相手を、僕が務めてるんですよね。それと、忘れちゃいけない

のがサムライですよ！（笑）

――ライガーさんは8月30日に『プロレスリング・マスターズ』に参戦した際、サプライズ登場したサムライ選手に「タッグを組みたい！」と直訴してましたね。

いやあ、サムライが来てくれて本当にうれしかったんですよ！　彼が新日本を辞めて以降、何年か前に福岡のプロレスリング華☆激に上がったときに、ウチのカミさんが観にいってて「サムライさん、なんか痩せた感じがしたよ」って聞いて、「大丈夫かな？」って心配してたんです。でも、ひさびさに会ったら相変わらず飄々として、元気そうで（笑）。よく「サムライは練習しない」とか言われてましたけど、ウエイトトレーニングが好きじゃないだけで、よく走ってスタミナは無尽蔵でしたから、いまの姿を見て「伊達に新日本で鍛えてないな」って思いましたよ。結局、ヒザが悪くて試合こそ無理でしたけど、東京ドームでセコンドについてもらえるだけでも感謝でしたね。

THANK YOU LIGER！

――11月9日にはカリフォルニア州のサンノゼで、アメリカのラストマッチとしてFALE DOJOのアーロン・ソロウとのタッグで矢野通&コルト・カバナ組と対峙しました。試合後の「THANK YOU LIGER！」のコールがすごかったですね。

あれはうれしかったですねぇ！　アメリカもライガーになってから何度も行ってるし、印象深い国ですよ。あの国はプロレスの花形っていうイメージがありますけど、僕は身体が小さかったんで若手時代には修行に行けなかった。でも、ライガーになってからWCWに上がるようになり『WCWマンデー・ナイトロ』（95年9月～01年3月まで毎週月曜夜に放送されたWCWの看板番組）の初回放送で、ブライアン・ピルマンとのオープニングマッチにも抜擢されて。そのときはモール・オブ・アメリカっていう大きなショッピングモールにリングを組んで試合をやったんですけど、「あの放送を観て、ライガーのファンになった」とか「レスラーを目指した」っていう海外のレスラーが少なくないんですよね、AJスタイルズとかもそうですし。

――ライガーさんは91～92年にピルマン選手とWCWライトヘビー級王座を巡り競い合いました。そして、95年の『WCWマンデー・ナイトロ』の初回の対戦以降、WCWは軽量級部門にも本格的に力を入れはじめ、封印されていたWCWライトヘビー級王座をWCWクルーザー級王座と改称し、96年から復活させます。そのベルト戦線でいまやビッグネームのクリス・ジェリコ選手やレイ・ミステリオ選手も活躍したわけですが、ライガーさんはアメリカでも近代ジュニアのパイオニアというか。

それは僕個人はわからないですけど、アメリカではピルマンっていう、いい相手に恵まれましたよ。彼とは僕がカルガリーで修業していたときから手が合ったんで。そういえば、19年の8月にアメリカで『スーパーJカップ』を開催したとき、地元の団体（ディファイアント・レスリング）でピルマンJr.とタッグではじめて対戦したんですよ。亡くなったおとっつぁんソックリの二枚目で感慨深かったなあ。

――その『スーパーJカップ』は19年の8月23～25日の3日間にわたりアメリカの西海岸で開催されました。大会史上、はじめて海外で実現した今大会のプロデューサーを、94年の第1回大会の提唱者であるライガーさんが務めました。

『スーパーJカップ』は通算7回目で、初開催からもう25年も経ちますけど、ずいぶん前から海外のファンの現地での開催待望論があったみたいで。新日本も海外進出の規模が大きくなり、この年の4月にはマディソン・スクエア・ガーデン（ニューヨーク）にも打って出てましたし、「今度はジュニアで大会をやろう。となると、『スーパーJカップ』しかないな」ってことですよね。第1回の『スーパーJカップ』のときに「ジュニアでお客さんが集まるのかな？」と思いましたけど、今回もちょっと似た気持ちになりましたね。でも、CMLLやROHの選手も参加して、すごい試合の連発だったし、お客さんには満足してもらえたと思います。ただ、エンディングはエル・ファンタズモにブチ壊されちゃいましたけど。

――決勝戦でファンタズモ選手はダーティーファイトでドラゴン・リー（現リュウ・リー）選手を下すと、優勝セレモニーでライガーさんから手渡されたトロフィーを蹴り飛ばすなど、傍若無人な振る舞いをして大会史上はじめてのバッドエンドになりました。

ファンタズモは僕が18年の9月にイギリス遠征に行ったときに共闘したんですよ。彼も「あなたの活躍を小さい頃から見てました」って言ってくれて。ファンタズモはその遠征時に開催された『ブリティッシュJカップ』で優勝してたし、「運動神経も雰囲気もあって、いい選手だな。早く新日本に呼ばないと」って思ってたら、まんまとBULLET CLUBに持っていかれちゃっ

2019年8月25日、海外初開催となった『スーパーJカップ』で優勝したファンタズモが、大会プロデューサーのライガーから手渡されたトロフィーを蹴り飛ばす。

て。憎たらしいヒールになりましたけど、今後の新日本のジュニア戦線のキーパーソンのひとりでしょうね。

愛すべきタイガー服部

——海外関連でいうと、新日本の海外コーディネーターでもあるタイガー服部さんが19年9月18日の新日本のニューヨーク大会で、アメリカでのラスト・レフェリングに臨みました。20年2月19日には後楽園でレフェリーとしての引退記念大会が行なわれますが、ライガーさんは服部さんとの付き合いも長いですよね。

そうですね、服部さんには海外に行くときによくしていただきましたよ。90年代にWCWに上がりはじめた頃は、服部さんとヒロ・マツダさんにお世話になって。服部さんにはちょっと強引なスケジュールを組まれたこともありましたけど、あの人に「ユーなら大丈夫だよ」って言われるとNOと言えないというか（笑）。服部さんのすごいところは、新日本に出たり入ったりを繰り返しても誰からも憎まれないところですよ（笑）。2回も辞めて、あそこまで愛されてるのは人当たりのよさなんでしょうね。アメリカ生活が長かったからか、先輩面するみたいなことはないし、そういうところはマサ斎藤さんに似てると思います。

――ライガーさんは服部さんには、よく服装を注意されたとか？

僕、昔から服装に無頓着で、海外に行くときも飛行機乗るのにTシャツにジャージなんですよ。それで服部さんには「ユーのことが会社で問題になってるぞ？　ホワイトボードに議題として〝山田の服装について〟って書いてあったんだから」って言われて（苦笑）。僕も年を重ねて若い頃よりは服に気を配るようになりましたけど、そんなに改善はされなかったかな（笑）。まあ、くしくも服部さんも僕のすぐあとに引退されるということですけど、あのお年まで試合を裁いたということがすごいですよ。レフェリングは激しい動きが要求されるし、よく服部さんも会場の周りを走ってましたね。もともとアマチュアレスリングの世界大会で優勝してるくらいのアスリートだからこそ、レフェリーとしてご活躍できたんでしょうね。このたびは本当に惜しい人を……じゃなかった（笑）、これからも服部さんには新日本をバックアップしていただきたいですね！

Chapter.4

怒涛のラストロード

TAKAとサスケ

——引退ロードは、90年代に他団体との垣根を超えたジュニアの風景を思い出させる場面が多かったように思います。2019年11月14日には、『JUST TAP OUT』の後楽園大会に参戦し、団体の代表であるTAKAみちのく選手と対峙しました。

TAKAは鈴木軍のメンバーとしてちょくちょく試合してましたけど、最後にシングルができてよかったですよ。あの試合を観てもらえばわかるとおり、序盤はずっとじっくりとしたグラウンドの攻防ですからね。やってて楽しかったし、「これが俺の知ってるTAKAみちのくだよ」って思いました。レスリングの基盤があって、やっぱり巧いですよ。TAKAはみちのくプロレス出身で『スーパーJカップ』をきっかけに全国区になった選手だと思いますけど、それだけのものを若手の頃から持ってましたから。TAKAがジャンプでトップロープに飛び乗ったのを見た長州さんが「アイツ、宇宙人か！」って言ったエピソードが有名ですけど、当時からみんな認めてましたから。だからこそ、その直後の『ベスト・オブ・ザ・スーパージュニア』にも出てもらっ

2019年11月14日、TAKAみちのくが旗揚げした『JUST TAP OUT』後楽園大会に参戦。
この試合がライガーにとって最後のシングルマッチとなった。（©週刊プロレス）

たわけで。

――そのあとはＷＷＦ（ＷＷＥ）に招かれ、同団体の90年代のクルーザー級の中心選手となり、その後は自身で団体も立ち上げました。

それ自体が並みのレスラーじゃできないことですよ。ウルティモ・ドラゴンもそうでしたけど、初期のユニバーサル（・プロレスリング連盟）の出身レスラーって、たくましいですよね。いろんな障壁もあるんでしょうけど、小さい身体で道を切り拓いていくというか。（ザ・グレート・）サスケもユニバ出身で、いろんな意味でいまや唯一無二の地位を確立しましたからね（笑）。

――そのサスケ選手とは、11月16日に〝みちのくの聖地〟と呼ばれる岩手の矢巾町民総合体育館でタッグを組み、新崎人生＆ディック東郷組と30分時間切れ引き分けの熱闘を繰り広げました。

もともと、僕はみちのくのノスタルジックな雰囲気が大好きなんですよ。客席に子どもからお年寄りまで見えるのが、プロレスの原風景というか。ひさびさの参戦でしたけど、懐かしいと同時に新鮮な気持ちになりましたね。「あ、いまはこういう若い選手がいるんだ」っていうのも知れましたし。みんな、「ご挨拶よろしいでしょうか？」って挨拶に来てくれるんですけど、もう引退する身だから「いつか試合やろうや！」とは言えないんで「ケガしないでがんばってね」っ

2019年11月16日、みちのくプロレスの矢巾町民総合体育館大会に参戦。ザ・グレート・サスケら、みちのく勢とは特別縁が深い。（©週刊プロレス）

て応えました。

――引退ロードは再会と共に、新しい出会いもあったと。

あと、試合前に控室で人生選手といろいろ話したんですよ。「よく引退を決意されましたね」って言われて。彼はヘビー級だったんで試合で絡むことはほぼなかったんですけど、気になる存在でしたね。サスケの女房役というか、新日本でいえばサスケは猪木さんで、人生選手は坂口さんみたいな感じですよね。話題に事欠かない自由奔放なサスケを支えて、みちのくを盛り立てながら、飲食店もいくつか経営してるみたいで。みちのくは地域密着団体の先駆けみたいな存在ですけど、30年近くも続いているのがすごいことですよ。いまやサスケは悟りを開いて、後光が射してますからね（笑）。

――ライガーさんは新日本プロレス学校時代のサスケ選手と接点はなかったそうですね。当時は新日本のレスラーたちも、プロレス学校の生徒と一線を引いていたそうで。

サスケと話すようになったのは、彼がマスクを被るようになってからですね。ユニバを観にいったとき、彼はＭＡＳＡみちのくっていうリングネームを名乗って、浅井（嘉浩＝ウルティモ・ドラゴン）の後継者みたいな立ち位置で。三度笠を持って『みちのくひとり旅』で入場するのを観て「おもしろいキャラだな」って思いましたよ。それをのちにTAKAが引き継ぎましたけど。サスケはリング上では破天荒ですけど、普段は腰も低くて「そんなに気を遣わないでよ」っていうくらい、真面目な人間ですよ。オンとオフのメリハリがハッキリしたレスラーなんじゃないかな。

『ザ・デストロイヤー　メモリアル・ナイト』

——『JUST TAP OUT』とみちのくプロレスにはさまれるかたちで、11月15日には大田区総合体育館で行なわれた『ザ・デストロイヤー　メモリアル・ナイト』にも出場されました。〝白覆面の魔王〟ことザ・デストロイヤーさんは2019年3月7日に亡くなりましたが、ライガーさんは面識があったとか？

デストロイヤーさんとは15年にアメリカのNWAに遠征に行ったとき、カリフラワー・アレイ・クラブ（アメリカのプロレスラー親睦団体）のイベントでお会いしたんですよ。すごく感じのいいかたで、そのときのご縁と日本のマスクマン代表ということで声をかけていただいて。デストロイヤーさんと言えば力道山先生の時代からのスターですし、歴代のプロレス中継の視聴率1位はそのふたりの対決って聞いたので、参加できるのが光栄でしたね。

――試合では武藤選手、そして全日本プロレスのエースである宮原健斗選手とトリオを結成し、SANADA&BUSHI&KAI組に勝利しました。宮原選手とは初遭遇でしたね。

もともとは（佐々木）健介の弟子だから基礎もしっかりしてるし、センスも感じましたよ。ただ、試合中にずっとギャーギャーわめいてるから、コーナーで武藤と「うるさいねえ、コイツ！」って話してましたけど（笑）。まあ、基礎があっての個性だし、実力もあってファンの支持を集めてるからこそ、三冠ヘビーのベルトも巻いてるんでしょうし。武藤と同じリングに上がったのは、これが最後だったんですよね。試合後はまた「引退したら『マスターズ』があるからさ」って言ってましたよ（苦笑）。武藤といえば、グレート・ムタも4月のMSGのバトルロイヤルにサプライズで出てきて、同じリングに立てたのもうれしかったですね。やっぱり、若手時代を同じ寮ですごしたレスラーには、戦友っていう気持ちがあるので。

グルクンとテカちゃん

――ライガーさんにとって11月は他団体行脚というか、24日には沖縄に飛んで琉球ドラゴンプロレスリング

2019年11月15日、大田区総合体育館で開催されたザ・デストロイヤー追悼興行に参戦。
マスクマンのパイオニアにそのファイトを捧げた。（©週刊プロレス）

のミュージックタウン音市場大会に参戦します（ライガー&ウルトラ・ソーキvsグルクンマスク&ヒージャーキッドマン）。これは同団体の代表で、16年の『スーパーJカップ』に出場したグルクンマスク選手からのラブコールでしょうか？

そうですね。グルクンに最初に会ったのは、スペル・デルフィンがやってた沖縄プロレスに参戦したときなんですよ。彼はもともとシュートボクシングとか格闘技をやっていて、しっかりした技術を持っていて。僕のなかではいかにも格闘家っぽいイメージというか、すごくハキハキして、上から目線かもしれないけど「いいヤツなんだろうな」って思わせる男なんです。前から「新日本に出てもらおう」っていう話は会社にしてたんですけど、なかなかそのタイミングがなくて。で、満を持して『スーパーJカップ』に上がったら案の定、「いい選手ですね」っていう反応だったんで、「だから、前から言ってんじゃん！」って思いましたね。

――新日本も近年は年に一回、沖縄で大会を開催してますよね。

というか、ウチは家族揃って沖縄が大好きなんで、試合に関係なく年に2～3回はみんなで羽を伸ばしに行ってるんですよ。ホントに疲れ切ったときに沖縄にいくとパワーをもらえるというか、元気になるんですよね。ウチはみんな、ＢＥＧＩＮとか沖縄のアーティストも好きだし。沖

2019年11月24日、琉球ドラゴンプロレスリングに参戦。グルクンマスクもライガーをリスペクトするレスラーのひとり。（©週刊プロレス）

縄の歌って心に染みるんですよねえ、三線の響きも心地いいし。沖縄出身のＤ－51はカミさんと坊主がきっかけで、15年くらい追いかけてますよ。現地でやるライブやファンミーティングにも足を運んでますし。

――そこまで沖縄がお好きだったんですね。そして、ライガーさんは11月28日には地元博多の地域密着団体、プロレスリング華☆激のリングにも上がりました（ライガー＆コスモ☆ソルジャー＆小川聡志vsアステカ＆新泉浩司＆エル・ブレイブ）。代表のアステカ選手とは古い付き合いなんだとか？

僕が90年代の中頃、福岡に住みはじめてから通ってたジムが、アステカと同じところだったんですよ。そこで話をするようになり、アステカが華☆激を立ち上げるというので観にいって（97年6月旗揚げ）。そのあともカミさんは坊主を連れてよく観戦に行ってましたよ。

――05年に登場したマスクドCTUのマスクは、ライガーさんがアステカ選手に製作を頼んだそうですね。

そうそう、彼はマスク職人でもあるので。アステカも純朴で真面目な人で、出場依頼をもらったときはスケジュール的に厳しかったんですけど、昔からの付き合いだし、ここは出たいなと思って。地元ということで、昔からの知り合いもいっぱい来てくれたんでよかったですね。僕はアステカのことを〝テカちゃん〟って呼んでるんですけど、テカちゃんの人柄でお客さんが集まって

2019年11月28日に参戦したプロレスリング華☆激のレスラーと。代表のアステカもライガーと同じくレスラーを目指してメキシコに渡った経験がある。（©週刊プロレス）

くれてる感じがしました。地域密着の団体は、その代表の人間力みたいなものが重要だと思いますね。テカちゃんは3年くらい前、試合後に心筋梗塞を起こしたらしいんですけど、手術に無事成功して。僕が上がった11月の大会も問題なくいい試合ができたんで、これからも博多のプロレス熱を盛り上げてほしいですね。

リュウ・リーからの対戦表明

――引退ロードも12月に入ると東京ドームに向けて加速していきます。12月8日の『WORLD TAG LEAGUE』最終戦は、生まれ故郷である広島での大会（広島グリーンアリーナ）となりましたが、ライガーさんの試合後に場内ビジョンにドラゴン・リーあらためリュウ・リー選手からのVTRメッセージが映し出され、「あなたが世界中のプロレス界のヒーローだと思っています。最後にあなたと戦いたいと思っています」と対戦アピールを受けました。リー選手のことはデビュー前から知っているそうですね。

そうなんです。2011年に4か月くらいメキシコに長期遠征に行ったときに、アレナ・メヒコでルーシュと練習してたら、いきなり10代の少年たちが入ってきて「昼メシ食べるから、お金

2019年12月8日の広島グリーンアリーナ大会が、故郷での最後の試合。地元のファンに別れを告げた。

ちょうだい」ってせびりに来たんです。そうしたらルーシュが「俺の弟たちなんだ」って小遣いを渡していて、それがいまのミスティコ（2代目）とリーなんですよ。ミスティコがデビューしたばかりの頃じゃないかな。で、リーがデビューしてから「へえ、あのときの少年なんだ」と思って。いつもリーは「ライガーサン！」って明るく声をかけてくれましたね。あそこの一家はお父さん（ラ・ベスティア・デル・リング）含め、みんなすばらしいエストレージャ（スター）ですよ。ルチャ・リブレも昔と比べて変化してきましたね。

――どのあたりにそれを感じますか？

ルチャって華麗な飛び技のイメージが強いと思いますけど、昔はペロ・アグアヨとかラフファイトでガンガンいく選手も少なくなかったんですよ。それが、次第に空中戦がメインになってきて。いまのルチャドールがすごいのは、昔よりも身体がゴツいんですよ。それで空間を利用した技を使うっていう。ファイトはメキシカンスタイルを守りつつ、身体は世界で対応できるものになってきてる印象が強いですね。その最先端にいるのがアメリカでも活躍しているリーで、僕の最後の相手として名乗りを上げてくれたのはうれしかったですね。あのときの少年が、新日本ではＩＷＧＰジュニアヘビーを巻くほどの存在になったわけですから。メキシコは僕にとってもルーツみたいな国ですし。

「僕が戦いたい相手がもうひとりいます」

――そして、ライガーさんはこのリー選手の要求に対し、「彼はジュニアの最前線を走っている男だと思います。ただ、僕が戦いたい相手がもうひとりいます。首のケガから復帰したばかりのあの選手です。なんなら、ふたりまとめてかかって来い！」と宣言しました。ケガで欠場中のヒロム選手はライガーさんの引退会見の際に、対戦をアピールしていましたね。

最初に対戦表明したレスラーが、最後に間に合いましたね（笑）。ヒロムがケガしたとき、僕は彼に「とにかくあせらないほうがいい。中途半端に復帰して、またケガしたら馬鹿らしいから、完全に治してから復帰したほうがいいよ」って伝えてたんです。大ケガした人間に対して、僕は自分の経験も踏まえて必ずこうアドバイスしますね。レスラーってリハビリのときにちょっと動けるようになったら、医者の言うことを無視してリングに上がっちゃったりするんですよ。リング上が盛り上がってると気になるし。でも、それが仇になって慢性的なケガになったり、また同じところを痛めたりするし、とくにヒロムの場合は首で、一歩間違えれば怖いので。

──ヒロム選手は11・3大阪で約1年4か月ぶりにリングに登場し、1・4東京ドームでウィル・オスプレイ選手とのIWGPジュニアヘビー級王座戦が決定していました。この時点ではまだ、ヒロム選手は王者ではありませんでしたが、あらためてヒロム選手を引退試合の相手に指名した理由は？

単純にヒロムがこれからの新日本ジュニアの中心になる人間だと思ったからですよ。たしかにオスプレイは階級を超えた活躍を見せてるすごいレスラーですけど、僕はジュニアを牽引していくのはヒロムだと信用してるので。いまでこそヒロムはあんな派手なレスラーですけど、僕は彼のことを丸坊主の新弟子時代からずっと見てますからね。とにかく練習に必死に食らいついてきたし、素直だったし、夢に向かって一生懸命でしたから。新弟子が何人も辞めるなかでデビューして、長い海外修行を経て、ジュニアのトップまでたどり着いた。僕の引退に間に合ったのも何かの運命だと思うし、きっとヒロムは王者として俺の目の前に立ってくれる。最後にいまのジュニア最強の男とおもいっきり真っ向勝負がしたいと、心から思ったんです。

──ヒロム選手に大きな信頼を寄せてるんですね。

彼があの色気をリングで振りまいてる姿を見ると、たまに寮生時代のことを思い出すんですよよね。練習以外の部分で、僕がバカなことをやったりするとヒロムは無邪気に笑ってくれて。でも、そういうエピソードをウチの坊主に話すと、「べつにおもしろいからじゃないよ。先輩がやったら笑うしかないやん。気づけよ」ってたしなめられるんですけどね（苦笑）。

「ヒロムに勝ったら、俺は引退撤回する」

――そして12・8広島の翌日、1・5東京ドームの引退試合のカードがライガー&佐野直喜vs高橋ヒロム&リュウ・リーと発表されると、ライガーさんは「1・4でチャンピオンになったヒロムに勝ったら、俺は引退撤回する。逆にヒロムに引退を突きつける！」とコメントしました。最後まで周囲を驚かすような話題を提供するというか（笑）。

フフフ、でも、単なる話題作りじゃないんですよ。もし、引退する人間にチャンピオンが負けたら「ＩＷＧＰジュニアヘビーの価値ってなんなの？」ってなりますから。新日本のレスラーだったらみんな、ＩＷＧＰのベルトを目指してるわけで、そのチャンピオンに勝ったらおちおち引退なんかしてられないですよね。僕は猪木さんや山本小鉄さんたちに「新日本プロレスとは戦いなんだ」と教わってきました。戦いに大事なものは何かって言ったら怒りであり、僕は全力でそれをヒロムにぶつけていく。だから、こうしてヒロムにプレッシャーを突きつけることで、彼にも全力で向かってきてほしかったんです。

――カードの図式としては、新旧のライバル同士がタッグを組んで激突するかたちになりました。

僕が最後に組むなら、隣にいるのは佐野さんしか考えられなかったですね。技術的なことはもちろん、何よりキャリアを締めくくるうえで心が納得するというか。僕は新日本プロレス一筋だったのに対し、佐野さんはさまざまな団体を渡り歩き、僕の最後のために新日本に戻ってきてくれた。しかもドームの2日間とも、僕と同じリングに立ってもらえるんだから本当に感謝しかないですよ。昔、僕と佐野さんが抗争していた頃、先輩たちに「あんな試合してたら死ぬぞ?」って言われてましたけど、いままさにヒロムとリーがそんな試合をしているのを考えると、このカードはおもしろいなって。どんな化学反応が起こるかわからなかったですけど、佐野直喜というレスラーと戦うことで、ヒロムたちも何か感じるものがあるだろうなって思いましたね。

30年ぶりのオーストラリア

——ライガーさんが引退ロードで最後の他団体出場をしたのは、オーストラリアのPWAとFALE DOJOの合同興行でした（ライガー&ロビー・イーグルスvsバッドラック・ファレ&ジャック・J・ボンザ）。締めがオーストラリアというのが、少し意外な気がしたのですが。

たぶん、オーストラリアは30年ぶりくらいだったと思います。昔、マリオ・ミラノさんっていうレスラーからオファーがあって、一度だけ試合をしたことがあって。本当はドーム直前だし、何かあったらということで、12月は新日本以外に上がるのはやめようっていう話になってたんですよ。でも、会社がアッサリOKして（笑）。

——現地入りする前、ライガーさんはツイッターで「オーストラリアの団体からこんな人が空港に迎えに行きますと写真が来ましたが良くわかんないなコリャ？　こんな格好で来んのかぁ？」と写真を上げていましたが、それは対戦相手のボンザ選手だったんですよね（笑）。

たまに海外のインディー団体だとあるんですよ、リングに上がったら「えっ、アンタ、俺を昨日出迎えてくれた人やん！」っていうのが（笑）。送られてきた写真がコスチューム姿でランボーみたいだったから「コレで迎えに来るのか？」と思ったら、ふつうの格好でしたけど（笑）。おもしろいですよ、海外は。空港下りたときはコッチも素顔なんで「アレ？　アイツがライガーかな？」みたいな感じで近づいてきて（笑）。海外だと控室でマスクを被ると、「オー！　オマエがライガーだったのか！」って驚かれることもよくあるし。

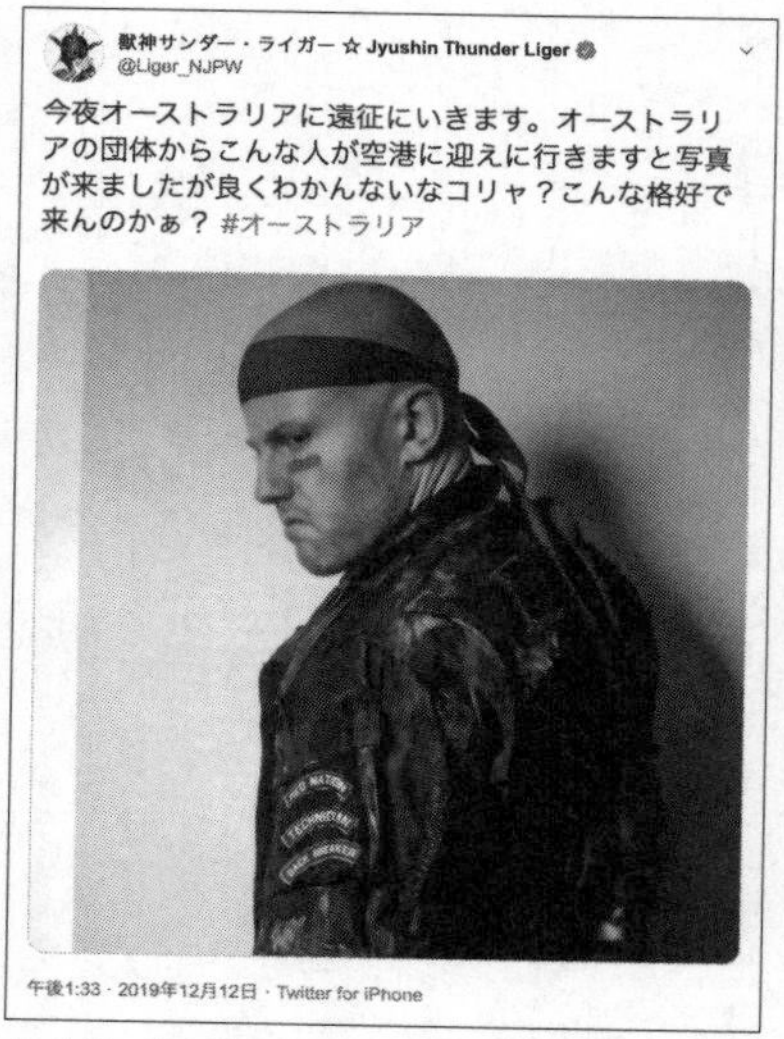
獣神サンダー・ライガー☆Jyushin Thunder Liger
@Liger_NJPW
今夜オーストラリアに遠征にいきます。オーストラリアの団体からこんな人が空港に迎えに行きますと写真が来ましたが良くわかんないなコリャ？こんな格好で来んのかぁ？ #オーストラリア
午後1:33 · 2019年12月12日 · Twitter for iPhone
ライガーを出迎えたジャック・J・ボンザ。

――ファレ選手は16年に地元ニュージーランドで道場を立ち上げ、いまでは新日本のオーストラリア大会をバックアップしたり、道場生を送り込んだりと、団体の海外戦略の一役を担ってますよね。

やっぱり、選手育成でいうと道場が基盤だし、ファレも道場出身だからこそ、その重要性を理解してるんでしょうね。いま、新日本はファレ以外にもジェイ（・ホワイト）

や（トーア・）ヘナーレ、（ロビー・）イーグルスとかオセアニア出身の選手が増えてきて、さらにFALE DOJOからも留学生を受け入れて。オセアニアは一時期はプロレス熱が低迷してたみたいですけど、近年はまた盛り上がってるみたいですよ。ちょっと前はWWEしか観られなかったのが、いまは『新日本プロレスワールド』もあるし。実際、オーストラリアのファンも、すごく「ライガー」コールを送ってくれたんですよ。引退前にアメリカやイギリス以外でも、新日本の戦いが受け入れられてるっていうのを体感できたのはよかったですね。

後楽園3連戦

――そして東京ドーム直前には、12月19日〜21日と後楽園3連戦が行なわれ、「獣神サンダー・ライガー ファイナル後楽園ホール」と題して、連日タッグマッチで新日本の選手たちと対峙しました。

後楽園は自分にとってデビュー戦の場所（山田恵一時代）ですからね。この37年のキャリアで数えきれないほど上がった会場ですし、これからも中継の解説とかで何度も足を運ぶんでしょうけど、最後の試合という部分では感慨深いものはありましたよ。

——2日目の試合後（ライガー&ＹＯＨ&ＳＨＯ vsタイガーマスク&田口隆祐&ロッキー・ロメロ）にジュニア勢6人で手を挙げ、さらにタイガー選手が涙を流し、ライガーさんと抱擁を交わしていたのが印象的でした。タイガー選手はライガーさんのキャリアで最後のタッグパートナーでしたよね。

あのときはリング上でトラちゃん（タイガー）が、「すみません、泣くつもりじゃなかったんですけど」って言ってましたね。まあ、彼もみちのくから新日本に移籍してもらって、付き合いも長いですから。僕、人生で一度だけ結婚式の仲人をやっていて、それがトラちゃんなんですよ。頼まれたときは「えっ、いいの、俺？　ほかに先輩、いっぱいいるやんけ」って思いながら引き受けさせてもらって。彼は佐山さんの弟子だけあって古いタイプのレスラーというか、自分にも他人にも厳しい面があるけど、サッパリしていてまっすぐなんですよね。ちょっと性格的に僕に似てる気もしますし。これでトラちゃんが本隊のジュニアじゃ最古参になりますけど、まだまだがんばってほしいですよ。

——これからのジュニアを担うＲＯＰＰＯＮＧＩ ３Ｋ（ＳＨＯ&ＹＯＨ）と同じリングに立つのは、このときが最後でした。

あのふたりは元気がいいですね！　身体も今風に絞ってて、ビジュアル的にシュッとしてるし。

2019年12月20日の後楽園で対戦した4代目タイガーマスクは、佐山聡とライガーから叩き込まれた新日イズムを若い世代に伝える貴重な存在。

ジュニアタッグ戦線を牽引するYOH＆SHOとは2019年12月20日の後楽園大会で組んだのが最後となった。

彼らが16年にアメリカで修業してたとき、「なんかいいタッグチーム名ないですかね？」って言われて、僕が「テンプラ・ボーイズ」って名付けたんですよ。飛び跳ねるようなファイトで威勢よかったし、外国人にも覚えやすい名前ってことで。ROHでも「テンプラ！」って声援が飛んでたみたいですね。でも、彼らにひとつだけ言いたいのは、タッグもいいけどシングルでも頑張ってもらいたいなってことですね。ふたりはレスラーとしての色が違うから、タッグでおもしろいのは当然なんですよ。だったら、その違う色をそれぞれ極めてもらいたいなって。シングルでも十分活躍できるし、ヒロムをあせらせてほしいです。ふたりが仲いいのはわかりますけどね、彼らは若手の頃から一緒に風呂入ったり一緒のベッドで寝たりして、「オマエら、デキてんのか？」って疑惑の目を向けるほどだったんで（笑）。まあ、まだ若いし、シングルで可能性を突き詰めてから、またタッグを組むのでもいいんじゃないかって思います。

〝ブラック・ライガー〟登場

――そして、3日目（オカダ・カズチカ＆YOSHI－HASHI＆ロッキー・ロメロvs飯伏幸太＆棚橋弘至＆ライガー）は、黒のコスチュームで出場されました。試合はオカダ選手のレインメーカーの前にライガーさんが沈みましたが、終盤にはオカダ選手にレインメーカー式の掌底やライガーボムを決め、ＩＷＧＰヘビー級王者（当時）を攻め込む姿に会場は大いに沸きました。

いやもう、完膚なきまでに叩きつぶされましたよ。引退する人間と、新日本のトップに立つ人間の差、それだけです。僕のなかでオカダは「ジャンボ鶴田さんって、こういう感じだったのかな？」って思わせる選手なんですよね。背が高くて、スタミナが無尽蔵で、天才的なセンスがあって。あれだけ兼ね備えている選手はなかなかいないと思います。オカダに関しても、マスコミやファンの人には「ライガーさんが新日本に導いたから、いまがある」みたいなことをよく言われるんですよ。でも、新日本に上げるのは誰でもできることで、大事なのはそこからの本人の努力なんで。ダイヤの原石が輝くかどうかは本人次第、この世界はそういうもんですよ。目をかけた選手でも、ダメだったやつはいっぱいいるし。それに外から来た若い人間が、いきなり優遇されるほど新日本は甘くないですよ。生え抜きの選手にしてみれば、いきなり入ってきて注目を集めればそれはおもしろくないし。そういう意味でオカダにしろクッシー（ＫＵＳＨＩＤＡ）にしろ、チャンピオンになるまでには相当な努力をしましたよ。

2019年12月21日、ライガー最後の後楽園ホールでの試合はブラック・ライガーで登場。
怖いライガーの象徴的なコスチュームもこれが見納めとなった。

——オカダ選手が新日本に移籍した当初、なかなか練習についていけなかったという話を聞きます。

でも、彼はがんばってましたから。僕らも長年若手を見てるんで、余力があるのにしんどいフリしてるのか、きついけど一生懸命ついてこようとしてるのか、それはわかるんですよ。「できないけどがんばるじゃん、コイツ」って周囲に思わせる、その気持ちの強さが大事なんです。それとアドバイスに対して、素直に耳を傾けられるかどうか。昔の新日本は「俺が俺が」の世界で、スキあらば他人を引きずり下ろしてやろうっていう殺伐としたものがありましたけど、ユークスさんにオーナーが変わる直前、会社が倒産しかけたあたりから「みんなでがんばろう」っていう空気になったんですよね。そういう状況でのアドバイスですから、素直に聞き入れて、自分に合ったものを取り入れられる人間は伸びますし。あと、これは性格的なもので、彼は周囲に好かれますよね。先輩との距離感の取りかたもうまいし、レインメーカーと同時にムードメーカーでもある。いろいろなものを兼ね揃えた、ホントにすごい選手ですよ。

Chapter.5

東京ドーム2連戦

ヒロム乱入事件

——東京ドーム2連戦の直前の12月29日、現役最後のファンイベントを行ないます。その場にヒロム選手が乱入し、会場は騒然としますが、あれは一部の関係者以外、誰も知らされていなかったようですね。

いや、マジでビックリした！　思わずマスクの下は素になってマイクを落としましたよ。あの映像、その場にいた広報スタッフが機転を利かせてスマホで撮ったのしか残されてないみたいですね。「俺に言う必要はないけど、映像班のスタッフには言っとけや！」って思いましたけど(笑)。

——ヒロム選手が「僕がチャンピオンとして、アナタを気持ちよく引退させます。1月5日、よろしくお願いいたします」と握手の手を伸ばすと、ライガーさんは「チャンピオンとして上がってこいや。俺はそのチャンピオンを叩き潰してやる」と、その手を握り返しました。すると、ヒロム選手は「まさか握手してくれるとは思いませんでしたよ。正直、ガッカリですよ！」と吐き捨て、ライガーさんは張り手を見舞いましたね。

あの場では多くを言わなかったけど、逆に僕のほうがガッカリしたんですけどね。なぜならあの場は、ライガーのファンが集まってるイベントで僕のほうがベビーなんだから、ヒロムが僕の

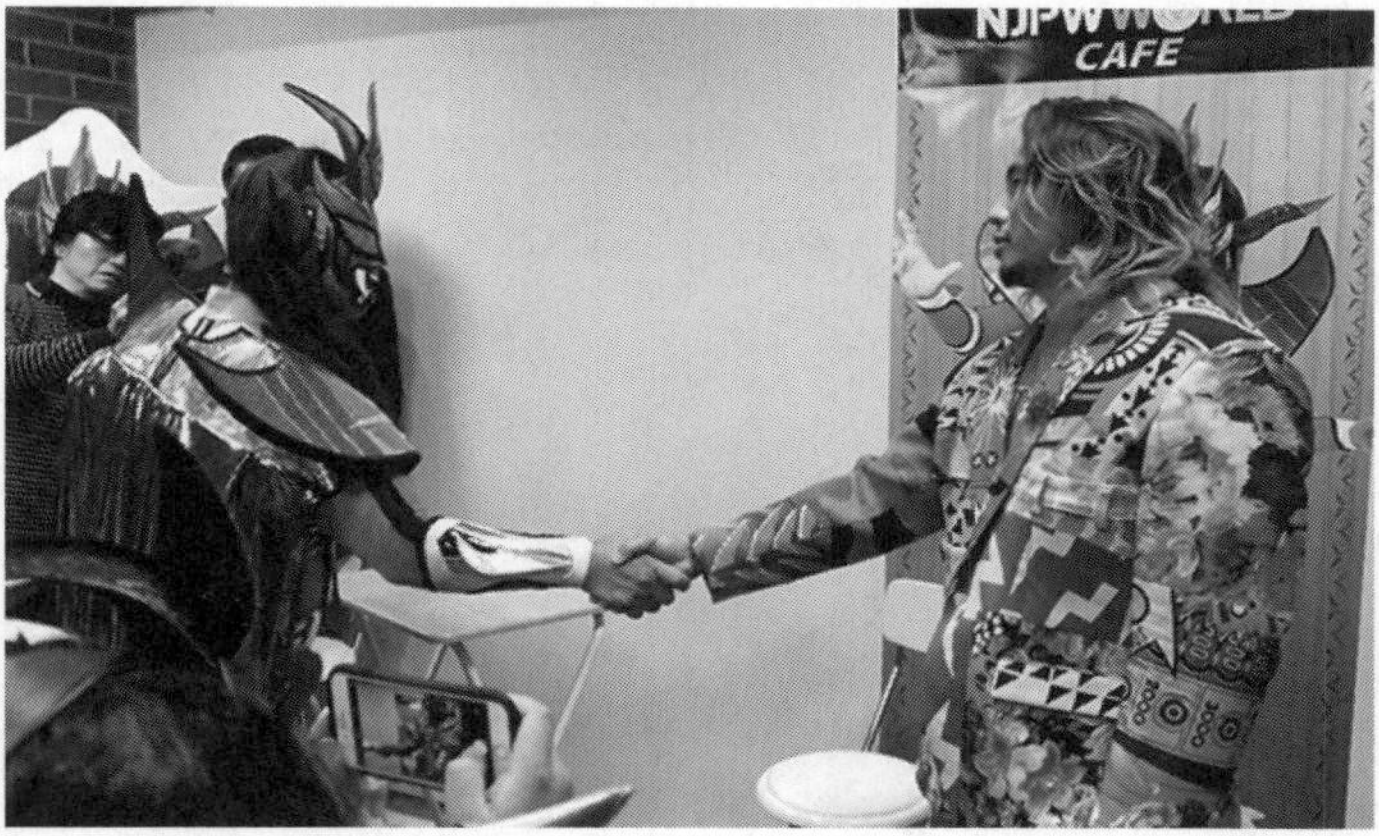

2019年12月29日、ライガーのファンイベントに予告なしに高橋ヒロムが出現。

手なり顔なりをはたくべきなんですよ。そうすればライガーファンは彼にブーイングをして、もっとドームへの興味を高めることができた。僕が彼の立場だったら、そうしてましたね。引退試合までに接点がなかったから、あそこで乱入したヒロムは賢いですよ。ただ、自分の立ち位置を判断して、もう少し振る舞いを考えてほしかったのが正直なところかな。

——そのあたりはライガーさんのプロ意識ですね。実際、ライガーさんは試合でも全体を見渡して、盛り上げどころを作るというか。

やっぱり、その場を考えて瞬時の判断が必要になってくるんですよ。とくに試合の場合は生き物だから。その土地土地でファンの気質とかも変わってくるし。そういう意識っていうのは、やっぱり僕は猪木さんから教わってるんですよね。猪木さんが北朝鮮でリック・フレアーと試合をしたときに（1995年4月29日）、プロレスをはじめて観る20万人近い観客を、一瞬で手のひらに乗せることができた。僕は足のケガで欠場中だったから会場には行けなかったですけど、あとで映像を観て「やっぱり、猪木さんはすごい！」と思ったし、橋本（真也）なんかも舌を巻いたって言ってましたから。まあ、何にせよ、あのヒロムの乱入で士気が高まったのはたしかですよ。アイツは大勢の前で「チャンピオンとして」と約束をした。その覚悟が伝わってきたし、チャンピオンと引退試合ができるなんて、レスラーとしてこんなに理想的なことはないですから。

幸せなレスラー

――年が明け、いよいよ東京ドーム2連戦を迎えます。初日は自身のキャリアの集大成となるような8人タッグ（ライガー＆藤波辰爾＆ザ・グレート・サスケ＆タイガーマスクvs佐野直喜＆大谷晋二郎＆高岩竜一＆田口隆祐）でした。ライガーさんは引退ロードのなかで「湿っぽい気持ちはない」と話されてましたが、いざ引退試合を迎えたときの気持ちは？

いや、ふだんと何も変わらなかったですよ。朝起きて、いつもどおり道場で練習して、食事を摂ってから会場に向かって。結局、僕たちのやることはコンディションを整えて、いろんな場所で試合をし、お客さんに楽しんでいただく。毎日がその繰り返しで、35年以上も同じサイクルですから。ただ、引退ロードのなかで、ファンのかたに会場で大きな声援と拍手をもらうたびに、「ライガーって幸せなレスラーなんだな」って実感はしました。だから、ドーム初日も平常心だったし、むしろ同じリングに立ってくれた人たちのほうが構えた部分はあったんじゃないですかね。試合前はとくに会話もなく、それぞれがそれぞれの気持ちと向き合ってたというか。

――リングに揃ったメンバーを見たとき、何か感じるものはありましたか？

あのときはひとりずつ入場したんですけど、選手のテーマ曲がかかるたびにお客さんがドッカンドッカン沸いていて、あれはうれしかったですよね！　僕は最後の入場だったんで、バックステージでお客さんと同じように「オーッ！」ってなってましたよ。最近のファンだけじゃなく、昔観てたよって人もドームに集まってくれたんでしょうね。あと、僕が驚いたのが藤波さんの真紅のガウンですよ。ライガーと龍が向き合って、その上に新日本のライオンマークの刺繍が入っていて、いやらしい話ですけど「いくらしたんだろう？」って（笑）。あの日しか着られないし、完全に藤波さんの心意気ですよね。そういうところがカッコいいし、肉体もとても66歳とは思えないし、最後まで僕にとってのアイドルでしたね。

――リングアナは田中ケロさんが務め、「1989年、『格闘衛星☆闘強導夢』で生まれた獣の神。同じく東京ドームで戦いの歴史に幕を下ろす。2020年1月4日、そのときは来た！」と選手を呼び込むと、「全国の、全世界のプロレスファンよ、プロレスを愛する者よ。いいか、よーく見ていろ！　これがライガー、最後の戦いだ！　ライガーの魂は決して消えない！　獣神サンダー・ライガー、11213日目の最終回。心に刻め、魂込めた60分一本勝負を行います！」と力のこもった前口上を披露しました。

「ときは来た！」って言葉はゾクゾクしますよね、昔の新日本を知ってる人は「これこれ！」って思ったんじゃないかな。ケロさんもしばらく新日本には上がってなかったですけど、僕はすごく仲よくさせてもらいましたからね。巡業先の旅館でも、だいたい僕はケロさんと同室だったんで、いろいろ話すじゃないですか。それもあってか、ケロさんが毎年のように出してた旅日記の本は、いいのか悪いのか僕のズッコケエピソードが多くて「俺のネタでもってる本だろ、少しは印税渡せ！」って思いましたけど（笑）。でも、最後は僕の引退に花を添えてくれてうれしかったですね。

――試合はライガーさんと佐野さんの宿命のライバル対決でスタートしました。佐野さんはいきなりトペ・

2020年1月4日、東京ドームで行なわれた引退試合Ⅰ。藤波、サスケ、タイガーはコスチュームやカラーなどでライガーへの惜別の気持ちを表した。

スイシーダを放って場内を沸かせましたね。

食らいましたねえ、でも、気持ちよかった！「あー、やっぱ佐野直喜だな！」って思いました。みんな、引退試合だからって一切手加減することなく、おもいっきりぶつかってきてくれましたね。大谷の顔面ウォッシュは効いたし、高岩のパワーも健在だったし、サスケは相変わらず勢いよく自爆してるし(笑)。ひさびさに新日本に上がった選手たちに注目は集まったと思いますけど、あの試合でミソだったのは、現在の新日ジュニアで活躍する田口とトラちゃんの存在だったんですよ。最後は僕がたぐっちゃんにフォールを取られましたけど、いまの新日本ジュニアのレベルの高さをお客さんはもちろん、一緒のリングに上がったOBにも伝えられたと思うし。たぐっちゃんは状況判断がすぐできる賢いレスラーなんで、あの試合のキーマンになってくれましたね。ただのノスタルジーに終わらないよう、きっちりと締めてくれましたよ。

――試合後、ライガーさんが音頭を取って8人全員で両手を挙げたシーンは壮観でした。

同じリングに立ってもらった選手と、ドームに集まってくれた昔のファン、そしていまのファンへの感謝ですよね。あの試合を通して、ジュニアの歴史を垣間見せることができたと思います。ただ、僕は終わったあとも気は抜けなかったですよ。翌日の試合も控えてるし、はたしてヒロム

引退試合Ⅰでライガーからフォールを奪った田口隆祐。田口にはライガーも絶大なる信頼を寄せている。

がチャンピオンとして僕の対角線に立つのかどうか、そんなことを考えてましたね。

「新日本ジュニアはやっぱりすごいな」

――そして1月5日、現役最後の試合として佐野さんと組み、ヒロム&リー組と対峙しますが、ライガーさんたちのセコンドには、若手時代に師事した藤原喜明さんがつきました。

師匠に見届けてもらえるなんてありがたいことですよ。藤原さんは僕が学生時代にやっていたレスリングにはない関節技を叩き込み、「プロレスラーはナメられちゃいけないんだ。何かあったときにすぐに出せる〝ナイフ〟を持つことが重要なんだ」と教えてくださいましたね。これはここ最近、人づてに聞いたことなんですけど、僕が新弟子の頃、道場の外で日光浴してた木戸修さんのところに藤原さんが近づいて、「今度入ったチビ、アレはおもしれえぞ。きっと強くなるよ」とおしゃってたそうなんですよ。これを耳にしたときはうれしかったですね！　この引退試合の前、藤原さんには「健康なうちに引退できて、オマエは幸せだよ」と言っていただいて、胸にグッとくるものがありましたよ。

――試合を振り返っていかがですか？　ヒロム選手は約束どおり、ＩＷＧＰジュニアヘビーのベルトを巻いて、ライガーさんの前に立ちはだかりました。ヒロム選手のお話では、ライガーさんのパワーボムで記憶が一瞬飛びかけ、とても引退するような選手の力じゃなかった、と。

いやいや、それはヒロムの社交辞令ですよ。ファンのみなさんにどう見えたかはわからないですけど、実際は僕がいくら攻撃しても吸収されるというか。それはリーに対してもそう思ったし、「新日本ジュニアはやっぱりすごいな」って体感しましたね。最後はＴＩＭＥ ＢＯＭＢで粉々にされて「決断は間違いじゃなかったな。これで思い残すことなく引退できるな」って。ヒロムたちも全力で叩き潰してくれて、僕としては１００点満点の引退試合です。こういうカードを組んでくれた会社にも感謝ですよ、チャンピオンと引退試合ができるなんて、なかなかないですから。自分で巻いた種ですけど、ヘンに僕が勝ったら辞められないことになってたし（笑）。

――ヒロム選手は試合後にＩＷＧＰジュニアヘビーのベルトを腰に巻くと、大の字のライガーさんに「あなたの作ってきたジュニアを頂点まで上げてみせます、約束します」とメッセージを送りました。

コッチは身体が痛くてボロボロだったんで、全部は聞き取れなかったですけど、心意気は伝わってきました。そういえば試合後のヒロムのバックステージのコメントを読んだら、「ライガーを超えられなかった」って言ってたみたいですけど、そりゃ超えられないですよ。僕だって藤波さんも佐山さんも超えてないし、単に超える超えないじゃないですよね。新しいものを作るか作らないかですから。いま、ヒロムは新しいものを作ってるわけで、そういう意味ではすでに超えてるとも言えますよ。

――ジュニアの象徴だったライガーさんのいないリングで、今度はヒロム選手たちが新たなジュニアの風景を作っていくわけですね。

ライガーっていうレスラーは、30年も新日本にいましたからね。ファンのみなさんもそうでしょうけど、僕も新しいジュニアが楽しみですよ。これからはヘンに探りながら観る必要もないし、フラットな目で、プロレスファンに戻ったような気持ちで追いかけたいですね。

――この試合後のバックステージでは、『獣神ライガー』の産みの親である永井豪先生から花束を受け取りましたね。自伝の下巻で対談していただいたとき、永井先生は「引退のときには花束を贈呈させてください」とおっしゃっていました。

そうそう。だから「会場に花を届けてくださるのかな?」くらいに思っていたら、実際に先生がいらっしゃったのでビックリしましたよ。じつはあの対談のあと、永井先生には何度か食事に

試合後、ヒロムの決意を大の字になって聞いたライガー。新日ジュニアの未来を託し、リングを下りた。

お誘いいただいたんです。自分が子どもの頃に観ていた『マジンガーZ』とか『デビルマン』の作者であり、世界的な大先生ですから恐縮ですよね。しかも僕は先生のご好意に甘えて、ライガーのマスクを好き勝手に扱ったわけですよ。色は変え放題だわ、破いて鬼神になるわ、自分が原作者なら「いい加減にしろ！」って怒るところですよ（笑）。でも、永井先生はその心の広さで、懐深く見守っていただいて。何度も言ってますし、何度でも言わないといけないことですけど、僕はライガーになったからこそ、ここまで現役でやってこられたので。もし素顔のままやってたら誰が応援するんだって話で、「引っ込め、オッサン！」ってモノ投げられてたと思いますよ（笑）。永井先生には幸い、引退後もマスクを脱がずに「そのままでいてください」とおっしゃっていただいたので、モノを投げられずに余生も過ごすことができるかなって（笑）。

――試合後のライガーさんのコメントで印象的だったのが、橋本真也さんのお名前を出されたことです。「天国にいる橋本真也選手に、俺もレスラー生活終わったよって言いたい」と語られていました。

彼はああいうかたちでレスラー生活を終えましたけど、僕の直近で現役を辞めたのって橋本くらいなんですよ。武藤と蝶野はまだ引退を口にしてないですから。そういう部分で報告したいというのもあったし。もちろん、僕にとって橋本真也っていうレスラーは特別な存在で、あの場には息子の橋本大地も来てくれてましたから、「橋本も大地がベルトを巻くようになって喜んでるだろうな」とか「『ライガー、おつかれさん！』くらい言ってくれてるのかな」とか思ったりもして……。まあ、アイツが一方的に僕を慕ってて、コッチは「うっとうしいな、コイツ！」くらいの気持ちだったんですけどね！（笑）

——ライガーさんは89年4月のデビュー戦について「試合には勝ったけど、東京ドームには負けた」とおっしゃってましたよね。

あのときは完全にドームに飲まれましたから。マスクを被って練習して、それなりに手応えも感じてたのに、いざ本番になったら息は上がるわ、記憶は飛ぶわで。素顔のデビュー戦よりもしんどかったです（苦笑）。ドームって空間が広いぶん、やりづらい会場ではあるんですよ。でも、最後の最後で、ようやくデビューした会場といい関係になれましたね。

Chapter.6

獣神のこれから

息子の涙

――東京ドーム2連戦の引退試合を終え、翌日の1月6日には大田区総合体育館で引退セレモニーが行なわれました。事前にライガーさんは「会社が泣かそうとしてるけど、そうはいくか！」とおっしゃってましたよね

花束贈呈の最後でカミさんとウチの坊主がリングに上がったときに、ちょっとウルッて来たんですよ。でも、坊主がギャン泣きしてるのを見たら、もうおかしくなっちゃって（笑）。カミさんに「コイツ、何泣いてんの？」って言ったら、「さあ？」って返すし（笑）。で、坊主の頭をこずいたら「ウッセー！」って強がるもんだから、自然と笑っちゃいましたよね。普段、彼は僕に対してかなり強気なこと言うんですよ。プロレスを観にきても、クッシー（ＫＵＳＨＩＤＡ）とかＹＯＨに声援を送って、ライガーにはブーイングを飛ばしてたらしいんで（苦笑）。だから、ちょっとあの姿は意外でしたね。それを見て僕の涙は引っ込んだんで、息子の涙に救われた部分があったんですけど、逆にアレでもらい泣きした人はいたみたいですね。ふと横を見たら、たなっちょ

2020年1月6日、大田区総合体育館で開催された引退セレモニーには、妻の千景さんと息子の貴光さんも出席。家族、そして母親へ感謝の言葉を述べた。

（棚橋）も天ちゃん（天山）も目を真っ赤にしてて。

――ライガーさんは息子さんをプロレスラーにしたいというお気持ちはなかったんでしょうか？

それはなかったですね。ひとりっ子だからかわからないけど、アイツは周りを押しのけてでもっていう闘争心がないんですよね。やっぱりレスラーは家を空ける仕事なんで、たまに会うとコッチも甘く接してたと思いますし。僕はよく、お子さんが生まれた人には「バカ親にはなっちゃダメだけど、親バカにはなったほうがいい」って言うんですけどね。これはまさに親バカと思われるかもしれないけど、ウチの坊主は口では生意気なことを言っても根が優しくて。だから、プロレス界に入ったら利用されるタイプですね（笑）。僕も向いてると思ったら勧めてるし、もし「やりたい」って言われたら「やめときな」って返してたでしょうね。でもまあ、僕が「プロレスは観るもんじゃない、やるもんだ」って言うと、坊主は「プロレスは観るもんで、やるもんじゃない」って真逆のこと言ってましたから（笑）。

猪木さんからのサプライズ

――花束贈呈のほかには、アントニオ猪木さんからのサプライズメッセージが寄せられました。猪木さんがオーナーの立場から離れて以降、新日本に登場するのははじめてのことですし、誰もが驚いたと思います。猪木さんは「次の世代に夢を贈れるようにがんばってもらいたいと思います。長いあいだ、ご苦労さん」とエールを送り、最後は「1、2、3、ダー！」の雄叫びで会場は大いに盛り上がりました。

いや、本当に恐れ多いですよ。僕、映像が終わった瞬間、思わず直立不動でモニターに向かって礼をしましたからね。猪木さんの体調が悪いことも知ってますし、メッセージをいただけるだけで感謝です。

――猪木さんからは「今度ゆっくりメシでも」と温かい言葉もありましたね。

猪木さんがお仕事で福岡にいらっしゃった際、僕にお電話くださったことがあったんですけど、そのときはタイミングが合わなくて。でも、これからは余裕もできると思いますし、ゆっくりお会いできたら光栄ですね。僕なんかでよければいつでもお話させていただければと思っています。

——ライガーさんは猪木さんの付き人をされて、多くのことを学ばれたそうですが、とくに心に残っているのは？

いろいろあるなかでも、やっぱり「川はいくつにも分かれるが、最後は海に流れつく」という言葉には感銘を受けましたね。まさに僕の引退試合がその言葉を表しているというか、新日本を旅立っていった人たちが一堂に会して。「やっぱり、猪木さんの言葉はすごいな」ってあらためて思いましたよ。これは最近聞いたことなんですけど、まだ僕が素顔の頃、道場で若手に厳しく当たりすぎるということで、会社で問題になったらしいんですよ。「アイツをクビにするかどうか」という話にまでなって。そのときに猪木さんが「いや、山田はよく練習してる。アイツは新日本に残そう」と言ってくださったそうで、それを聞いたときはうれしかったですね。そんな僕を救ってくれた猪木さんとパラオに行ったときに、お客さんもいるのにケツを出してはしゃいで激怒させちゃってるんで、やっぱり劣等生ですよ（笑）。

——でも、その猪木さんが創られた新日本で、現役として歴代でもっとも長く在籍したのがライガーさんなんですよね。

僕がずっと住んでる野毛の寮も、もともとは猪木さんが旗揚げされるときにご自宅を改築され

1月6日のライガー引退セレモニーに寄せられたアントニオ猪木からのビデオメッセージ。

元気ですかー！

元気を売り物にしてきたけれども、俺もう身体がボロボロなんだけど。

世の中全体もちょっと元気をなくして、そんななかで何年になるのかな？　ライガーは。平成元年？　31年よく頑張りましたね。

ああいう衣装をつけたのも、当時はいろんな人間がいろんなアイデアを出し合って、これでいこうあれでいこうとか。

そんななかで、ライガーという当時としても非常に面白いキャラクターで頑張ってきたのでね。

引退っていうとちょっと寂しい気もするけど、逆にまた新しい時代へ踏み出す第一歩ということでね。

一回ゆっくり、もう俺も酒が飲めなくなっちゃったんだけど、美味しいものを食べながらね。

また若い人たちに次の世代に夢を贈れるように、頑張ってもらいたいと思います。長いあいだ、ご苦労さん。

では例のやつで、大丈夫かな？　ちょっと俺もね、気合い入れないと最近できなくなってきた（苦笑）。

じゃあいいですかね。いくぞ！　1、2、3、ダー！

たものですからね。言うなれば猪木さんの家にお世話になり続けているというか。最後には温かいメッセージまでいただけて、僕は本当に幸せ者ですよ。

――最後のライガーさんからのメッセージでは、「お母ちゃん、頑丈な体に産んでくれて、本当にありがとう」という、会場に来ていたお母さまへの感謝の言葉も印象的でした。

あれはプライベートなことだし、ちょっと言うかどうかは直前まで迷ったんですよ。それこそ自分が泣いちゃうと思って。でも、母親にはずいぶん苦労をかけましたし、わざわざ広島から親兄弟が出てきてくれたんで、その思いを伝えました。元気な姿で最後まで走ることができたのは、お腹を痛めて産んでくれた母親のおかげなので。まあ、僕が言うのもなんですけど、引退ロードの最後の3日間は上出来だったと思います。ご協力いただいたみなさんに、ただただ感謝ですよ。

僕は40年近く新日本にいますけど、会社もいまがいちばんいい状態で、選手同士もまとまっていて。そういう時期にあんな大舞台でたくさんのお客さんに見守られながら現役生活を終えられるのは、本当に恵まれてると思います。セレモニーも最後は、さっきまで泣いてたたなっちょ（棚橋）が、今度はニヤリと笑って音頭を取って、会場中で『怒りの獣神』を合唱してくれて。まさか自分のキャリアの最後にリング上で歌うとは思わなかったですけど、あれもライガーっぽくてよ

引退セレモニーの締めは棚橋の音頭による『怒りの獣神』大合唱。観客も一緒に歌うという、前代未聞のセレモニーとなった。

かったんじゃないですかね。

佐野さんらしい引退発表

――多幸感に包まれたすばらしいセレモニーとなりましたが、その翌日の1月7日、佐野さんが自身のSNS上で引退を発表されました。そこには「ライガー選手の引退試合に出場させていただいたこと本当に感謝いたします。そして私ごとですが今回かぎりで現役を卒業し、〝焼肉巧真〟のオヤジとしてがんばって参ります」と記されていました。この本にはライガーさんと佐野さんの対談も掲載されますが、収録を行ったのはセレモニー当日で、そのときに佐野さんは自身の引退については何も話されていなかったんですよね。

佐野さんらしいですよ、最後の最後まで僕を立ててくれて……。いや、本当に寝耳に水で驚きましたよ。道場でパソコンを見てたら「佐野引退」って出てきて、「ハッ？　引退は俺やろ！　この記事、間違ってるよ！」って思って読んでみたら、会見もやらずにSNSでヒッソリと発表したみたいで。あの対談のあと、佐野さんとはまだ話してないんですけど、今度またカミさんを連れて京都の焼き肉屋に行ってきますよ。佐野さんも無口な人だし、おそらく会話もそんなに弾まないとは思うんですけど、もはや言葉はいらない関係なのかなって。ヒロムも佐野さんの引退を知って驚いたみたいで、京都のお店に花束を贈ったみたいですね。アイツもニクいことしますよね。

「ああ、俺はもうレスラーじゃないんだな」

――新日本プロレス入門から約37年におよぶ現役生活にピリオドを打ちましたが、いまの率直な気持ちは？

まだ、引退して日も浅いこともあって「これで終わりだ」っていう感じでもないんですよね。いまはただただ安堵というか。試合をはじめ、やらなきゃいけないことがいっぱいあったなか、おかげさまで滞りなく終わることができてホッとしてますよ。１日に5件取材が入った日もあったし、「コレ、55歳のスケジュールじゃねえよ。引退するのに新弟子並みの仕事量だな！」って思いましたから（笑）。それだけ気にかけてもらえたってことなんで、ありがたかったですし、とにかく悔いの残らないように突っ走ろうと思いましたね。天龍（源一郎）さんが「復帰したらみっともないだろ？　だから、腹いっぱいになったら引退すればいいんだよ」と言われてましたけど、この1年で十分、腹いっぱいになりましたよ（笑）。

――これから少しずつ引退の実感が沸いてくるのかもしれませんね。

うん、これから来るでしょうね。いまは引退したばかりでメディアに取り上げてもらってますけど、これからは僕の記事もなくなってくるだろうし。あとはみんなが巡業に行って、自分だけ道場に残っているときに「ああ、俺はもうレスラーじゃないんだな」って寂しくなったり。人間だから「もういっぺん、リングに上がりたいなあ」って思ったりするかもしれないし。ただ、誰かが魔法をかけて20代の身体にしてくれないかぎり、僕が復帰することはないので。でも、今後もプロレスには関わっていきたいと思ってます。

――今後のビジョンについて伺いたいのですが、このまま道場にはいらっしゃるんですよね？

そうですね、とりあえずは。いきなり福岡の家に戻ったらカミさんがノイローゼになっちゃうかもしれないんで（笑）。もともとカミさんとは遠距離恋愛で、それがずっと続いているような感覚なので、このくらいの距離感がちょうどいいのかなって思いますね。我が家の平和のためにも（笑）。まあ、これからの活動については会社と相談しながらですけど、大会中継の解説以外だとプロモーションとか、いわゆるプロレスを広めるための広告塔みたいな役割が増えるんじゃないですかね。プロレスを全然知らない人でも「あのマスク、どこかで見たことある」くらいの認知度があるとは思っているので。いまのところ、メディアからは「フルコスチュームで来てください」っていうオファーが多いので「もう着ることもないなと思ったら、ちょくちょく袖通すなあ。処分しなくてよかった」って(笑)。もう少ししたら、そういうオファーも落ち着いてくるのかなとは思うんですけど。

新弟子の相談部屋

——メディア出演以外で、何か考えられていることはありますか?

これまでの僕は神輿に例えたら担がれているほうだったのが、これからは立場が変わって、みんなを担ぐ番になるわけで。そのなかで自分に何ができるんだろうって考えたときに、いろんな面での新弟子のケアなんじゃないかなって、ふと思ったんですよね。どういうことかというと、いまも昔も新日本は新弟子が入ってきても、厳しい練習や雑用で挫折して夢半ばで辞めていくわけですよ。そういうなかで、たとえば相談できる人間がいたら、また違うんじゃないかなって。

あきらめて故郷に帰る前に、誰かのアドバイスによって留まる新弟子もいたかもしれない。これまでは基本的に「プロレスは厳しい世界、辞めるヤツは辞めればいい」っていう方針でしたけど、いまは時代も違うんだし、レスラーは新日本プロレスにとっても財産だから変えていかなきゃいけないのかなって。いわば、新弟子は団体にとって貯金みたいなものですから。

――団体の未来を考えているわけですね。

時代は変わりますよ。昔は「山田は若手に厳しすぎる」って問題になった男が、いまは引き留め役の重要性を感じてるんですから（笑）。これは今後の会社との相談次第ですけど、けっこう大事なポジションになるような気はしてます。これからは自分の好きだった新日本プロレスに、違ったかたちで貢献できたらなって思いますね。

――最後にライガーさんを応援してきたファンのみなさんに、あらためてメッセージをお願いします。

もう、ただただ感謝しかないです！　どんなスポーツの選手でも引退するときに「ファンのみなさんの声援に支えられてがんばってこられました」って言うじゃないですか？　アレ、やっぱ本当ですよ。いま、それをシミジミと実感してます。レスラーも生身の人間なんで、正直しんどいなってときもあるんですけど、入場の扉が開いてファンの声援が聴こえたら、一気にスイッチ

引退後、合宿所のライガー部屋にて。

が入るんです。みなさんの声がレスラーにとっていちばんのエネルギーであり、支えになるんです。だから、レスラーたちに熱い声援を送ってもらいたいですし、僕も「うるさい！」と思われても放送席で「スゲー！」って声を張り上げると思います（笑）。僕のレスラー人生は仲間やライバルに恵まれて本当に充実したものでした。どれだけキャリアを重ねても、プロレスの奥深さや魅力は計り知れないものでしたし、引退したいまも、たなっちょやカズチカ、ヒロムたちの試合に夢中です。その大好きなプロレスを、これからもファンのみなさんと一緒に盛り上げていきたいですね！

Special Interview

［インタビュー］

高橋ヒロム

「ライガーさんは、かっこよすぎるんですよ。ずるいくらいに」

収録日 2020年1月8日

高橋ヒロム（たかはし・ひろむ）

1989年12月4日、東京都出身。2010年8月にデビュー。13年6月からイギリス武者修行に出発 。14年1月 、メキシコCMLLにマスクマンのカマイタチとして参戦 。16年4月からはアメリカROHを中心に活動し 、11月に新日本マットに凱旋。17年の1.4東京ドームでKUSHIDAから初挑戦でIWGPジュニアヘビー級王座を奪取。18年には『BEST OF THE SUPER Jr.』初優勝。しかし、同年7月にドラゴン・リー（現リュウ・リー）との王座防衛戦で首を負傷し長期欠場。19年12月に復帰を果たすと、20年の1.4東京ドームでウィル・オスプレイを下してIWGPジュニアヘビーを戴冠。171cm、88kg。

小さい人間が大きい人間に向かっていく姿はプロレスの醍醐味

――ヒロム選手は以前からライガーさんへの深い思い入れを公言されていますが、プロレスファンの頃はどのようにご覧になっていたのでしょうか？

ヒロム　俺がプロレスを観るようになったのは中一のとき、2002年の『G1 CLIMAX』の蝶野正洋さんと髙山善廣さんの優勝決定戦がきっかけなんですけど、当時はまだプロレスにはヘビーとジュニアがあるということを意識してなくて。その後、ライガーさんが東京ドームで杉浦貴さん（プロレスリング・ノア）に勝った試合を観てから、ジュニアに興味を持ちはじ

2004年1月4日の東京ドーム大会で、杉浦貴の持っていたGHCジュニアヘビー級王座を奪取。ノアの外敵として暴れ回った時期もあった。

めました。

――2004年1月4日のGHCジュニアヘビー級王座戦ですね。

ヒロム　その試合がまさに潰し合いというか、「スゲーな、このマスクマン!」と思って、獣神サンダー・ライガーについて調べてみたんです。そうしたら、そのとき中三だった自分と身長がそんなに変わらなくて「ヘッ!?　この人、こんなに小さいの?」と衝撃を受けて(笑)。そこで自分と重ね合わせて、一気にジュニアの世界に引き込まれました。

――まさに等身大のヒーローというか。

ヒロム　当時のジュニアはライガーさんを中心に金本浩二さんや田中稔さん、タイガーマスクさんたちが激闘を繰り広げていて、ゴツゴツしたぶつかり合いもあれば、華麗な空中技も飛び出して。とくにライガーさんはマスクマンなのに感情がドンドン伝わってきますし、「なんておもしろいんだ、ジュニアって!」って思いました。そのなかで、ライガーさんが『G1』に出場したときの映像で、はじめて上半身のコスチュームを脱いだ姿を目の当たりにするんですけど「この人、バケモンだな!」って、そこでまた衝撃を受けて(笑)。自分と同じくらいの身長なのに、こんな身体の人間が存在するんだって、本当にビックリしたんですよね。

――バトルライガー仕様の姿に驚いた、と。

ヒロム　そのライガーさんや金本さんの『G1』での試合を観て、「小さい人間が大きい人間に向かっていく姿はプロレスならではの醍醐味だな」

ライガーがはじめて『G1』に出場したのは2000年の第10回大会。高岩竜一と共に初のジュニア戦士出場だった。2001年、2006年にも出場している。

と思ったんです。ほかの格闘技はボクシングにしろK－1にしろ、階級がわかれてるのに、プロレスだと俺と同じくらいの身長の人が190センチ以上ある選手と戦っていて、その姿が格好よくて。やられてもやられても立ち上がって、最後に勝ったときの瞬間は「よっしゃー！」って大興奮でしたね。それで「自分もジュニアとして一生戦いたい！」と思うようになって。

——ヒロム選手がレスラーを目指すきっかけになったんですね。

ヒロム　ライガーさんがヘビーに勝って、感情を爆発させて喜んでる姿が本当に気持ちよさそうなんですよね（笑）。2001年の『G1タッグリーグ』でライガーさんが西村修さんと出場したときに、蝶野正洋&ジャイアント・シルバ組に勝ったあとのインタビューで、うれしくて笑いが止まらなくなってるのを観て、「この人は感情をおもいっきり出せる人なんだな」と伝わるものがあって。

——そのあたりは、いまの感情をさらけ出すヒロム選手の姿に通ずるものを感じます。

ヒロム　ああ、どこかで意識してたものが、ナチュラルに出てるのかもしれないですね。ライガーさんはリング以外でも感情表現がすごいというか、たとえば喜んでる姿を見ると、コッチまで笑顔になるんですよ。それってなんかすごいなあって。そういうふうに思った選手はほかにはいないですね。

——ファン時代にライガーさんの試合で印象深いものは何がありますか？

ヒロム　興味を持ってからは過去の映像もいろいろ観て、1992年の『トップ・オブ・ザ・スーパージュニア』優勝決定戦のエル・サムライ戦や、ジュニア8冠王者だった頃の試合も好きですし、ヘビーでは橋本真也さんやグレート・ムタと戦った試合も印象に残ってます。でも、いちばんは2000年の1・4東京ドームで、金本さんを秒殺した試合ですね。「ウソだろ？　あの金本さんを相手にあんな試合ができるんだ」と衝撃的で。

——あのときはライガーさんがIWGPジュニアヘビーの防衛戦で、わずか3分30秒で金本選手に勝利し、ドームがどよめきに包まれました。

ヒロム　いまだから言いますけど、俺が両国国技館でIWGPジュニアヘビーの防衛戦で、K

2000年1月4日の東京ドームでは、金本浩二をブラック・ライガーが秒殺。

USHIDAさんに2分足らずで勝った試合（2017年4月9日）は、完全に東京ドームのライガーvs金本を意識したんですよ。好勝負とか考えず、一方的に叩き潰してやろうと。そうしたらKUSHIDAさんも短期決戦を仕掛けてきて。短い時間で決まりましたけど、あの試合は「ハマったな」という手応えがありましたね。

――そこもライガー選手の影響を受けていたわけですね。

ヒロム　俺にとってライガーさんは特別な存在ですね。ファン時代もそうですし、それは入門してからも。

「オメー、一回済んだことをいちいち言ってんじゃねえ！」

――ヒロム選手は2009年、2度目の入門テストに合格し、新弟子生活がはじまりますが、ライガーさんとの初対面は覚えていますか？

ヒロム　入門して少し経ってからでしたね。ツアーがはじまる前、ライガーさんが福岡から道場に戻られたときにはじめてお会いして。その上半身のデカさに驚きつつ、「新しく入門させていただきました。高橋広夢と申します。よろしくお願いします」と挨拶したら、「おっ、がんばれよ！」って大きな声で返してくださって。「あ、この人、普段からリング上のままなんだな」って思いました。ちなみに俺が入門して、最初に挨拶したのは長州力さんなんですよ。でも、「いいから、向こう行け」って言われて、「失礼しました!」と返事をしつつ心が折れそうになりました(苦笑)。

——よく、新弟子は最初は名前で呼ばれないと聞きます。

ヒロム ライガーさんは関係なく、すぐに呼んでくれましたけど、新弟子はいつ辞めるかわからないので、最初の3か月くらいは先輩がたの当たりも強いというか、もちろん名前で呼んでくれない人もいました。ただ、そういう厳しい世界だと覚悟はしてたので。

——多くの選手が、新弟子時代にライガーさんの逆鱗に触れたそうですが、ヒロム選手の場合は?

ヒロム それはご多分に漏れず(笑)。よく、ライガーさんは瞬間湯沸かし器って言われてますけど、入門してすぐにそれを実感しましたね。「広夢ー! 吉橋(YOSHI-HASHI)、どこだー?」って聞かれたときに、「すみません、たぶん、シャワーを浴びられていると思います」って答えたら、「〝たぶん〟ってなんだ、テメー!?」って言葉と共に恐ろしい目に遭いました(苦笑)。それ以来、〝たぶん〟っていう言葉を使うのはやめようと思いましたね(笑)。

——ライガーさんからしたら「探してきますって答えるのが普通だろ!」ということですよね。

ヒロム 俺はあのとき、YOSHI-HASHIさんがシャワーを浴びてるのを知ってたんですけど、謎の〝たぶん〟をつけてしまったんですよね（苦笑）。俺も社会経験もないクソガキでしたし、先輩への口の利き方がなってなかったんでしょうね。このときは、あとであらためてライガーさんの部屋まで「先ほどは本当に申しわけございませんでした」って謝罪に行ったんです。そうしたら、「オメー、一回済んだことをいちいち言ってんじゃねえ！　あの場で終わっただろ!!」ってまた怒らせてしまって（苦笑）。ライガーさんってブチ切れても、その場だけなんですよね。だから瞬間湯沸かし器というか、極端な話、5秒後にはもとに戻ってるんですよ。

――険悪な感じを引きずらないわけですね。

ヒロム　そこもすごいと思いますね。ふつうだとしばらくは気まずい雰囲気になると思うんですけど、ライガーさんはまったくそんなことがなく、一回怒られたあとは普段どおりに接しなくちゃダメで。俺は早い段階で怒られたことで、ライガーさんの扱いかたというか攻略法を理解しましたね（笑）。

――練習でのライガーさんはいかがでしたか？

ヒロム　自分たち新弟子が午前10時から練習開始で、ライガーさんもだいたい同じくらいに道場に入られるんです。ライガーさんはご自分の練習をされてるんですけど、同じ空間にいるだけで緊張感があるというか、ピリピリするんですよね。毎日、「ライガーさん、今日の練習は夜にしてください、お願いします！」ってお祈りしてました（笑）。でも、そんな祈りが通じるわけはなく、常にライガーさんは朝から練習されてましたね。しかも集中力が途切れることなく、重いウエイトを使って大きな声を出しながら自分を追い込むわけですよ。あれだけの身体の理由というか。単にバキバキじゃなく、やっぱりパーツがデカいんですよね。いまは絞り込んだアスリートタイプの選手も少なくないですけど、俺はライガーさんのような昔ながらのレスラー体型のほうが好みですね。まあ、いろんなレスラーがいるからおもしろいと思うので。

――ライガーさんから指導を受けることは？

ヒロム　新弟子の練習で気になった点があれば教えてくださいました。デビュー前にドロップキックを何百発とやったこともありましたし。飛べなくなってきても、受身の取り過ぎで額から血が出ても「もう一回だ！　もう一回いけー！」と。あと、試合形式のスパーリングを、延々とやったこともあります。5分のタイマーが鳴るごとに、ライガーさんの前で〝スライディング正座〟をして「どうでしたでしょうか？」とお伺いを立てるんですけど、「オマエ、お客さんの前でそんな試合すんのか？　もっと潰しあえ！　感情を出せ！」と言われ、顔面ボコボコ、血だらけになりながらスパーを続けて。

――ライガーさんはアントニオ猪木さんや藤原喜明さんの教えを受けたかたですし、指導を受けていて「これが新日本だ」と思うことは？

ヒロム　当時はそんな余裕はなかったですけど、いまはそう思います。あの厳しい指導のおかげで、いまがあるというか。あのとき、練習に食らいついたからこそ、引退試合の相手に選んでもらえたのかなって、勝手に思っちゃいますね。

当時、ライガーさんに「オマエ、なんか金本っぽいな」って言われて、金本さん本人にも「俺の若手の頃に似てるな」って言われて、うれしかったのを覚えてます。

逆モヒカン事件

――ライガーさんというと、私生活ではいたずら好きでも知られていますが。

ヒロム　一番困ったのは、ライガーさんがスキンヘッドにされる前後のときですね。2010年頃だったと思いますけど、ライガーさんがある日、頭頂部だけを刈って、真顔で寮の階段を降りてきたんですよ。しかも、よく見ると頭の上にチョコンと毛が貼り付けられてて、「サザエさん」の波平さんみたいなヘアスタイルで（笑）。俺含め、その場にいた新弟子はみんな立ち上がって「お疲れさまです！」って挨拶するんですけど、そのライガーさんの姿を見て「これはどっちだ？　笑っていいやつなのか、それとも……？」って悩むという（苦笑）。でも、さすがにギャグだろうと思ってたら、ライガーさんもニヤッとされたんで「どうされたんですか、その髪型？」ってツッコんだら、「いいだろ、コレ？　おもしろいだろ」と、その場は笑いに包まれました（笑）。

――ライガーさんのマスク姿が自毛ではなくなった裏側で、そんなことがあったんですね（笑）。

ヒロム　話はこれで終わらないんです、問題はその次の日で。ライガーさん、今度はホーク・ウォリアーみたいな逆モヒカン頭で降りてきたんです（笑）。そこでまた「エッ……、今度はどっちだ!?」って悩んでたら、ライガーさんはニヤッともせず、そのままキッチンに行かれたので、若手たちは「これはマジなやつだ、絶対に笑うなよ！」って小声で示し合わせて（笑）。で、ライガーさんから「これ、似合うか？ 昨日はアレだったけど」って言われたときに「やっぱりマジだったのか、笑わなくてよかった」と思いながら、「すごくカッコいいと思います！」と、まったく心にもないことを口にしました（笑）。そうしたら、ライガーさんが「そうか？ じゃあ、これでいいか」って、そのまま外出したんですよ。

――え、逆モヒカンのままですか？

ヒロム はい、帽子もかぶらずに。俺らも驚いてたら、小林邦昭さんが「ライガー、外に出かけたのか？ 高橋、ヤバいだろ、アレ」って（苦笑）。しかも近所じゃなくて遠出だったみたいなんですよ。ちゃんとした服装でしたし、帰ってこられたのが夜で。そのままライガーさんの逆モヒカンは続いて、寮生はハラハラしてたんですけど、一週間くらい経ったらスキンヘッドに落ち着き、みんながホッとしたっていう（笑）。

――スキンヘッドにしたきっかけがあったんですか？

ヒロム ライガーさんの息子さんがお父さんに「いい加減やめてくれ、恥ずかしい」と言ってくれたらしいです。ライガーさんからは後日、「ウチの坊主に似合ってないって言われちゃったよ。オマエたちもそう思ってたんなら、ちゃんと教えてくれよ〜」と（笑）。まあ、コッチも雲の上のライガーさんに「やめたほうがいいですよ」とは言えないので、その危機を救ってくれた息子さんには感謝ですね（笑）。

——もっと逆モヒカンの時代が続いたかもしれない、と（笑）。

ヒロム　で、スキンヘッドになったらなったで、頭を丸めた新弟子が先輩に「私、●●と申します、よろしくお願いします」って挨拶するときに、すかさずライガーさんが駆け寄ってきて、その横にならんで「新しく入った山田と申します！　よろしくお願いします！」って言うんですよ（笑）。

——新弟子のフリをする、と（笑）。ほかに巡業中の出来事などありますか？

ヒロム　ライガーさんは移動バスの席がいちばん前なんですよね。で、北海道を移動しているときに、巡業の後半だったので、みんな疲れて眠ってたんです。そうしたら、ライガーさんがいきなり大声で「ウォーッ!!」って叫んだんです。「オマエら、外見ろ！　キタキツネがいるぞ、珍しいぞ！」と言われたので、みんなもパッと窓を開けるんですけど、そこにいたのはキタキツネじゃなく、おじさんが秋田犬を散歩させてるだけなんです。要するにライガーさんとしてはギャグのつもりなんですけど、みんな疲れてるんで、ただ黙って窓を閉めるっていう（笑）。

——ライガーさんも寂しかったでしょうね

（笑）。

ヒロム あと、リング屋さんのトラックが横に並ぶと窓を開けて、パンツを脱いでケツを向けたり（笑）。そうやって捕まってもおかしくないことをして、楽しませてくれましたね。

――ライガーさんがパラオに行かれたときに、同じようにケツを出してはしゃいで、猪木さんが「俺のお客さんもいるのに、アイツは何やってんだ」と激怒したという話を聞いたことがあります。

ヒロム 出したがるクセがあるんですかね（笑）。でも、本当にふだんの生活から豪快というか、昭和のレスラーという感じがしましたね。俺はそばで見させてもらって、おもしろかったです（笑）。

「〃イニシャルK〃と戦いたい」

――これまでのライガーさんとの試合について振り返っていただきたいのですが、ヒロム選手はヤングライオン時代にも対戦されてますよね？

ヒロム チャレンジマッチみたいなかたちで何度か試合してると思うんですすけど、当時は先輩と戦っても余裕がなかったですし、正直あまり覚えてないです。ライガーさんに関しては、とにかく叩き潰された記憶しかないです。

――ヒロム選手は２０１３年、『ベスト・オブ・ザ・スーパージュニア』に二度目の参戦を果たしたとき、その初戦（5・24後楽園）の相手がライガーさんでしたね。

ヒロム　俺がライガーさんの握手を拒否して突っかかっていったら、いきなり場外で垂直落下式ブレーンバスターをやられた試合ですね。「俺みたいな若手に、こんな技仕掛けてくるんだ」って驚きましたし、あそこで意識が飛びかけたんですけど、必死に食らいついていって。そう考えると、『スーパージュニア』でライガーさんとやった試合はどれも印象に残ってますね。

――ヒロム選手が凱旋して最初に出場した2017年の『スーパージュニア』は、ライガーさんにとって最後のエントリーとなりました。そのときの5・18後楽園で、ヒロム選手は初のライガー超えを果たして。

ヒロム　あの勝利はマジでうれしかったです。しかも2013年の『スーパージュニア』と同じく、試合がはじまってすぐに場外で垂直落下式ブレーンバスターをやられたんですけど、このときは耐え切ることができて。獣神サンダー・ライガーに勝ったという事実は、自分にとってはめちゃくちゃデカかったですね。「『スーパージュニア』を卒業する人、全盛期をすぎた人に勝って、喜んでいいのかな?」とも思いましたけど、俺のことを潰しに来てるライガーさんに勝てたのが、本当に感慨深かったです。

――少年時代の憧れの存在に勝利したということですものね。

ヒロム　はい、勝った瞬間に完全に少年時代に戻りましたから（笑）。で、そのあとに俺は「〝イニシャルK〟と戦いたい」って言い出したんですよね。けっこう、金本さんっていう声も多く

2013年5月24日の後楽園ホールでの『ベスト・オブ・ザ・スーパージュニア』で、ライガーに潰されたヤングライオン時代のヒロム。

て、内藤さんからも「金本さんでしょ?」って言われたんですけど……。

――ヒロム選手は2019年3月にライガーさんに対戦表明した直後、イニシャルKの正体が〝鬼神ライガー〟だと明かしました。

ヒロム　やっぱり、怖いライガーと向かい合いたいと思ったときに、いちばんわかりやすいのは鬼神ライガーだな、と。本人にも伝わればと思ったんですけど、俺がイニシャルKと言ってたこと自体、知らなかったみたいですね（苦笑）。俺が戦いたいのもあったんですけど、むしろファンの人にも最後にもう一回、鬼神ライガーを見せたいなっていう思いが強かったんですよね。まあでも、最終的には鈴木みのるさんとの抗争のなかで登場したじゃないですか。

――9・22神戸の6人タッグでライガーは鬼神の姿となり、鈴木選手を圧倒しました。

ヒロム　あれを観たときによかったなと思いましたし、「鬼神は俺との試合で出るべきじゃなかったんだな」と感じました。鬼神ライガーがはじめて出現した神戸（1996年10月20日、vsグレート・ムタ）で、最後に登場したのも運命なのかなって思いますし、あの瞬間に俺のなかではイニシャルKは、何もわだかまりなく完結しました。

アメリカで実感した「世界の獣神」の本当の意味

――以前、ライガーさんが海外遠征に行ったときに、現地で修行中だったヒロム選手といろいろプロレスについて話す機会があり「感覚が昔のレスラーに近いと思った」とおっしゃっていました。

ヒロム　ああ、「レスラーとはどうあるべきか」という話をしましたね。そうやってプロレスのことを話したのは、あのときがはじめてだったと思います。俺がメキシコに半年行って、最後にアメリカに立ち寄ったんですけど、そのときに3日間くらい、ライガーさんとふたりで行動したんですよ。きっと一緒に食事をしながら「自分は帰国したら、こういうかたちでやりたいです」とかプロレス論的な話になったんだと思います。たしかにライガーさんから「オマエは考えかたが古風だなあ」みたいなことを言われた覚えはありますね。

――凱旋帰国直前に、そういう機会があったんですね。

ヒロム　そのときのアメリカで、俺はあらためてライガーさんのすごさを知ったんですよ。試合会場がド田舎にあって、「この街、人いないじゃん。今日の興行は大丈夫なの?」って思ってたら、ライガーさんが出るってだけでフルハウスになって。で、ライガーさんのテーマ曲が鳴った瞬間、お客さんが総立ちで拍手なんですよ。試合では「サンキュー、ライガー!」っていうコールまで巻き起こって。あれはちょっと圧巻でしたね。

――ビッグネームとしてのすごさを目の当たりにした、と。

ヒロム　〝世界の獣神〟って言われてますけど、その意味がよくわかりました。全然大げさな話じゃないんだなって。日本人のレスラーで〝世界の〜〟なんてキャッチフレーズがシックリ来るのって、ライガーさんくらいじゃないですかね。あと、俺はそのときのアメリカ遠征で、ライガーさんと同じベッドで一緒に寝たこともあって（笑）。

――それはどういうシチュエーションで？

ヒロム　ホテルじゃなく関係者の家かなんかに泊まったら、ベッドが一個しかなかったんです。俺は当然譲るわけですけど、ライガーさんが「いいよ、オマエ。床なんかで寝たら背中とか腰を痛めるから、ちゃんと寝ろよ」って。あの人は後輩に対しても、そういうことが言えるんですよね。俺が「いえいえ、俺なんか」って言うと、「そんなこと言うな。同じ選手なんだし、オマエはこれから新日本を背負う人間なんだから。明日も試合なんだから、プロとしてコンディションを整えないと。エッ、俺と寝るのがイヤなの？　大丈夫だよ、そういう趣味はないから（笑）」って言ってくださって、俺も「失礼します！」とベッドインしました（笑）。異国の地だからこそというか、それもいい思い出ですね。

――後輩を尊重するという意味では、ライガーさんが天山選手と会話をされているときに敬語交じりだったのが意外に感じたので、そのことをご本人に伝えると「天山選手は新日本を支えきたわけだし、ある程度のキャリアを重ねたら後輩とか関係ないですよ」とおっしゃっていて。

ヒロム 世界レベルで見てもライガーさんより功績のある選手なんて思い当たらないのに、偉ぶるとかが一切ないんですよ。そういう姿勢もリスペクトに値しますね。

「俺とオマエのライガーさんへの思いは、一緒じゃねえからな！」

――ヒロム選手はライガーさんが2019年3月7日に引退会見を行なった際、長期欠場中ながら対戦要求のメッセージを送っていますが、あらためてあのときの気持ちは？

ヒロム あの日はふつうに会見を『新日本プロレスワールド』（オフィシャル動画配信サイト）で観てたんですけど、ライガーさんが引退を発表したときは「ウソだろ!?」って動揺しました。そのあとすぐに思ったのが、俺は2018年7月7日にドラゴン・リー（現リュウ・リー）を相手にIWGPジュニアヘビーを防衛したあと、首のケガでベルトを返上したわけですけど、「もしあのまま防衛を続けていたら、俺がライガーさんにタイトルマッチで勝って、引退を決意させてたんじゃないか？」ということで。

――ライガーさんは2019年3月6日に石森太二選手のIWGPジュニアヘビーに挑み、敗れた翌日に引退を発表しました。引退自体は以前から考えていて、あの王座戦がひとつのきっかけとなったそうです。

ヒロム そのきっかけが自分じゃないことに悔しさがありました。でも、「いや、待てよ。じゃあ、引退試合は誰とやるんだ？」と思ったんです。そこで「タイトルマッチで当たらなかったからこそ、逆に引退試合で向かい合う運命なんじゃないか？」とプラスに考えて、会見場所にいた東スポの記者の方にSNSで「いま欠場中なんですけど、ライガーさんとやりたいですと伝えてください」とメッセージを送ったんです。ただ、引退試合の相手はライガーさんが選ぶものですし、そのときは「とにかくどこでもいいから、獣神サンダー・ライガーと最後にやりたい！」という思いが強かったですね。

――ライガーさんはヒロム選手の要求に対し、「まずは早くリングに復帰してもらいたい」と返答しました。

ヒロム　あの時点では、5月の『ベスト・オブ・ザ・スーパージュニア』に出場するつもりでしたし、ドームの引退までには間に合うなと思ってました。ただ、万全な状況ということで12月の復帰となり、結果的に1月の引退試合で向かい合うことになって。

――1・5東京ドームの引退試合決定までの経緯を時系列で追うと、まず2019年の10月15日にライガーさんの1・4東京ドームの引退試合が発表されました。一方のヒロム選手は11月3日の大阪府立体育会館で復帰を宣言し、その翌々日に1・4東京ドームでウィル・オスプレイ選手のIWGPジュニアヘビー級王座に挑戦することが決定します。そして、12月8日の広島グリーンアリーナ大会で、リー選手がビデオメッセージでライガーさんに対戦をアピールすると、ライガーさんは「戦いたい人がもうひとりいます。首のケガから復帰したばかりの、あの選手です。なんならふたりまとめてかかって来い！」と宣言。それを受けて、翌日に1・5東京ドームでライガー&佐野直喜vsヒロム&リーが発表されました。

ヒロム　そのときは「きっと人の運命って生まれた瞬間から決まってんだな。うまいことできてんだな」って、ちょっと感じ入るものがありましたね。ただ、それと同時にリーに対して最初は「なんでオマエがきっかけで、獣神サンダー・ライガーの最後のカードが決められなきゃいけないんだ？　俺とオマエのライガーさんへの思いは、一緒じゃねえからな！」という、ひねくれた思いもあって。

――ヒロム選手としてはシングルで戦いたかった、と？

ヒロム　可能であれば、そう思ってました。でも、ライガーさんが選んだカードならば何でもいいという気持ちでしたし、もし高橋ヒロムの名前が出てこないんだったら、自分はそれまでの人間だなってあきらめもついたので。結果的にライガーさんは俺を指名してくれたわけですけど、どういう気持ちで選んでくれたのか、うれしく思いつつもすごく気になりましたね。「俺が引退発表の会見のときに、ライガーさんにメッセージを送ったからかもしれないけど、それだけだったらイヤだな」とか、「なんで、いまIWGPジュニアヘビーを巻いているオスプレイじゃなかったんだろ？」とか。

――その後、ライガーさんは新日本のオフィシャルサイトのインタビューで「新日本ジュニアを牽引するのはオスプレイじゃなくてヒロムだと思う。オスプレイがヘビー級に移る・移らないってなる前に、ヒロムが1・4でオスプレイに引導を渡してほしい。それくらい、俺はヒロムを信用してる」と発言されていました。

ヒロム メチャクチャうれしかったですし、「これは意地でもオスプレイに勝たなきゃな！」って思いましたね。IWGPジュニアヘビーを挑戦者決定戦と言ったらベルトの権威が下がると思われるかもしれないですけど、ライガーさんの引退試合にはそれだけの価値があるんですよ。あの人はIWGPジュニアのベルトを11回（歴代最多）も巻いてますし。俺としては、もし1・4でオスプレイに負けてたら、ライガーさんを介錯する役目は彼に譲るつもりでした。ベルトがなかったら、あの場に立つ資格すらなかった。ライガーさんとも試合の直前に「チャンピオンとしてアナタを気持ちよく、引退させます」って約束しましたし。

――12月29日に開催されたライガーさんの現役最後のファンイベントですね。ヒロム選手が事前予告なく姿を現し、会場は驚きに包まれました。

ヒロム あれはとっさの判断で、一部のスタッフだけに「いまから行きます」って伝えたんです。ライガーさんと直接話ができる機会はもうないなと思いましたし、率直な気持ちを伝えたくて。それで握手の手を差し伸べたら、ライガーさんがコッチをジッと見つめてから握り返してきたので、「ああ、本当に引退するんだな」と思いました。昔、丸藤正道さんの握手に対し、「戦う相手と握手なんかできるか！」と、その手を払いのけたライガーさんは、そこにはいなかった。だから、俺は「正直、ガッカリですよ」とあえて挑発させてもらいました。

——でも、それに対してライガーさんはすかさず張り手で返し、臨戦態勢に入ったのはさすがというか。

ヒロム　いま振り返ると、あのときの俺はクソガキだったのかなって思いますね。ライガーさんが握手の手を出したのは、「俺はオマエと最後に全力で戦う。あとのことは頼むぞ、オマエがジュニアを盛り上げろ」というメッセージとか、いろんな意味が込められてたんだろうなって思います。

「やっぱりこの人、怖えな」

——そして、1・4東京ドームでヒロム選手はオスプレイ選手との激闘を制し、約束どおりIWGPジュニアヘビーを奪取しました。このとき、翌日のライガーさんの引退試合を前にどのような気持ちでしたか？

ヒロム　ベルトを獲って安堵する間もなく、「明日、ライガーさんをどうやって倒そう？　どうすれば安心して引退できるんだろう？」って考えました。そうやって妄想を膨らましているうちに、気づいたら俺、大泣きしてたんですよ。「もし、俺の思いどおりの試合になったら、絶対に泣いちゃうな。でも、それはライガーさんに対して失礼に当たるし、我慢しないと」って思いながら、ドームの2日目を迎えました。

——その思いどおりの試合というのは？

ヒロム　俺がライガーさんを一方的に、完膚なきまでに叩き潰すということです。いまのジュニア王者との差をみせつけたかった。でも、実際はそうはいかず、ライガーさんはいつもどおりの強いライガーさんでした、マスクの奥の表情が伝わってきて「やっぱりこの人、怖えな」って思いましたし、途中でパワーボムを食らったときに視界が一瞬暗くなって、危ない場面もあったので。まったく引退試合っぽくない、ふつうの強敵との試合になったというか、「これで本当に辞めるの？」って思いましたね。最後はTIME BOMBで勝ちましたけど、余裕はまったくなかったです。

——ライガー選手を介錯したとき、胸にはどんな思いが去来しましたか？

ヒロム　いろんな感情がこみ上げてくるのかなと思ったんですけど、その余裕自体が全然なくて、涙も出てこなかったんですよね。ただただ「やっぱり半端じゃないな」の一言でした。「最後の最後まで獣神サンダー・ライガーはすごい」っていう思いでしたね。

——試合後、ヒロム選手がベルトを巻き、マットに横たわるライガーさんの前でヒザをつき、言葉を投げかける姿が印象的でした。

ヒロム　本当はああいうことをする気はなかっ

引退試合においても、ライガーの怖さは健在。ヒロムの顔を数度張り飛ばした。

たんです。勝ったらベルトを巻いて、すぐにリングを下りるのがライガーさんに対する礼儀だと思ったんです。でも、自然に口から「俺が必ずジュニアを、あなたの作ってきたジュニアを頂点まで上げてみせます、約束します」という言葉が出てきました。そうしたら、ライガーさんが小さく「ありがとう」って返してくれて。あんなにズッシリと重くて、うれしい「ありがとう」はなかったですね。「これからは俺がもっと、しっかりしないとな」って気が引き締まりました。でも、いまだに信じられないんですよね。「ライガーさん、本当にもう巡業に来ないの？　しれっと対戦カードに名前が入ってるんじゃないの？」とか。そのくらい、最後に戦った相手が感じるくらいに強い印象のままリングを下りたわけで、ハッピーな最後だったんじゃないかなって思います。

――引退試合のカードはライガーさんと佐野選手、そしてヒロム選手とリー選手と、宿命のライバル同士がタッグを組むかたちとなりました。

ヒロム 昔、ライガーさんが佐野さんとの戦いを小林邦昭さんに「こんな試合してたら死ぬぞ?」って言われたらしいですけど、俺も同じ言葉を小林さんに言われたことがあるんです。そういう意味でも、ライバルストーリーとして似てるのかなって思いました。俺は最後の最後までリュウ・リーが横にいるのは納得いかなかったですし、リーは俺にとって「絶対にコイツにだけは負けたくない!」って思う相手で、それは向こうも同じだと思います。以前、リーとメキシコで一度だけ組んだことがあるんですけど、そのときも仲間割れをしていて。でも、ライガーさんの引退セレモニーの翌日に、佐野さんも引退を発表されたと聞いて、いろいろと思うことがあったというか。きっと、ライガーさんと佐野さんが抗争してたときも、いまの俺とリーのような気持ちだったと思うんですよね。

――ライガーさんは現役最後の試合で、どうしてもそばには佐野選手にいてほしかったんでしょうね。そして、佐野選手も自分のなかでけじめがついたからこそ、同じくリングを下りたというか。

ヒロム 佐野さんもあの試合を現役最後の舞台に選んだってことですよね。そういうことをいろいろ考えると「引退試合にふさわしいカード

ライガーの引退試合でタッグを結成したヒロムとリー。ポスト・ライガー時代はこのふたりが中心を担う。

だったんだな、あれでよかったんだ」って思います。俺としては現段階でリーと組むのは最後のつもりですが、何年か経ったあと、何かにつながるカードだったのかもしれないですね。

「俺がいちばんライガーさんが大好きだ！」

——この試合後、ヒロム選手はコメントブースで「ライガーさんなんて超えられなかった」と発言されましたね。

ヒロム　正直な気持ちです。試合には勝ったのに「勝てねえな」って思いましたよ。うまく逃げられましたね。あの人が現役であるうちに超えたかったんですけど、見事にリングを去っていった。最後まで超えられなかったなっていうのが、本当に悔しいです。でも、素直にかっこいいです。かっこよすぎるんですよ。ずるいくらいに。

――でも、ヒロム選手の「あの人の作り上げたジュニア、その時代は超えようと思う。だから俺は俺にしかできない新しい新日本プロレスジュニアを作りたい」という言葉に決意が伺えます。

ヒロム　俺、本当にライガーさんが大好きでしたし、いまでも大好きなんですよ。その人をガッカリさせたくはないし、必ず違うかたちであの人を超えてみせたい。そう思うからこそ、これからの自分の歩む道にも張り合いが出ますし、ライガーさんと引退試合で戦うことができて本当によかったです。

――東京ドーム二連戦の翌日、1月6日の大田区立総合体育館大会ではライガーさんの引退セレモニーが行なわれました。あのとき、選手は本隊とCHAOSのメンバーが参加しましたが、ヒロム選手はバックステージのモニターでご覧になってたんですか？

ヒロム　いや、あれは観ないようにしてました。涙をこらえる自信がなかったんで（笑）。やっぱり、ライガーさんに対する思い入れは、誰よりもあるつもりなんですよ。「俺がいちばんライガーさんが大好きだ！」みたいな。だから、「これは試合前に観ちゃいけないヤツだな、泣いちゃうかもしれないし」って思いました。で、家に帰ってから観たんですけど、心配とは裏腹に泣くことはなかったんです。人を悲しい気持ちにさせないセレモニーだったというか、じつにライガーさんらしいなって。もちろん、泣いてる人もいましたし、その気持ちはわかるんですけど、ライガーさんはいつもどおり元気いっぱいで、それを観ていて俺はハッピーになれました。泣けない引退試合、そして泣けない引退セレモニー。「ホント、この人は最後までカッケーな」って思いましたね。

――ライガーさんは現役生活にピリオドを打ちましたが、これからも新日本プロレスに関わっていかれると思います。ヒロム選手が今度のライガーさんに期待することはありますか？

ヒロム　もし、誰かが「〝二代目ライガー〟をやる」って言いだしたら、「ふざけんな！」って俺が全力で阻止します（笑）。ライガーさんに対して、自分がどうこう言うことはないですよ。変わらず寮で怪獣のフィギュアを作ってもらって、たまに車の窓からケツを出してもらえば（笑）。あの人らしく、楽しくカッコよく生きていってほしいなって思いますし、いつまでも憧れの存在でいてほしいです。そして、俺自身は、ライガーさんが「俺の引退試合の相手、高橋ヒロムだったんだぜ！」って自慢ができるくらいのレスラーになりたいですね。俺も「俺は獣神サンダー・ライガーの引退試合の相手をしたんだぜ！」って一生自慢し続けます。

Special Talk.1

［特別対談］

獣神サンダー・ライガー
×
棚橋弘至

「新日本が苦しい時代も、
『俺たちにはライガーがいる！』って思ってました」

初出：2019年11月7日、新日本プロレス・スマホサイト
撮影：タイコウクニヨシ

棚橋弘至（たなはし・ひろし）

1976年11月13日、 岐阜県出身。99年10月にデビュー。2003年4月、真壁伸也（現・刀義）を下し、初代IWGP U-30王座を獲得。IWGPヘビー級王座は06年7月の初戴冠を皮切りにこれまで歴代最多戴冠8回を数え、11年〜12年には当時の最多防衛記録“V11”を樹立。IWGPインターコンチネンタル王座とIWGPタッグ王座はそれぞれ2度戴冠。さらに『G1 CLIMAX』は3度、『NEW JAPAN CUP』は2度制覇。その実力はもとより「愛してま〜す！」のマイクアピールやエアギターなど、試合後のパフォーマンスでもファンの心を捕らえる。181cm、101kg。

団体が変わったんじゃなく、〝チャンプ〟が変えた

——おふたりは普段、お互いをどのように呼び合っているんでしょうか?

ライガー 僕は棚橋選手のことは〝たなっちょ〟ですね。

棚橋 僕は〝ライガーさん〟です。

——ライガー選手は「プロレスの理想の王者像は棚橋弘至」ということで、〝チャンプ〟と呼ばれることもあるんだとか?

棚橋 そうですね、ありがたいことに。ただ、ベルトがあるときはいいんですけど……(苦笑)。

ライガー いやもう、ベルトを持ってるとか持ってないとか、そんなの関係ないんですよ。僕からすれば棚橋弘至が新日本のチャンプだもん。

棚橋 ありがたいですね(ニッコリ)。

ライガー だって、いろんなところで棚橋選手が新日本プロレスを変えてきたっていうのは、紛れもない事実だから。たとえば「愛してま〜す!」にしろ、最初は昔からの新日本のファンや先輩レスラーたちからは不評で、僕だって「リングで何言ってんだ?」って思ってたし。でも、いまやアレがないと大会が締まらないんだもん。ほかのレスラーも一緒にリングでやることもあるし。「古い新日本を変えたのは誰?」ってなったら、それは棚橋選手であり、自分を信じ続けた結果なんですよ。

棚橋 メチャクチャうれしいです! たしかに新日本は「愛してま〜す!」のようなマイクア

ピールの締めがなくても、興行として成り立ってた時代もあったんですよね。でも、お客さんにまた来ていただきたいとか、感謝の気持ちを伝えたいっていうのを考えたときに、自然とマイクを持つようになって。まあ、それで苦しむ時期もあったんですけど（苦笑）。

――IWGPヘビーを初戴冠した頃はブーイングが飛んでましたよね。それが次第に棚橋選手のマイクがないと大会が締まらないようになって。

棚橋　いまはもう、オカダ（・カズチカ）や内藤（哲也）とか、棚橋以外でもマイクで締めてくれるようになったのはいいことなのかなって思いますね。

ライガー　新日本の変遷を考えると、団体が変わったんじゃなくて、棚橋選手が変えてきた。そこが大きなことですよ。これはアントニオ猪木さんがよく言われてたんですけど、〝環状8号線の理論〟っていうのがあって。

――環状6号線の内側の人々を熱心なプロレスファンとすると、一番外を囲む環状8号線のプロレス無関心層をいかに引き寄せるかという理論ですね。

ライガー　8号線の人たちに、どうプロレスに興味を持ってもらうか。猪木さんは常々そう言われていたのに、いつの間にか僕たちプロレスラーが、内側ばかりを注視するようになって、その門を閉ざしていたというか。それを開けたのが棚橋選手ですから。僕らからすれば、最初は違和感ありましたよ。でも、開けたイコール、

猪木さんの言われた環状8号線の理論につながるわけで。そして、棚橋選手は自分の力でみんなを認めさせたっていうことですよ。

——たしかに棚橋選手は〝対世間〟を強く意識されているイメージというか。

棚橋　僕も環状8号線の理論は知ってますし、いかにプロレスに興味を持ってもらうかが、本当に大きなテーマというか。でも、ライガーさんは門を閉ざしてたっておっしゃいますけど、昔からよくテレビのバラエティ番組に出られてましたよね。ずいぶん前にウッチャンナンチャンの番組で〝はっぱ隊〟っていうのがあったんですけど。

ライガー　ああ、あったなあ（笑）。

——「笑う犬の冒険」（フジテレビ系列）のコン

トですね。股間に葉っぱ一枚という姿で、独特のダンスをするという（笑）。

棚橋　それにライガーさんが出て、しっかり笑いを取ってるわけですよ（笑）。僕はプロレスファンだったからわかるんですけど、ファンからするとプロレスラーが大会中継以外の番組に出てくると、メチャクチャうれしいんですよね。プロレスファンも楽しませて、さらに一般の方にも「こういうプロレスラーがいるんだ」って思ってもらうことが重要というか。ちょっと前に「週刊プレイボーイ」で猪木さんと対談をさせていただく機会があって、そのときに「昔、プロレスはゴールデンタイムで放送されてた。そのときに俺たちがつかんだパイを団体同士で取り合ってんなよ」というようなことを言われていたんですけど、「僕が新しいパイを持ってきます」とキッパリ言わせていただきました（ニヤリ）。

「このままおとなしく引退でいいのか？」

――さて、2019年10月14日の両国でライガー選手と鈴木みのる選手のスペシャルシングルマッチが行なわれ、棚橋選手はリングサイドで特別解説を務められましたが、試合後には涙されてましたね。

棚橋　はい、感極まりました。最後の鈴木選手がズルいですよね。

ライガー　あれ、僕は大の字だったから知らなかったんだよね。

2019年10月14日の両国でゴッチ式パイルドライバーで勝利した鈴木。 試合後にライガーに向けてイスを振りかざし、場内は騒然とした。

――鈴木選手がイスを振りかぶり一撃を見舞うかと思いきや、それを投げ捨ててライガー選手に座礼をした場面ですね。

ライガー　イスを振りかぶったのは見えたんですよ。「ああ、アレ食らったら痛えだろうな〜」って。そうしたら、自分の視界から鈴木が消えて。だから「最後は武士の情けでそのまま帰ったか」って思ったんですけど、お客さんが「ウォ〜ッ！」って沸いてるから「なんだなんだ!?」でも、身体が痛いから動けない、見えない、わかんね〜」みたいな（苦笑）。

棚橋　僕は後日、ライガーさんに道場で「いや、鈴木が何やってたのか、全然知らなかったんだよ」っていうのを聞いて、さらにグッと来たんですけど。

──その一騎打ちに至るまでに鈴木選手の激しい挑発もありましたが、棚橋選手はあの最後の座礼をどう捉えていますか？

棚橋　自分に置き換えてみると、道場で共にヤングライオンとして生活をした選手って、やっぱり特別なんですよ。柴田勝頼選手であったり井上亘さんとか。なので、ライガー選手が先輩で、そこに鈴木選手が入門してきた当時の道場の情景や、ふたりの関係性が見えてきたというか。鈴木選手は前哨戦から、ライガー選手の怒りに火をつけるような行動に出てたわけですけど、「鈴木選手は何が目的なんだろう？　ただ怒らせたいだけなのか？　それとも獣神サンダー・ライガーの怖さやすごさを引き出したいんじゃないか？」とか、レスラー目線で見てましたね。

──戦う者だからこそわかる部分があったわけですね。

棚橋　だから、リングサイドであの試合を観ていて、当時の新日本の道場の様子が、背景に浮かんできて。

──ライガー選手は鈴木選手との両国の一騎打ちで敗れたかたちとなりましたが、試合後に「鈴木──！　ありがとな」とマイクで感謝を伝えました。あらためて振り返っていかがですか？

ライガー　いま棚橋選手の話にありましたけど、僕も鈴木選手も〝藤原道場〟の門下生なんですよ。ルーツは同じというか。そういう関係性のなかで、鈴木選手としては「このままおとなしく引退でいいのか？」っていう気持ちがあったのかもしれないですね。でも、あの試合を実際

2019年9月16日の鹿児島アリーナ大会では鈴木がライガーのマスク剥ぎを敢行。“怒りの獣神”を呼び起こした。

に迎えるまでは、腹わたが煮えくり返るような気持ちだったんですよ。

――ライガー選手からは「試合じゃない、殺し合いだ！」という発言まで飛び出していました。

ライガー　そして、両国の試合を迎える時には自分のなかで「ああ、そうだよ。リングに上がる以上、引退するからって好々爺を気取っててもしょうがない。ここは新日本のリングなんだ、プロレスは戦いなんだ！　その気持ちがなければ上がる価値がない」って思うようになって。

――前哨戦含め、ファンや関係者、レスラーまでもがふたりの抗争にのめり込みました。

棚橋　……（深くうなずく）。

ライガー　まあ、悔しいですけどね。結果的には鈴木みのるの手のひらの上に乗せられたから。

でも、それは鈴木がライガーというものを理解し、「これで終わりか、オッサン？　ふざけんな！」ってケツを叩いてくれたというか。それが最後の「ありがとな」につながるのかもしれないですね。

ライガーさんが身体を隠しているのはプロレス界の七不思議

――鈴木戦では〝バトルライガー〟仕様だったことも話題を集めました。

棚橋　まさかバトルライガーが観られるとは思わなかったので、個人的にうれしかったですね！

ライガー　いやあ、前哨戦で鈴木選手に角をつかまれてたんでね。「じゃあ、ないほうがいいや」っていう、わりと自分のなかでは単純な気持ちだったんですけど（笑）。

棚橋　でも、道場で鈴木戦に向けたライガーさんの練習を見ていると「すげえなあ」って思ってましたよ。たとえばウエイトトレーニングをやるとき、僕は短い時間で最大の効果をって思うんですけど、ライガーさんの場合は見ているコッチがしんどくなるというか、「こんなにやるんだ？」って驚くようなものでしたから。それが身体にも出ていたというか。いっつもコッチがモヤモヤしてるんですよ。「なんでライガーさん、スゲー身体してるのにコスチュームで隠してるんだろ？」って（笑）。これはプロレス界の七不思議で、奥ゆかしさを飛び越えすぎなんですよ（笑）。

ライガー　ハハハハ！

棚橋　だから、最後に上半身裸のライガー選手を見られたという部分でも、あの鈴木戦はよかったですね。いまのファンにも、昔と寸分変わらぬバトルライガーの迫力が伝わったと思います。

――ライガー選手の入場時のどよめきはバトルライガーの出で立ち、そして身体つきに対するものでしたよね。

ライガー　いやいや。あれはねえ、普段隠していて脱いだからこそ、みんなが「オ～ッ」って反応してくれるだけですよ。そんなねえ、カットとかサイズとかバランスとかは、棚橋選手はじめ、いまの若い選手たちのほうがカッコいいよ！　僕を持ち上げてこう言ってくれますけど、棚橋選手や真壁選手、そして若い連中っていうのはとにかく練習する！　だって、ウチのトレーナーから「シリーズ終わったら3日くらいは身体を休ませるように」って練習禁止令が出るくらいなんだから。いまの新日本はそんなレベルなんですよ。最近、道場に新しいトレーニングマシーンが導入されたんですけど、棚橋選手は身体作りのスペシャリストなのに、「ああでもない、こうでもない」って、ずっとイジくって練習してんだもん（笑）。

棚橋　フフフ。

ライガー　これもいろんなところで言ってますけど、棚橋選手や真壁選手はいろんな仕事があるのに、朝早い時間や夜遅くに必ず練習してますからね。なんで知ってるかっていうと、僕は道場に住んでるから目撃する機会も多くて。まあ、誰がどうこうじゃなく、みんな練習してるし、そうじゃないとウチのリングには立てない！　そういうところまで来てますよ。だから、両国の僕に関しては、普段着てるオッサンがただ脱いだっていうだけ（笑）。いつも脱いでるグラビアの人よりも、はじめて脱ぐ女優さんのほうが「オ〜ッ！」ってなるでしょ？

棚橋　たしかに（笑）。

ライガー　結局、何が言いたいかっていうと、いまの新日本はすごいよってことですよ。女優さんのたとえはともかく（笑）。

――あと、鈴木選手との抗争では、9・22神戸の8人タッグで伝説の鬼神ライガーも降臨しました。自らマスクと上半身のコスチュームを脱いで、2012年6月以来となる鬼神の姿となったわけですが、あのときに棚橋選手はライガーさんとタッグを組んでましたよね。

棚橋　はい、20年のキャリアではじめて、自分の出番がないまま試合が終わってしまいました（苦笑）。

ライガー　あ、そうだったの？　ごめんごめん！　俺、暴走してワケわかんなくなってたから（苦笑）。

棚橋　で、鈴木選手をバックステージまで追いかけるライガーさんを制止しようとしたら一撃食らいました、仲間なのに（笑）。あのときはビッグマッチだったので、試合前に美容室に行って、2時間半かけて髪を編み込んできたんですよ（笑）。

ライガー　ホントにごめ〜ん!!

棚橋　編み込み2時間半、試合は3分、しかも出番ナシ（苦笑）。

ライガー　サイテーだね、ライガー！　マジでごめんなさい!!

棚橋　いやいや、全然（笑）。あの神戸があったからこそ、両国の感動につながった、と。

ライガー　……たなっちょ、いい人だねぇ（シミジミと）。

棚橋　本当は入場してからコーナーに上ってポーズを取ったところを、写真に撮ってほしかったんですけど（笑）。

――あのときはライガー選手が鈴木選手の入場時に背後から襲撃し、そのまま試合に突入したんですよね。本隊は入場シーンすらありませんでした。

2019年9月22日の神戸大会で出現した鬼神ライガー。味方の棚橋も蹴散らすほど見境なく荒れ狂った。

棚橋　入場の準備をしようと思ったらライガーさんがすでにいなくて、残りの3人で「アレ？」って思ってたら、ああいうことになり、慌てて駆けつけました（笑）。

お客さんが少ないときでも ライガーさんの入場だけは別格

――棚橋選手はライガー選手の引退を聞いたとき、どう思われましたか？

棚橋　やっぱり寂しいですね、僕の世代はまさに〝ライガーキッズ〟というか。僕は高校の頃からプロレスを熱中して観てたんですけど、やっぱりジュニアがものすごくおもしろくて。

――90年代のジュニア黄金時代ですね。ライガー選手の提唱で『スーパーJカップ』が初開催され、一大ジュニアブームが巻き起こりました。

棚橋　あと、自分がプロレスラーになってからは、ライガーさんのテーマ曲が鳴ると会場が「ウワ～ッ！」って盛り上がるんですよ。それは新日本が苦しい時代に入り、お客さんが少ないときでも、ライガーさんの入場だけは別格で。だから、僕としては心強かったですね。当時、会場の盛り上がりは少なくても「俺たちにはライガーがいる！」っていう。

ライガー　そんな大それたもんじゃないでしょ。

棚橋　いやいや、当時は僕がはじめてＩＷＧＰヘビーを巻いた頃で、メインの自分の出番まで待ってるわけですよ。そうすると、会場が盛り上がりに欠けるのが空気で伝わってきて。でも、ライガーさんの試合であの曲がかかると、観客の歓声と拍手が聞こえてきて「よし！」ってなりましたから。そのライガーさんが引退したあと、そこをどうやって僕たちがしっかり盛り上げていくのかが大事ですよね。

ライガー　もう盛り上がってんじゃん、大丈夫よ（笑）。いまそれを〝たなっちょ〟がやってるんだよ、そういうもんよ。昔は藤波辰爾さんとかタイガーマスクの佐山聡さん、それから武藤（敬司）たち闘魂三銃士を経て、天山（広吉）とか第三世代となり、いまは棚橋弘至ですよ。それが時代っていうもんだから。

――ライガー選手ご自身も「俺が盛り上げてやる！」という気持ちは強かったんですか？

ライガー　僕？　いや、いつでもコッチは自分の好きなことをやってるだけだから（笑）。ただ、会場で真壁選手や棚橋選手の「次はこの倍入れましょう、そうすればまた盛り上がりますよ！」っていう言葉を聞いて「そうだな」と思って、リングには上がってましたね。

――後輩たちの言葉に発破をかけられた、と。

ライガー　そうそう。ブシロードが新日本のオーナー会社になって、まず何をしたかというと、世間にプロレスというものを訴えかけたんですよ。それを先に個人的にやっていたのが棚橋選手ですから。どうすればプロレスがまた盛り上がるのかに気づいてたわけで、やっぱり先見の明がありますよ、これはお世辞でもなんでもなく。

棚橋　なんか気恥ずかしいですね（笑）。

ライガー　棚橋選手の言葉で「プロレスラーはプロレスだけしてればいいわけじゃない」っていうのがありますけど、まさにそのとおりですよね。猪木さんもそうだったし、ブシロードも同じ考えだし。だからこそ、棚橋弘至は僕のなかで〝チャンプ〟なんです。

——そこにつながるわけですね。

ライガー　ウン、僕のなかじゃエースよりもチャンプですよ。

棚橋　じゃあ、今日から「ゴー！　チャンプ!!」ということで（笑）。

ライガーさんが見てるから恥ずかしい試合はできない

——ライガー選手といえば、誰もが若手時代に〝怒りの獣神〟に雷を落とされてると伺いますが、棚橋選手もご多分にもれず？

棚橋　はい、僕も若い時期に怒られたことがあります。

ライガー　エッ、たなっちょのこと、怒ったことあったっけ？

棚橋　フフフ。第1試合で竹村豪氏選手と試合をして、たまたまライガーさんがご覧になってたんでしょうね。竹村選手が立ち上がってこっちに向かってくると思った僕が、ドロップキックを出したんです。でも、竹村選手が立ち止まったので、そのドロップキックは空を切ってしまって。

——自爆になったわけですね。

棚橋　それで試合後、控え室でライガーさんに「なんだ、アレは！」って怒られて。そのときに僕も「すみませんでした！」って謝ればいいのに、「いえ、起きてくるかと思いまして」っていらんいいわけをしてしまい、余計に怒られてしまうという（苦笑）。あのときはだいぶ叱られましたね。

ライガー　なんか、そんなことがあったような……。

棚橋　で、そこで当時は本隊だった飯塚高史さんが止めに入って。まあ、要するに周りが割って入るくらいだったんですけど（苦笑）。

ライガー　そんなだったんだ！　ゴメンゴメン（笑）。

棚橋　いえいえ。それがあったから、僕はプロレスに対してどういう姿勢で臨めばいいか、考えが改まった部分があったというか。当時、とくにライガーさんと組んだり戦ったりするときは気持ちが引き締まりましたね。いまも放送席に解説でライガーさんがいらっしゃれば、恥ずかしくない試合をしないとって思いますし。で、ライガーさんのいいところは、どんなに怒っても、次の日はケロッとしてるんですよ。怒られたほうが「まだ、ライガーさんは機嫌悪いかなあ」ってビクついてると、「たなっちょ、おはよう！」みたいな（笑）。すぐに切り替えてもらえるのが、若手にとってはホッとするというか。

――ライガー選手は、ご自身が若手のお目付け役のような意識はあったんでしょうか？

ライガー　やっぱり僕なんかは若い頃に藤原

（喜明）さんや山本小鉄さんやアントニオ猪木さん、あとは前田日明さんや髙田延彦さんとか、そういったかたがたに「プロレスラーとは」っていう話をたくさん伺ってるわけですよ。そのなかで「とにかくレスラーはナメられるな」と。山本小鉄さんには「とくにオマエは身長が低いんだから横をデカくしろ。5000円払ってくれたお客さんが、オマエの身体を観て『これだけで3000円分だな』って思われるように鍛えろ」ってよく言われて。

棚橋　僕も入門してすぐに小鉄さんに同じことを言われました。

ライガー　そこが新日本の原点なんですよね。それに何をくっつけていくかは、個人の力量で。たとえば、僕も学生プロレスを観ておもしろいなって思うんですよ。ただ、学生プロレスと新日本プロレスの何が違うかっていえば、いちばんは戦う心なんです。猪木さんがよく言われる〝怒り〟ですね。道場は町の仲良しジムではないですし。だから、若手には「オマエたちは新日本のレスラーなんだぞ？　半永久的な就職先とは違うし、中途半端なことをしてると、いつクビ切られるかわからないんだぞ？」っていうのを伝えたいというか。

――新日本のプロレスラーとしてのプライドを持てということですね。

ライガー　でも、若手に怒るっていっても試合と練習だけですよ。ふだんは逆に僕が注意されてます（苦笑）。

――ライガー選手からご覧になって、若手時代の棚橋選手の印象は？

ライガー 僕は若い頃のたなっちょのほうが、ゴツくて好きだったかな。

棚橋 ああ、デカかったですよね（苦笑）。最高は110キロで、いまより10キロくらい重かったですから。

――入門した頃から棚橋選手の肉体美は際立ってましたよね。

棚橋 入門したときが90キロで、デビューは102キロでしたね。当時は足も太かったですし。

ライガー だから、個人的な好みでいうと……。好みったってヘンな意味じゃないよ？

棚橋 わかってます（笑）。

ライガー でも、棚橋選手は研究を重ねて、いまの体型を作り上げてるからね。食事面でも余計な脂は摂らないとか炭水化物を控えめにするとか、ちゃんと管理して。

――若手時代の棚橋選手が、道場にプロテイン文化を持ち込んだそうですね。

ライガー 若手はみんな、そういう姿勢を見習ってますよ。それに対して、僕なんかは昭和の人間だから。みんなケンタッキーの皮を残すんだけど、僕は「そこが一番おいしいんじゃん！俺にくれ！」って（笑）。

棚橋 ライガーさんの食事のモットーは、おいしいものをおいしくいただくっていう。いつか自分もそうなりたいなっていうのはあります（笑）。

――ライガー選手はツイッターを見ていると、よく自炊もされているようで。

棚橋　〝ひとりしゃぶしゃぶ〟ですよね。いろいろと食へのこだわりはすごいですよ。

ライガー　単にいやしいだけだよ（笑）。

『スーパーJカップ』が世界中のレスラーに影響を与えた

――棚橋選手がファン時代を含め、ライガー選手の試合で印象的なものは？

棚橋　そうですねえ……、やっぱり〝バトルライガー〟として橋本真也さんと戦った試合ですね！

――1994年2月24日に日本武道館で実現した〝IWGP王者対決〟ですね。当時IWGPヘビー級王者だった橋本さんに対し、同ジュニアヘビー級王者だったライガー選手が階級を越えた真っ向勝負を繰り広げて。

棚橋　いまよりも当時のほうがヘビーとジュニアのあいだに壁がありましたから。しかも橋本さんはスーパーヘビーなのに、ライガーさんはパワー負けしなくて「スゲー！」って驚いたのを覚えてます。

ライガー　終わったあとに「やっぱヘビーの選手は強いや！」って思いましたよ。技に重みもあるし。

棚橋　橋本さんの蹴りは、いまの選手の鋭い蹴りとも違いますよね？

ライガー　違いますね！　ドッコンドッコン、「ズシン！」と来るもん！。

棚橋　橋本さんはレガースをつけずに蹴ってま

1994年2月24日、日本武道館で行なわれたIWGPヘビー級王者の橋本真也との一騎打ち。橋本の巨体をライガーボムで投げきるシーンも。

と高評価して、セルリアンブルーのマットに上げたっていう。そういう流れを作ったのはライガーさんですよね、非常に考えが柔軟というか。
ライガー　だって、いいもんはいいんだもん。「ぜひウチのリングに上がってよ!」、それでいいんじゃないかなって思うんですよね。
棚橋　『スーパーJカップ』ではハヤブサ選手やザ・グレート・サスケ選手がファンの度肝を抜きましたよね。その伝説の大会が、いまでは海を越えて開催されて。
——2019年8月にアメリカで3大会にわたって行なわれ、エル・ファンタズモ選手が優勝しました。『スーパーJカップ』はライガー選手が生みの親というか。
棚橋　まさに〝レガシー〟ですよ。

したし。
ライガー　だから、キレイにシューズのヒモのあとがつくんですよ、蹴られたところに。彼の蹴りのすごかったのが、胸を蹴られると背中が痛いんです。ありえないよ!
棚橋　それだけ痛みが響く、と(笑)。あと、ライガーさんをきっかけにいろんな団体のジュニアの選手が新日本に上がるようになったじゃないですか。ああいうのもすごく印象的でしたね。
——1994年4月16日の第1回『スーパーJカップ』をきっかけに、プロレス界全体にジュニアの一大ムーブメントが巻き起こりました。
棚橋　一昔前の新日本だったら「他団体の選手は認めない」っていう風潮があったなかで、ライガーさんは「他団体でも、いい選手はいい!」

――『スーパーJカップ』のビデオが海外にも出回り、影響を受けた外国人レスラーが多いそうですね。

棚橋 海外の大会にライガーさんと一緒に出場すると、やっぱり人気がすさまじいですから。その次が中邑（真輔）で、いまはオカダ（・カズチカ）が「ウワァーッ！」って盛り上げてますね。

ライガー いやいや、たなっちょも来てるよ！

棚橋 僕は「いつかなあ？」って思ってます（苦笑）。まあ、本当に〝世界の獣神〟ですよ。

ライガー こうやって褒めてくれてますけど、僕は昔ＷＣＷ（２００１年まで存在したアメリカのメジャー団体）にちょくちょく呼ばれてたからですよね。けっこう前から新日本のレスラーには言ってたんですよ、「俺はＷＣＷに出てたから認知度は〝いまは〟あるよ。でも、そのうちオマエたちが越すから。オマエたちはすごいんだから」って。結果、そのとおりになってきてるし。

逆転の発想で生まれたシューティングスター・プレス

――新日本が海外進出を進めるなかで、レスラーの認知度もうなぎのぼりというか。

ライガー そうそう。僕の場合はただタイミングがよかっただけですよ、ＷＣＷで新しい番組がはじまる一発目のときにも呼んでもらって、ブライアン・ピルマンと試合をして。

――1995年9月4日に「WCWマンデー・ナイトロ」の初回放送で、オープニングマッチを務めたのがライガー選手だったんですよね。

ライガー　ピルマンとはカナダのカルガリーで修行していたときに一緒だったんで、試合もスウィングしたというか。だから、運もよかったし、僕はすべてに置いて恵まれてたんですよ。

――謙遜されてますね。

ライガー　いやいや、謙遜じゃないし、ライガーって、〝3～4番目の選手〟なんですよ。「テクニックもスピードもトップではないけど、3番目くらいにはいるんじゃない?」って。「テクニックがあるけどパワーがない」とか「スピードは速くてもスタミナが足りない」とか、そういう選手がいるなかで、ライガーは平均的に3～4番をキープできてるから、わりと浮き沈みなく支持されてるというか。だから「棚橋選手が大好きなんです! ライガー? まあ、好きかな」っていうオマケ的な感じなんです。僕はそう思ってる。

――そんな冷静な分析をされてるんですね。いかがですか、棚橋選手?

棚橋　ご謙遜ですよね(笑)。ライガーさんのすごいところのひとつとして、開発した技が多いんですよ。シューティングスター・プレスとか雪崩式フランケンシュタイナー、フィッシャーマンズ・バスターとか。個人的にライガーさんがどうやって新技を思いつくのか、お聞きしたいですね。

ライガー　シューティングスターはムーンサル

トに代わる新しいプレス技がないかなって思ってたら、マンガの「北斗の拳」で南斗水鳥拳っていう技があって「コレ、リングで表現したらおもしろいんじゃないか?」って思ったんだよね。

棚橋　ああ、レイ(南斗水鳥拳の使い手)がきっかけだったんですね!

ライガー　まあ、基本的にオリジナル技っていうのは、僕に身体のハンデがあったから生まれたんですよ。雪崩式フランケンの場合、僕がふつうのフランケンを使っても大きな相手には届かないから、コーナーを利用したわけで。フィッシャーマンズ・バスターは、僕は背が低いのに加えて身体が硬いから、ブリッジしても綺麗な弧は描けない。「だったら、そのまま落とせばいいやん?」って。身体のハンデを逆利用したんです。

棚橋　逆転の発想だったんですね! いやあ、いい話が聞けました。

ライガー　さっきの「北斗の拳」じゃないけど、棚橋選手とは意外とマンガの話で気が合うんですよ。僕が巡業バスで道場まで疲れて帰ってきて「やれやれだぜ」っていったら、たなっちょが「あ、『ジョジョの奇妙な冒険』の空条承太郎ですね!」って気づいたり(笑)。

棚橋　「やれやれだぜ」をあんなに自然に使う人はジョジョ以来、ふたり目ですよ(笑)。あと、ライガーさんと僕はじつは〝頻尿仲間〟なんです。

——ひ、頻尿?

棚橋　サービスエリアに着くと、僕とライガーさんが一番にトイレに駆け込むんですよ（笑）。で、「たなっちょ、アッチ空いてるよ！」って（笑）。

ライガー　ふたりでホッとしてね（笑）。

棚橋も息が長いレスラーになる!?

――さて、1・4東京ドームでは「獣神サンダー・ライガー引退試合Ⅰ」としてライガー＆藤波辰爾＆ザ・グレート・サスケ＆タイガーマスクｗｉｔｈエル・サムライvs佐野直喜＆大谷晋二郎＆高岩竜一＆田口隆祐ｗｉｔｈ小林邦昭が発表されています。まさにキャリアのひとつの集大成のようなカードですが、棚橋選手はライガー選手に何を期待されますか？

棚橋　もう、全部見せてほしいですね！　ファンの人はライガーさんの功績を称えると同時に、あらゆるムーヴを観たいという欲求があると思うので、すべてを出してほしいです。シューティングスターが観たいです（笑）。

ライガー　え～と、いまの発言はカットして（笑）。

――ライガー選手が最後にシューティングスター・プレスを試合で出したのは１９９４年の1・4東京ドームの三代目タイガーマスク戦なので、実現したら26年ぶりになりますね。

棚橋　四半世紀ぶりですか（笑）。でも、すごいカードですよね。〝ドラゴンボンバーズ〟まで観られて。

——90年代初頭に藤波選手を中心に結成していたユニットですね、ライガー選手も参加されて。ライガー選手は縁のある選手たちが集ったこのカードについて、あらためていかがですか？

ライガー　いやもう、本当にありがたいですね！　みんな忙しいなか、調整して参加していただいて。保永（昇男）さんもレフェリーとして裁いてくださるということで。サムライに関しては「試合しろよ！」って思いますけど（笑）。まあ、「できません（ボソッと）」って言われちゃったんで。

棚橋　サムライさんもすごいスタミナでしたよねえ。

ライガー　いや、スタミナはハンパじゃなかったよ！　どんなにしんどい試合してもケロッとしてんだもん。

棚橋　当時のジュニアの試合を観てると、ライガーさんがすぐにサムライさんにスイッチして「ええ、また俺!?」みたいなのがマスク越しに伝わってくるというか。そんなサムライさんがすごく好きで（笑）。

ライガー　ハハハハハ！

棚橋　ライガーさん、サムライさんを叩いて半ば強制的にタッチしてましたからね。そんなタッチがあるんだって（笑）。

——そういう経緯もあり、サムライ選手は試合出場を辞退されたのかもしれないですね（笑）。

ライガー　自分ばっか出るハメになるって？（笑）

棚橋　あと、保永さんとライガーさんの試合も好きでしたねぇ。保永さんのランニング・ネックブリーカー・ドロップって、なんであんなに速いんですかね？

ライガー　ねぇ！　スパッと来るんだよ。

棚橋　あのキレはすごかったですよね……すみません、話が横道にそれました（苦笑）。

――いえいえ、思わずファン時代に戻るくらい名レスラーが揃ったカードですよね。永遠のライバルである佐野選手も、リングネームを〝巧真〟から今回はライガー選手と抗争していた頃の〝直喜〟で上がられるということで。

ライガー　その心意気がうれしいですよね、本当。

――そのドームでの引退試合まで残り短い日々となりました。

棚橋　もう2か月切ってますもんね。ライガーさんのリング上の勇姿をしっかり目に焼き付けたいと思います。ライガーさんが引退されても、僕は若手の頃にガッと叱られたことを胸に刻んで。あれがなかったら僕は格好ばかりを気にした、もっと浮ついたレスラーになってたと思うんですよ。あそこで叱ってもらったからこそ、プロレスに対する姿勢が変わったので。

――そのくらい大きなことだったんですね。ちなみにほかに怒られたことは？

棚橋　ないです、僕は物分りがいいんで（笑）。ライガーさん以外だと長州力さんくらいで、あとは上の選手から何かを言われたということはなかったです。

ライガー　たなっちょは天才だよ、そう思うよ。

棚橋　いやいや。先ほどのライガーさんの話じゃないですけど、僕もレスラーとしてのスキルはほぼ平均値なんですよ。オカダや飯伏みたいにどこか飛び抜けている部分はなくて。でも、ライガーさんのお話を聞いてると、棚橋も息が長いレスラーになるかなって思いましたね（笑）。

――ライガー選手の引退について、棚橋選手は自分に重ね合わせる部分はありますか？

棚橋　やっぱりケガで苦しんだときは「あと、何年できるかな？」って思ったりもしました。でも、ライガーさんの引退っていうのは僕から見ればまだ身体もすごくて、会場人気も高いのに、余力を残した状態でスパッと辞められるという。本当に現役選手が理想とする「惜しまれ

る引退」だと思います。

――では、最後にライガー選手から棚橋選手にお言葉があれば。

ライガー　いやもう、最初に言ったように、僕からすれば棚橋選手は新日本のチャンプだから。これから5年経とうが、10年経とうが、チャンプに変わりはないですよ。いまの新日本の礎を作ったのは棚橋選手。だからこそ、この先も棚橋選手を見ていきたいと思うし。

――先日、棚橋選手からはIWGPヘビーをもう一度狙いにいくという発言もありました。

ライガー　あたりまえだよ、リングに上がってるんだもん！　最強の証であるベルトを狙ってこそ新日本のレスラーだし、そこに新日本の戦いがあるから。たなっちょ、これからもがんばってください！

棚橋　ありがとうございます！　ライガーさんが引退されたあとも、僕たちで新日本を盛り上げます！

Special Talk.2

[特別対談]

佐野直喜 × 獣神サンダー・ライガー

「佐野さんには負けたくないっていう気持ちが
あったから、ここまで頑張れたんじゃないかな」

収録日:2020年1月6日

撮影:笹井タカマサ

佐野直喜（さの・なおき）

1965年2月2日、北海道出身。84年3月にデビュー。87年4月からメキシコ遠征を経て、89年1月に凱旋帰国。同年7月に獣神ライガーのIWGPジュニアヘビー級王座に挑戦し、両者KOに。翌8月の再戦でライガーからIWGPジュニアヘビーを奪取。90年4月に新日本を退団し、同年8月にSWSに入団。その後はUWFインターナショナル、キングダム、髙田道場、プロレスリング・ノアに所属。2012年1月からはフリーとして活動。18年12月に焼肉店「焼肉巧真」をオープン。20年の1月7日、自身のSNS上で現役引退を発表。180cm、110kg。

・焼肉巧真

京都府京都市西京区山田庄田町3-63
TEL 075-382-5529
営業時間17:00～23:00（LO22:30）
定休日水曜　第一・第三木曜（祝日の場合は営業）

佐野さんには何をやっても勝てなかった

――まず、引退試合についてお聞きします。初日の1月4日は対角線で向き合い、2日目の5日は同じコーナーと、2日間にわたって東京ドームの大空間に一緒に立ちました。

ライガー　どっち側に立っていても、やっぱり佐野さんは信頼が置けますよ。僕のすべてを出してぶつかって行っても、それに応えてくれる佐野さんと、僕がどんなピンチに陥っても助けてくれる佐野さん。どっちにしろ信頼という言葉に尽きますよね。佐野さんは先輩っていうのはもちろんなんですけど、スパーリングをやってもウェイトをやっても、何をやっても僕が勝てなかった人ですからね。だから、悔しかったというのもあったし、ある意味では常に目標にしていた人なんですよ。

――と、ライガーさんはおっしゃっていますけど、自分が何をやっても勝っていたっていうことは覚えています?

佐野　いやいや、まったく覚えてない（笑）。

ライガー　だって、佐野さんは常にバーッと前に行っているんだもん！　後ろにいる僕らが何を思っているかなんてわからないですよ。

佐野　そういう意識はなかったんだけどね。

ライガー　佐野さんはなんでもできたからね。やっぱり優等生に対して劣等生は、「いつか……！」っていう気持ちを持つものじゃないですか。

——武藤（敬司）選手と佐野さんが、当時から才能的にすごかったとは言われていましたよね。

ライガー　ああ、そうそう。だって、佐野さんは「藤波辰巳2世」って言われてましたからね。

——佐野さんはライガーさんからのライバル意識は感じていましたか？

佐野　相手からどう思われているのかっていうのは、自分ではそんなにはわからないですよ。でも、僕は彼に対してありましたね。彼も僕に限らずみんなに対して、そういう意識があっただろうからね。

ライガー　あの頃の新日本の若手は全員「俺が！　俺が！」で、本当にギスギスしてたもん。「みんなで一緒に頑張ろう！」っていう気持ちなんてなかったですから。

——そのなかでもライガーさんはとくに佐野さんを意識されてた、と。

ライガー　もちろん同期であり、いちばん目の前の先輩ですからね。

——佐野さんは東京ドーム2連戦を終えて、いかがでしたか？

佐野　若い頃は彼の入場曲を聴くとスイッチが入ってたんですよ。だから、自分の曲よりも彼の曲を聴いているほうが、試合はやりやすかったですよね。それを思い出しました。試合自体は自分を動かすことに精一杯だったから、彼を見ている余裕がなかった。最初に彼が入場してきた時は「あっ！」って思ったけど、はじまっちゃうともう余裕がなくなっちゃって。

——この試合のオファーは夏頃に受けたそうで

すが、そこからお店をやりながら、コンディションを作り上げたんでしょうか？

佐野　そうですね。トレーニングの時間を作るのもそうですけど、彼とやってた頃の体型や動きに戻したいと思ってもなかなか思うようにいかないんで。練習してて、ちょっと歯がゆい部分がありましたよ。

藤原教室門下生

――とはいえ、東京ドームに詰めかけたファンの皆さんは、佐野さんの動きに驚かれたと思います。

ライガー　小林邦昭さんにもよく言われていたんですよ。リープフロッグっていって、相手が突進してくるところをジャンプしてスカす動きがあるんですけど、「佐野はそれだけで客を沸かせたよな」って。今回も最初に僕がタックルに行ったら、リープフロッグをされたんですよ。やっぱり変わってないですよね。タイガーマスクも控室で言ってたんですけど、「佐野さんは絶対絞ってきてますよね」って。しかも、ちゃんと練習して、じっくりと時間をかけて絞ったと思うんですよ。それはプロ意識だと思うし、「やっぱり佐野さんだな」と改めて思いますよね。

――自分の最後の舞台に向けてそうやって身体を作ってくれたことは、ライガーさんにとってもすごくうれしいことですよね。

ライガー　そうそう！　だって、タイガーマスクとか第三者が見て、「ワッ！」って思うんだから、それはすごいことですよ。

――佐野さんは現在の新日本ジュニアを体感してみていかがでしたか？

佐野　「昔はこういう感じでやってたな」っていう感覚が蘇りました。見ていると動き的に多少の変化はあるんですけど、実際にリング上で肌を合わせるとそういう感覚は感じないんですよね。

――2日目にはセコンドとして、おふたりが若手時代に教えを受けた藤原喜明さんがつかれました。

佐野　藤原さんはちょくちょく他の会場でお会いするので、久しぶりっていう感じはないんですけど、いると安心しますよね。やっぱり師匠ですから。そういう人が試合を見てくれているともすごく安心感がありますよ。

――おふたりが藤原教室で練習していた時は、藤原さんがいちばん怖かった時期ですよね？

ライガー　年齢的にもバリバリの頃ですからね。あの頃は藤原さんが合同練習で音頭を取っていたんですよ。藤原さんが「スパーリングをする奴、この指止まれ！」って言ったら、「お願いします！」ってみんながリングに上がってやってたので、僕や佐野さんに限らず、あの頃の道場生はみんな藤原教室の門下生って感じでしたね。

――先程、ライガーさんからスパーリングも佐野さんに勝てなかったというお話がありましたが、やはりその道場生たちのなかでも強さが際立ってたのでしょうか？

ライガー　強かったですねえ。佐野さんは柔道をやられていたんですよね。僕、佐野さんに極められたことはあっても、極めた記憶がないもん。ずっとスパーリングをやっていて、終わりの時間が来るんだけど、それでも佐野さんを追いかけてたんですよ。そうしたら藤原さんに、「時間！　時間！」って止められたくらい、ひたすら佐野さんに食らいついてましたからね（笑）。

佐野　それは覚えてますよ。ライガーはアマレスもやってたし、力も強かったし、こっちも必死でした。

ライガー　みんな必死でしたよね。あの頃はちょっとでもスキがあったら、やっつけてやろうっていう人ばっかりでしたし。当時の新日本プロレス自体がそういう教えというか、ピリピリしてましたから。

入門初日に食べた佐野さんのちゃんこ

――入門した時期は佐野さんのほうが3か月早いですが、はじめて会った時に交わした会話は覚えていますか？

ライガー　「今度、新しく入りました山田恵一と申します！」っていうぐらいの挨拶は当然したと思いますよ。その時はオフであまり人がいなかったんですよ。ただ、小杉（俊二）さんがいたので、「山本小鉄さんにここの道場を訪ねるようにって言われたんですけど」って言ったら、「おう、新弟子か？」って言うから、「いや、〞シンデシ〞じゃないですよ。山田です」って。「だから新弟子だろ？」、「いや、山田です！」っていう訳のわからないやり取りをして（笑）。

――〞シンデシ〞という名前と間違われたと思ったわけですね（笑）。

ライガー　でも、とりあえず部屋に通されて、「腹は減ってるか？　ちゃんこがあるから食べろ！」って。それが佐野さんの作った鶏団子の入ったちゃんこだったんですよ。あんな美味しいものはなかったですよ。ちゃんこも食べたことがないし、「うめー！」って食べましたよ。

――佐野さんはライガーさんの第一印象は？

佐野　「今度入りました」って挨拶をされたのは覚えていますよ。身体がゴツいのが入ってきたなって思いましたね。

ライガー　ちっちゃいけどね（笑）。僕は道場にいる皆さんに挨拶をしなきゃいけないからっていうことで佐野さんにご挨拶をして、あとは畑

（浩和）さん、それからヨーロッパ遠征から帰って来た前田（日明）さんとか、髙田（延彦）さん、山崎（一夫）さん、新倉（史祐）さんと。
――第一次UWFができる前で若手のメンバーがいちばん充実していた頃ですけど、ライガーさんは当時の新日本の道場を「動物園だ」っておっしゃっていましたよね。
ライガー　いやあ、もう野獣の集まりですよ。檻のない動物園、サファリパークです。危なくてしゃあない（笑）。
佐野　そのなかでもライガーは目立ってたと思いますね（笑）。
ライガー　僕が藤原さんに「ぶっ殺してやる！」って言って、逆に殺されかけた時って、佐野さんは道場にいらっしゃいましたっけ？
佐野　うん、いたと思うね。
――ライガーさんが藤原さんとボクシングの練習をしたときの〝事件〟ですね。練習後、藤原さんに頭を小突かれたライガーさんが、「ぶっ殺してやる！」と立ち向かったという（笑）。
ライガー　気がついたらベッドの上で、「あれ？」みたいな（笑）。
佐野　「ようやるわ」と思いましたよ（笑）。
――ライガーさんから見て、リング外の佐野さんはどういった感じの先輩だったんですか？
ライガー　優しかったですよ。とりあえず道場でのルールを覚えなきゃいけないし、雑用とかもいろいろあったので、佐野さんや畑さんにいろいろ教えていただいたりしていましたね。生活面でうるさかったのは小杉さんですね（苦笑）。風呂場のタイルの目地に黒いのが残っていると、「もういっぺんやれ！」ってまた磨かされて。小杉さんは大変だった（笑）。

佐野　細かいもんね（笑）。

――佐野さんは寮では前田さんと同室だったとか？

佐野　そうですね。僕が入門して、ちょっとしてから前田さんがイギリスから帰って来られたんで。そうしたら、外に住まないでしばらく合宿所にいらっしゃったんで、ふたり部屋でしたね。前田さんは朝が早いんですよ。僕は朝8時に起きて掃除ですけど、前田さんは6時半くらいに動き出すんですよ。

ライガー　すっげえ迷惑（笑）。

――新弟子としては、先輩が起きたら自分も起きないといけないってなりますよね（笑）。

佐野　なんとなくそうなるよね。でも、なんとか誤魔化して、ギリギリまで寝てましたけどね（笑）。

「あいつら、またバカやってるな～」

――おふたりは髙田さんにも結構かわいがっていただいたそうですね。

ライガー　僕はよく飲みに連れて行っていただきましたね。渋谷や六本木が多かったです。でも、前田さんにもよく連れて行っていただきましたよ。

――佐野さんは髙田さんと飲みに行って、殴り合いのコミュニケーションをしていたら、警察から事情聴取されたそうですね。

佐野 ああ、ありましたね（笑）。

ライガー めちゃくちゃだよ！（笑）。なんなの、それ？

佐野 一緒に行ったんじゃないんですよ。偶然会ってしまって。

ライガー それで殴り合い？

佐野 そう（笑）。

ライガー 最低や（笑）。

佐野 飲み過ぎでね（笑）。

ライガー あの頃はなんかわからないけど、「素人にナメられちゃダメだ！ 酒をガンガン飲まなきゃダメだ！」みたいな風潮があったんだけど、髙田さんは飲んで暴れるんですよ。服を脱いだり、めちゃくちゃなんだから（笑）。

――ライガーさんはそういうことはなかったんですか？

ライガー いや、警察沙汰はないです（笑）。でも、潰れるまでというか、とにかく僕らが飲み役ですよ。それで「レスラーとは……」みたいなことを教えられて。あの頃は飲む人も多かったですからね。永源（遥）さん、栗栖さん、剛（竜馬）さんとか。それで夜中とかに「ビール買ってきて！」って言われて、池田屋（道場近くの酒屋）が閉まっているのに叩き起こしたりするんですよ。

佐野 酒癖の悪い人が多かったね（笑）。

ライガー そういう人ばっかりよ！ 後藤（達俊）さんなんて、酔っ払って包丁を振り回してたもんね。もう、まともな世界じゃないんだから！　2階の窓から二段ベッドの階段を投げ捨てるんだよ？　下に人がいたら死んじゃうって（笑）。

佐野　今の時代だったら、大変なことになってますよ。

ライガー　これ、全部実話だからね（笑）。すごいわ〜。

――当時だと橋本（真也）さんとライガーさんのいたずら伝説が有名ですが、佐野さんはご覧になったことは？

佐野　それはまあねえ（笑）。楽しんでましたね。

ライガー　アッハッハッハ！　佐野さんは見て楽しむほうですよね。お兄さんみたいな感じだから。「あいつら、またバカやってるな〜」ってね（笑）。橋本が銃を改造して、ハトやスズメを撃ったり。

佐野　ライフル持ってたね（笑）。車に乗ってて隣に外国人の車がやって来ると、そのライフルを構えるの。それを見て外国人が笑ってるんだから（笑）。

――その後、1984年には選手の大量離脱があって、会社も大変な時だったと思うんですけど、当時の道場の様子は？

ライガー　山崎さんは佐山（聡）さんにくっついて、僕が入門してすぐに辞められましたし、そのあと藤原さんと髙田さんもUWFに行っちゃいましたからね。本当に僕らだけになって。それで星野（勘太郎）さんなんかが道場に泊まりに来てましたよ。夜逃げしないようにってね（笑）。でも、わりと自由だったんですよ。

後楽園でのデビュー戦

――デビュー戦についてもお聞きしたいんですが、アントニオ猪木さんにおふたりが呼ばれて、「お前ら、どこでデビューしたい？」と聞かれたそうですね。

ライガー　たしか後楽園かどっかの会場で呼ばれたんですよ。

佐野　スパーリングのあとだったよね。ライガーと目を合わせて、彼が最初に「後楽園」って言ったので、僕はそれに乗っかった形ですね。やっぱり、後楽園っていうのが当時は憧れでしたから。

ライガー　あの頃、僕たちの試合が盛り上がりすぎて、逆に先輩から怒られたりもしたんですよ。一応、「すみません！　気をつけます！」とは言うんですけど、試合になったら関係ないから（笑）。好きなように試合をさせてもらってましたよ。

佐野　僕らはよく「ドロップキックと逆エビ固め以外は使うな！」って言われてたからね。

ライガー　そう、制約はあった。でも、ロープワークをガンガンしてたもんね（笑）。

――はじめから手が合う感覚はあったんですか？

ライガー　そこはやっぱり同期っていうのがあるんですよ。それで、佐野さんには練習では何をやっても敵わない。じゃあ、「試合で絶対に勝ってやろう！」っていう気持ちがあったりしてね。その頃は上の人たちが抜けたあとだったから、怒られはしながらも好きなようにやらせてもらっていましたね。

佐野 自分もやっぱり、ライガー相手がいちばん力を出せたかな。僕から見てもいちばん頑張ってたし。それに自分では言わないけど、試合をしてみると彼はセンスもありましたから。不器用そうに見えるんだけど、武藤みたいなのとは違った意味で、センスはありましたよ。

――なるほど。ライガーさんが事あるごとに「すべての面で佐野さんは上だった」とおっしゃいますが、ヤングライオン杯で優勝されたり、IWGPジュニアのベルトにも先に挑戦されたり、あるいは猪木さんのパートナーに抜擢されていました。チャンスが多かったライガーさんに対して、当時は佐野さんとしてはジェラシーのような気持ちはあったんですか？

佐野 あるにはあったけど、あまり見せたくないっていうのはあったね。意識している相手だけに、余計にね。

ライガー 僕は猪木さんの付き人をさせてもらっていましたし、ちっちゃいのがチョロチョロしてるから、目立ってたんでしょう。今でこそ、僕みたいな背丈の人は多いんですけど、昔はひとりだけポンとちっちゃかったですから。日本人って判官贔屓があるから、会社も使いやすかったんじゃないですかね？　今考えれば、実力もないのに上で使われてたわけですから、むしろ雑に使われてたんじゃないかなって思いますよ（笑）。逆に佐野さんはじっくりと熟成させられたんでしょう。

——海外遠征もライガーさんのほうが先でしたが、その時に船木選手がライガーさんに「佐野さんが『俺は負けない』って言ってましたよ」と告げられたとか?

ライガー そうそう! あいつはすぐにチクるんだよ(笑)。

佐野 で、こっちにも言ってくるからね(笑)。

ライガー そう、真ん中に立ってね。あいつがいちばん悪いんだよ(笑)。

佐野 誰が何を言ったのか、ちゃんと教えてくれるんだよね(笑)。

ライガー でも、「俺は負けない」って言葉を聞いた時はうれしかったですね。僕のなかでは常に追っかけているイメージだったんで、「あっ、俺のことが視界に入ってるんだ」って、当然なるよ。

佐野 コッチも「いつかは追い抜いてやる!」って気持ちはあったからね。

——そのあと、佐野さんはメキシコに遠征に行かれましたね。

佐野 当時のメキシコは島流しというか、あまりイメージが良くないことを聞かされてたんでね。あのとき、浅井(嘉浩=ウルティモ・ドラゴン)もあとから合流したんですよ。

ライガー 浅井は練習生のとき、なんかトップロープの上を歩いてたイメージがありますね(笑)。

佐野 浅井はちゃんと入門はしてないんだよね。通いみたいな感じでいたんだけど、チョロチョロしてるなっていうね(笑)。

ライガー　でも、その浅井の弟子が、今の新日本のトップのオカダ・カズチカだからね。

――しかも、ライガーさんが勧誘したわけですよね。

ライガー　それも何かの因縁だよね。

濃密なライバルストーリー

――１９８９年4月24日に新日本プロレスがはじめての東京ドーム大会『89格闘衛星☆闘強導夢』を開催しますが、そこでライガーさんは獣神ライガーとしてデビューされました。

ライガー　その第１試合に佐野さんが出場されているんですよ。ヤング闘強導夢杯トーナメントの決勝戦をヒロ斎藤さんとやって、佐野さんが優勝したんです。僕はあの試合を見ていて、刺激を受けたんですよ。「佐野さんはやっぱすげえな！」って。

佐野　でも、僕は第１試合だけど、彼はセミ前でマスクマンデビューだったから、だいぶ抜かされてるなっていう気持ちはありましたね。

――ライガーさんがマスクをかぶるということに関してはどう思われていたんですか？

佐野　マスクマンをやりたいっていうのはわかってたんで、自然なことかなとは思いましたけどね。ただ、最初の頃はちょっとマスクの出来がね（笑）。

ライガー　悪かったねえ（笑）。会社は何も用意してくれないんだもん。いきなり「金は出すから作れ」って言われて、「はあ？」みたいな。ど

1989年4月24日の東京ドーム大会で小林邦昭を相手にデビューした“獣神ライガー”。
その小林の引退試合を務めたのはライガーだった。

んだけ扱いがぞんざいなんだって（笑）。

――そのあと、すぐにふたりのライバルストーリーがはじまりました。ライガーさんが馳浩さんからＩＷＧＰジュニアヘビーのベルトを獲って、そのライバルとして佐野さんが立ちはだかって。あの当時、佐野さんは「よし、自分の出番が来た！」みたいな気持ちでした？

佐野　多分そう思っていたでしょうね。でも、何よりも彼と試合をできるのがうれしかったという気持ちはあったかな。新人の時にたくさんやってて、しばらく試合をやってなかったから。それがマスクを着けた彼と、また当時の若手のような感覚で戦えるっていうのがうれしかったんだと思いますね。

――じつは抗争していた期間は1年にも満たな

いんですね。でもファンの記憶に色濃く残っているというか。

ライガー　時間がどうのこうのじゃなくて、いろんなものをぶつけ合うことができましたからね。新弟子からずっと一緒にやっていて、デビューが同日で。そういうストーリーがあったから、他の人とやる試合とは違って当然だと思います。小林さんや先輩がたに「お前ら、いつか死ぬぞ。気をつけろ」ってよく言われてましたからね。

――IWGPジュニアヘビー級の歴史で唯一の両者KOという試合もありました。場外へのトペ・アトミコを繰り出せば、佐野さんも場外にミサイルキックを放つなど、壮絶な攻防となって。

佐野　よくやったなって思うよね（笑）。

ライガー　でも、無我夢中でしたからね。アドレナリンが出てるし、「絶対に負けたくない！」っていう気持ちがあったからこそ、そういう戦いになったんだと思います。

この4試合がなかったら今のライガーはない

――IWGPジュニアのタイトルマッチは4回行われ、初戦が1989年7月13日の両国国技館大会で両者KOとなり、次が8月10日に同じ両国での再戦でした。

ライガー　僕が肩を亜脱臼していてショルダー・プロテクターを着けてやったタイトルマッチで

しょ？　あの試合がライガーとしてのはじめての負けだからね。初黒星は佐野さんなんですよ。

――佐野さんがその試合でＩＷＧＰジュニアを戴冠し、その約1か月後の9月20日の大阪城ホールでは、佐野さんがタイガー・スープレックス・ホールドで防衛。そして、翌年の1月31日の大阪府立体育会館で、〝獣神サンダー・ライガー〟になったばかりのライガーさんがマスクを剥がされながらもベルトを奪還しました。この4試合のなかで、とくに印象に残っているシーンは？

ライガー　とにかく全部が全部、僕のなかでは最高の試合なんですよ。この間インタビューでも聞かれたんですよね。「思い出に残るレスラーは？」って。僕はグレート・ムタとか橋本真也とか鈴木みのるって言ったんです。そこで佐野

1989年7月13日の両国大会でライガーと佐野ははじめてIWGPジュニア王座をかけて激突。佐野が雪崩式のバックドロップを放ったあと、両者KOという結果に終わった。

1989年8月10日の両国大会での佐野との再戦時、負傷した肩を防護するため、アメフトのプロテクターを着用。

さんの名前がなんで出なかったかって言ったら、佐野さんは僕のなかではそういうのじゃないんですよ。いまあげた3人は後輩だけど、佐野さんは先輩で、しかも同日デビュー。そして絶対に負けたくないって思ってた人なので、別格なんですよ。何度も言いますけど、この4試合がなかったら、今のライガーはないんです。

——佐野さんはこのタイトルマッチの4戦を振り返っていかがですか？

佐野 最初の両国と最後の大阪は脳震盪を起こしたままで、身体だけが勝手に動いていたっていう感じの試合でしたよ。

——ちなみに最後の大阪での対決のあと、ライガーさんは興奮状態で、落ちつかせようとした長州力さんに「お前も潰してやる！」と暴言を吐かれたそうで（笑）。

ライガー なんとなく覚えてるんですけど、すれ違った時ですね。長州さんにしてみたら、「はあ？」ですよね（笑）。

佐野 でも、ライガーとは若手の時代から、いつもタイトルマッチみたいな試合をしてたから、他の人とやるよりはそれだけ意識も違っていたよね。

ライガーとの戦い以上のことをやらなきゃ

——この試合を最後に一旦、ふたりの抗争はピリオドが打たれて、佐野さんは1990年の8月にSWSに移籍されました。佐野さんが移籍

1989年9月20日の大阪城ホール大会でのIWGPジュニア王座戦は、佐野がテクニックでライガーを上回り勝利。

を決断した理由として、新日本が第一次UWFと業務提携していた時期、その戦いに絡むことができず、心残りがあったと。

佐野　そうですね。SWSが第二次UWFと一緒にやるというような話だったので。

――ライガーさんは佐野さんを引き留められたそうですね。

ライガー　「行くんですか？」みたいな感じだったんじゃないかな？　でも、今思えば、あそこでポッと間が空いたのがよかったのかもしれないですね。結果論になるけど、佐野さんには負けたくないっていう気持ちがずっとどこかにあったから、ここまで頑張れたんじゃないかなっていうのはあります。

――ちなみに当時の週刊プロレスのインタ

ビューで、ライガーさんはSWSに対して、「俺を引き抜くなら、20億持って来い!」と発言されていて。

ライガー　意味わかんないですね(笑)。誰も引き抜くとは言ってないのに。頭にきてたんでしょうね、「野郎! 金に物を言わせて!」って(笑)。でもプロの世界だから本当はそれでいいんですよね。あの当時、そんなのはよくないっていうイメージがあったけど。

――佐野さんはSWSに行かれてからライガーさんのことは気にかかっていましたか?

佐野　気にはしていましたよ。ライガーの影はいつも心の中にあったし、彼と戦ってた時がいちばんだったたってずっと言われるから、それ以上のことをやらなきゃなっていう気持ちがあったんでね。

――SWSが崩壊したあと、佐野さんはUWFインターナショナルに入りますが、その前に新日本の会場に来たことがありました。しかし、持参した闘魂三銃士への挑戦状を坂口(征二)さんに破られます。

佐野　あれはアポ無しでしたからね。

ライガー　それは怒るわな(笑)。

佐野　よく行ったよね(笑)。やっぱり、ライガーに対してはどっかで、試合では勝てても存在感では負けてるなっていう悔しさがあったんですよ。だから彼を超えるためにも、ヘビーに挑戦したり、髙田さんと試合をしたいっていう気持ちはありましたね。

「UWFは偽りの人生だ」

——そして時は流れて、新日本とUインターとの対抗戦（1995年10月9日・東京ドーム）で久々に対戦されました。佐野さんは当時Uインター所属ということもあってか、過去のタイトルマッチとは趣の異なる攻防になったという か。

ライガー　でも、最終的に佐野さんがトペ・スイシーダを出したじゃないですか？　結局、佐野さんはオールラウンド・プレイヤーだったたってことなんですよ。さっきも言ったように、なんでもできるんだもん。UWFのルールに縛るのはもったいないなって、僕は常々思っていたので。試合が終わったあと、苦し紛れに「UWFは偽りの人生だ。佐野さんの人生には勝った」って言ったんですけど、それもよく意味がわかんないですよね（笑）。

——トペを食らいながら、どこかうれしさみたいなものがあったんですか？

ライガー　「ヤッター！」って言いながらひっくり返りましたよ（笑）。それで佐野直喜っていうレスラーの幅の広さや奥深さを見せられたわけだからね。当然、佐野さんが目指したものは応援しなきゃいけないんですけど、UWFルールが手かせ足かせになっているのかなって感じていたのが、当時の僕の素直な気持ちでしたね。

——佐野さんはあの一戦を振り返ってみていかがですか？

佐野　ジュニアでやっていた時のような感じに

はなれなかったけど、どっかで彼と試合ができるのがうれしいなって思っていましたね。

――今回（2020年1月4日）の東京ドームで佐野さんがトペを繰り出した時も会場が沸いてましたよね。

ライガー　すぐできるのが天才的なところで、だから〝藤波2世〟って言われていたんだし、僕が一生懸命に追いかけたのもそういうところですからね。

――その後の佐野さんはキングダムから髙田道場の所属。PRIDEに出場して、総合格闘技にも挑戦されました。

佐野　それもSWSに行ったのと同じで、やったことがないことに挑戦したいという気持ちがあったんですよ。自分の考えのなかで、「プロレスラーはなんでもできなきゃ」っていうのがあったし、そのなかでも強くなるということが目標にあって。

――ライガーさんは当時、佐野さんについてはどう思われていたんですか？

ライガー　「もっとこっちの世界で、いろんなことをやればいいじゃん」って思ってました。プロレスこそなんでもありじゃんって。プロレスも最初は今で言うところの総合格闘技みたいな試合だったんだけど、それじゃあおもしろくないってことで、いろんな流れがあって今のようになったと、僕は思っているんですよ。だから、「プロレスっておもしろいに決まってるやん！」っていうのが持論で、なのになんでもできる佐野さんが「なんでそっちに……」っていうのはありましたよね。それはある意味で宮本武蔵のような求道者っぽいけど、僕はプロレスが好きだから。

ジャイアント馬場への共通した思い

――その後、佐野さんは「プロレスをもっと学びたい」という理由でノアに入団します。以前、ライガーさんは戦いたかった相手としてジャイアント馬場さんの名前をあげてましたが、おふたりとも昭和の新日本で育ったからこそ、全日本プロレス的なものが気になったのかなと思ったのですが。

ライガー そうかもしれないですね。「馬場さんはプロレスについてどういうことを言っていたんだろう？」って。もう教えを請うこともできないですからね。

――佐野さんは馬場さんの教え子である三沢（光晴）さんや小橋（建太）さんと戦われていますが、猪木さんから教わってきたものとは何か違いを感じましたか？

佐野 戦うことに関して、個人個人で違いはあるんですけど、リングに上がると意外と一緒なんですよ。

ライガー 佐野さんが言われたように、プロレスに対する考え方は各自でいろいろありますからね。例えば猪木さんから教えてもらったものをベースに自分なりの要素を加える。同じように、馬場さんから教えてもらったことがあっても、自分なりの要素を加えた部分はあると思う

2009年1月4日の東京ドームではライガーのデビュー20周年を記念してタッグを結成。

んですよ。僕も対戦経験がある三沢さんのレスリングが王道って言われても、それは馬場さんの王道とは違うもので。だから、僕は馬場さんに直接教えていただきたかったし、直接試合をしたかったんです。

――馬場さんのプロレスの根本の部分を知りたかったということですよね。佐野さんは全日本プロレスにも上がられていますが、馬場さんとお話をされたことは？

佐野　プロレスに関してそんなに深い話はしたことないんですけど、僕が馬場さんを見た時に感じたのは、存在そのものがプロレスラーだったということですよね。何もしなくても、動くだけで、もうプロレスラーっていう。馬場さんとは全日本に入団するというお話をさせていただだいたことがありましたね。

ライガー　あっ、本当ですか？　それは知らなかったなあ。

――ノアに入られたのは、その時のことも少し関係があるのでしょうか？

佐野　いや、そこはべつに。格闘技とかいろいろやらせてもらって、そのあとに自分のなかでまたプロレスをやりたいなと思った時に、まだやってない人たちとやりたいなっていう気持ちが出てきちゃったんでね。

――佐野さんがノアに入って以降は、おふたりはわりと節目節目で同じリングに立っています。近年では『プロレスリング・マスターズ』でタッグを組まれていますが、ふと若手時代を思い出したりしますか？

ライガー　会場でそんな思い出にふけることはないですけどね。

佐野　まあ、マスターズだろうが、同じリングに上がると、やっぱり彼の動きには負けたくないって思いながらやっちゃうよね。

「佐野さんらしいお店だよね」

――佐野さんは現在、京都で『焼肉巧真』という焼肉屋さんをやられていますが、ライガーさんは行かれたことはあるそうですね。

ライガー　すっげえ美味いよ！　これはお世辞じゃなくて、みんなに言って回ってるもん。キムチも佐野さんが全部漬けてますからね。探究心のある佐野さんらしいお店ですよね。

――佐野さんもまさかライガーさんと抗争をしている頃は、焼肉屋をやられるとは思ってもいなかったんじゃないですか？

佐野　いやあ、ねえ（笑）。

ライガー　想像つかないですよね？（笑）。きっちり5年も修行をして店を構えて、自分で毎日お店に立たれているのが、佐野さんらしいですよ。それでも僕の引退試合に向けて身体を作ってくれてね。すみませんでした、なんか変なことをお願いしまして（笑）。

佐野　いやいや（笑）。

ライガー　わざわざお店をお休みにして来てくれたんですよ。正月明けの土日はかきいれ時なのに。だから、大きく宣伝しておいてください、『焼肉巧真』って（笑）。

――佐野さんは入場の時にもお店のTシャツを着ていましたよね？

佐野　まあ、お客さんのなかでプロレス好きがいっぱいいるので、その方たちに見てもらいたいなっていう気持ちで着たんですよ。本当は僕の気持ちからすれば、着たくはないっていうのもあったんですけど（苦笑）。

ライガー　いや、何をおっしゃいますやら！　正月明けの土日は、「おせちも飽きたし焼肉でも食うか」っていう人がいっぱいいるはずなので。本当にすみませんね（笑）。

――リングを下りても、今後は違う形でいい関係性が続きそうですね。

ライガー　そうですね！　また食べに行きたいですよ。京都駅から車で30分ぐらいですよね？

佐野　そうだね。

ライガー　電車だったら、最寄りの上桂駅から歩いて10分くらいだからね。

——レスラーの方もいらっしゃるんですか？　大阪にお住まいの船木選手とか？

佐野　はい。「これ」（耳打ちの仕草）をしに（笑）。

ライガー　ま～た、あいつ、「これ」してたか！　本当に悪い奴だな（笑）。

——いつか佐野さんのお店で同窓会もできそうですね（笑）。

ライガー　そうそう！　ファンの人にも僕がいろいろ宣伝したら、「行ってきました！　美味しかったです！」って言ってくれたんで、こっちもうれしくて。だから、佐野さんには本当に頑張ってもらいたいです！　佐野さん、今後共よろしくお願いします！

佐野　こちらこそ（笑）。

Special Talk.3

[特別対談]

藤波辰爾
×
獣神サンダー・ライガー

「ライガーがいたから、
また新日本のリングに上がれた」

収録日:2020年1月27日
撮影:笹井タカマサ

藤波辰爾（ふじなみ・たつみ）

1953年12月28日、大分県出身。71年に日本プロレスでデビュー。72年、新日本プロレスの旗揚げに参加。75年から海外武者修行に出発し、78年にWWWFジュニアヘビー級王者として凱旋。82年からの長州力との抗争は“名勝負数え歌”と称される。IWGPヘビー級王座は88年の初戴冠を皮切りに6度獲得。99年～04年には新日本プロレスの社長を務める。06年に新日本を退団すると、同年「無我ワールド・プロレスリング」を設立。08年からは「ドラディション」に改称し、団体のトップとして活動を続ける。15年にはアメリカ最大のプロレス団体WWEで、日本人ふたり目の殿堂入り。183cm、105kg。

藤波さんがいるから辞めなかった

――まず、ライガーさんの若手時代を振り返っていただきたいのですが、藤波選手はライガーさんが新日本プロレスに入ってきたときのことを覚えていらっしゃいますか？

藤波　最初に会ったのはメキシコだよね？

ライガー　そうです。僕がプロレスラーになろうと思ってメキシコに渡ったときに、新日本の皆さんがメキシコ遠征に来ていたんですよ。たしかホテル・アラメーダーでお見かけしたんですけど、そのときは恐れ多くてお話できなかったですね（笑）。

――ライガーさんは藤波選手が表紙のプロレス雑誌を見て、プロレスを好きになったくらいですし。

藤波　まだシェイプアップされて細い頃ね（笑）。バキバキだったよね。

ライガー　もう見た瞬間、「カッコいい！」って。それで僕はプロレスラーになるって決めたので、本当に憧れの方なんですよ。雑誌の付録のドラゴン・ロケットとダブルアーム・スープレックスのポスターを貼って、それを見ながら練習していたし、広島に新日本が来ると必ず観に行って、藤波さんが試合前に練習している姿も見ていましたから。そんな方に声をかけるなんてことは無理ですよ。

藤波　僕が猪木さんの付き人になったときと一緒だ（笑）。猪木さんの横にいて、淡々と鞄持ちをしてたの。そのうち猪木さんも気づいて、「ん？

お前、誰だ？」って言ってきて（笑）。

ライガー　ええッ!?　藤波さんの存在に気づかなかったんですか？（笑）

藤波　「前にご挨拶させてもらったんですけど、北沢（幹之）さんに紹介して入れてもらいました藤波です」って、改めて挨拶したりね。まあ、そんなもんよ（笑）。

ライガー　僕は日本に帰ってから、しばらくして道場で合同練習があったので、そのときに皆さんにご挨拶させていただいたんですよ。

藤波　僕もその頃は自分のことで精一杯だったからね。ちょうど長州（力）とやり合っていた頃だったし、新日本のシリーズが終われば海外遠征に出るようなサイクルだったから。でも、巡業中に一生懸命に練習している姿は記憶していますよ。彼は藤原教室の門下生で、試合前は必ずリング上でスパーリングしていましたからね。僕もたまに入ってウォーミングアップしてたけど、とにかく練習している姿の記憶しかないね。

——当時はライガーさんを含め、若手が充実していた時期ですよね。

藤波　カール・ゴッチ杯からヤングライオン杯に名前が変わって、そういう若手のリーグ戦をやれるぐらい充実していたよね。

——ただ、そういった選手たちがライガーさんがデビューした直後ぐらいからいなくなってしまいます。第一次ＵＷＦができたり、長州さんたちがジャパンプロレスを立ち上げて出ていったり。

ライガー　僕が入って3か月ぐらいしたら、山崎（一夫）さんが辞めて佐山（聡）さんの元に行ったんですよ。そこからバタバタと辞めていきましたね。

藤波　藤原（喜明）もいなくなり、当然前田（日明）もいなくなる。心細いというよりは寂しくなるよね。仲間がいなくなるんだから。

――そうなると、ライガーさんたち、残った若手に対する期待も大きかったんじゃないですか？

藤波　期待というよりも「次は誰がいなくなるんだろう？」っていう心配だよね（笑）。何人かの選手が僕に相談しに来たこともあるからね。「これからどうなるんでしょう？」って。「心配することないから。ここに残っていればいいんだ」って引き止めるようなことはしていたね。

ライガー 僕は入った経緯がメキシコで新日本に拾ってもらったようなものなので、辞めるっていう考えはなかったですけどね。

藤波 僕から見ても、彼は周りに振り回されている様子はなかったよね。何があっても動じないというか。人の動きを見て右往左往する人間もいたからね。

ライガー 何より憧れていた藤波さんが新日本にいるわけですから。そこを辞めるわけがないですよ。

藤波 そういう意味では、僕と一緒かもしれないね。自分で夢や目標を持って、団体を旗揚げする人間もいるし、違う団体に移る人間もいる。僕の場合もそのときは新日本を出ようという考えはなかったんだよね。猪木さんに憧れてプロレスラーになっているわけだから。

——ライガーさんが新日本に残ったのは藤波選手の存在が大きかったということですよね。

ライガー もちろんですよ。何度も言うようですけど、憧れの人ですから。

藤波 そう言われると悪い気はしないし、うれしいよね。自分のなかで襟を正すというか、肝に銘じて行動しなきゃいけないって気持ちになるね（笑）。振り返ると、この当時の道場はにぎやかだったよね。

ライガー 僕のあとには闘魂三銃士や船木（誠勝）が入ってきて、大学生というか高校生のノリですよね。みんなワチャワチャしていました。

藤波 僕が道場にいた頃は人がいなかったし、

わりと寡黙な選手が多かったからね。藤原とか木村（健悟）とかキラー・カーンとか、本当に静かだったね。自分の部屋にこもってテレビを観たり、あとは部屋で花札やトランプするぐらいかな？

ライガー　そんな感じだったんですね。

藤波　まあ、ライガーたちが入ってきた頃には練習でしか道場に行かないし、終わったら帰っちゃうから若手たちが何をやっているのかはわからないんだけど、橋本（真也）のことはよく耳に入ってきてたね（笑）。

ライガー　これは言っておきますけど、僕も橋本と一緒によく悪さをしてたみたいに言われるんですよ。そうじゃなくて、僕は橋本と仲が良くて、横にいただけ！　あいつがやってたような悪行には手を染めてない（笑）。僕は単なる目撃者なんですよ。あとは船木！

藤波　そうなんだ（笑）。たしかに橋本のことだけはよく耳に入ってくるんだよね（笑）。

ライガー　あいつらは悪かったな〜。

――わかりました（笑）。ところで、藤波さんはその当時のライガーさんたちの試合はご覧になったりはしていたんですか？

藤波　あの頃の若手は元気だったよね！　僕に限らず、新日本の選手たちは会場をソーッと覗いて若手の試合を観ていましたからね。だいたい8〜9試合くらいでしょ？　それだと試合に出られる選手も限られちゃうんだよね。そういうなかで生きているから、やっぱり自ずと練習量も多くなるよね。

ライガー 試合に出させてもらうために、練習のなかでアピールもしなきゃいけないですからね。武藤（敬司）は柔道の実力者だったし、橋本は身体が大きかった。後輩でもそれぞれ特徴があって、何かを持っている。じゃあ、僕は何を持っているのかって考えたら、アマレスなんですよね。それでスパーリングでアピールしたりしていたんですよ。だから、あの当時の新日本は普段は仲がいいんですけど、練習や試合となると殺伐としていましたよね。

藤波 自ずとそうなっちゃうよね。僕の場合は、新日本を旗揚げした頃なんかは選手がいないわけだから、殺伐とするようなライバルがいないし、試合ができる戦力を確保しないといけないような状態だったからね（笑）。長州が入ってきたときも、後々はライバル関係になるけど、最初は「仲間がひとり増えた」っていう感覚だったから。

ライガー ああ、そっちなんですね。でも、選手がいないとそうですよね。

藤波 そういう目線で見ると、選手が減ったなかで若手たちが元気だったのはすごく頼もしい感じはあったね。彼らがしっかりと下を支えてくれていたわけだから。僕、ヤングライオン杯でレフェリーをやったよね？

ライガー そうです。両国国技館で第1回のヤングライオン杯の優勝決定戦（1985年4月18日）を僕と小杉（俊二）さんでやらせていただいたんですけど、レフェリーをしていただいたのが藤波さんでした。

藤波 あのときは本当に若手に馬力というか元気があったよね。僕はそういう若手の試合が大好きだから、いつも会場の袖から観てましたよ。

会社から警戒されたドラゴンボンバーズ

——ライガーさんが〝獣神サンダー・ライガー〟になったあと、1990年にドラゴンボンバーズが結成されました。

藤波 この話題、出ると思ったんだよ（笑）。その前に僕が腰のケガで1年3か月休んでいたんだよね。その欠場中にいろいろなことを考えて、選手層も厚くなったし、それぞれ選手が相撲の親方のようになって部屋を作ったら、リング上も活性化するし選手も育てやすいかなと思ってね。別に新日本を出てとかじゃなくて、新日本を活性化しようと思ってテストケースでやろうと思ったんだけど、なかなか難しい部分があったね。

ライガー 欠場してリングからちょっと離れたところで見ていたから気づかれたんでしょうね。今の新日本って、ユニットがいっぱいあるじゃないですか？ 結局、藤波さんが提唱された部屋別制度みたいなものなんですよ。だから、藤波さんが言われたことは間違っていなかったし、僕も藤波さんからお話を伺ったときは、新日本を飛び出してとか一切言われていないですからね。後々は自分が親方になって、部屋同士で新日本のリングで戦ったらおもしろいんじゃないかって言われて、たしかにそうだなと思ったんですよ。ただ、今まで例がなかったので、「おいおい、ここに来てまたごたごたかい？」って、会社が警戒しちゃっただけなんですよ。

藤波　富士山の麓で合宿張ったりしたね（笑）。

ライガー　やりましたね。僕と越中（詩郎）さんと飯塚（高史）と……。

藤波　ブラック・キャットとね。あとお相撲さんもいてね。南海龍とテイラ（・トゥリ／高見州）っていうふたり。南海龍もデビューする予定だったんですよ。福岡ドームのこけら落としで、彼をデビューさせるっていう話があったんだけどね。

ライガー　へえ！　それは知らなかったですね。

藤波　でも、デビュー前に問題を起こしていなくなっちゃった（笑）。

ライガー　彼らも道場に住み込みで一緒に練習してましたからね。ひとりはすごく真面目だったんだけど、もうひとりは酒癖が悪くて（笑）。

藤波　酒癖が悪いのはどっちかわかっちゃうね（笑）。

――南海龍さんのほうですよね（笑）。

ライガー　酒を飲まなきゃよかったんですよ。

藤波　僕は相撲が好きで、関取の友だちもいるんだけど、小錦と懇意にしていてね。酒で問題を起こして廃業したから、小錦から頼まれたんだよね。相撲には戻れないけど、プロレスが好きだからって。実際は真面目で、その頃は反省もしていたんでしょう。一切酒を飲まなかったからね。でも、デビューが近づいてきて安心しちゃったのかな？　気持ちが緩んじゃってね

（笑）。まあ、飲まなきゃすごくいい男なんですよ。でかいし、器用だったしね。

ライガー　もったいなかったですね。でも、ドラゴンボンバーズは頓挫しちゃったけど、その後に平成維震軍とかができて、独自に興行をやったりしたじゃないですか？　だから、藤波さんの考えは早かっただけで、あとになって会社が追いついてきたっていうことなんですよ。

長州の顔を見るのもイヤだった

――その頃、ライガーさんはジュニア戦線の主役の座に躍り出ていました。藤波選手は当時のライガーさんをどのように見ていましたか？

藤波　彼は山本小鉄さんに直訴して新日本に入ったぐらいだから、ガッツがあったんでしょう。他のレスラーと比べてタッパが足りないから、小鉄さんに相当言われたと思うんだけど、コスチュームを着るのがもったいないぐらいのすごい身体だからね。小鉄さんも身長がない分、見るからにレスラーっていう身体をしてたから。「プロレスラーはリング上で試合をするのは当たり前。それと同時にお金の取れる身体を作れ」っていうのが口癖だったからね。

ライガー　今、藤波さんが言われたまんまのことを、山本小鉄さんに言われました。「身長を伸ばすことはもうできない。でも、横にはいくらでもでかくできるんだから、やらなきゃダメだ」と。

藤波　やっぱりね。

ライガー「お客さんが5000円を払って来てくれたんだったら、お前の身体を見ただけで3000円分の元が取れるぐらいの身体を作れ。だからとにかく練習しなさい」って言われました。

藤波　小鉄さんは身長はないけど、身体はすごかったもんな。

ライガー　足はパンパンだったし。

藤波　長州が入ってきたときに、小鉄さんを見てビックリしたらしいからね（笑）。引退後もずっとあのまんまだったし、あれがレスラーだよ。

——新しいマスクマンが新日本に誕生したことについては、藤波選手はどう思われていたんですか？

藤波　もうタイガーマスクもいなかったし、周りから見れば二番煎じって言われるかもしれないけど、彼の場合は身体もしっかり作っていたし、しかもすごくプラス思考だからね。よくこういうキャラクターをやれって言われて、抵抗を感じたり、イヤだという人もいるかもしれないけど、彼は前向きだからね。会社としてもやりやすかったんじゃないかな？

ライガー　まあ、ノーテンキなんですよ（笑）。おもしろそうだと思ってやっちゃうから。

藤波　でも、試合はしっかりしているからね。佐野とよく戦っていたよね？　変に気が合うじゃないけど、目一杯やれる相手だったんだろうね。僕の場合は最初は長州の顔を見るのもイヤだったから（笑）。

ライガー えぇッ!? そうだったんですか?

藤波 まあ、当時の長州はどっかでプロレスの難しさを感じていて、自由に暴れたくても暴れられない、ぎこちなさみたいなものを感じていたと思うんだよね。それが自分とやり合うことによって、本来の長州が出せたっていうね。それからプロレスがおもしろくなってきたっていうのが本当のところでしょう。でも、僕にしてみれば、ジュニア時代は周りを意識する必要もないし、すごく居心地がよかったの。そこに横槍が入るわけだから、「コンチキショウ!」って気持ちにもなったよ(笑)。

ライガー アッハッハッハ!

藤波 だって、あっちは出てくる者の勢いですごいし、テレビでも注目されたし、視聴率だって20%を超えていた時期でしょ?

ライガー みんな観てましたからね。

藤波 会場に行ってもどこも超満員が続いたんだけど、そのほとんどが長州ファンだったから。かすかに藤波ファンが残っているみたいな状態でね(笑)。

ライガー いやいや、そんなことはないですよ!

藤波 会場のなかで僕のファンと長州のファンが喧嘩するっていう現象まで起きてたし、そういう意味でも意識してたから。でも、それがあったから、長州だけでなく僕も今までにない自分を出せるようになったと思うし、ライガーにしても佐野のように思いっきりいけるライバルが出てくるのはいいことだよね。

ライガー ましてや、佐野さんと僕は同期の関係でしたからね。向こうのほうが3か月早く入っていて、柔道をされていて強かったんですよ。

藤波 あ、同期なの。でも、佐野はたしかに寝技はうまかったよな。

ライガー でも、僕が藤波さんに憧れて入っているのに、佐野さんのほうが〝藤波2世〟って言われてましたからね（笑）。「おいおい、俺の憧れの人なのに、なんで佐野さんなんだよ！」って、そういうぶつかり合いもありましたよ。

藤波 彼は僕の付き人もやってくれていたからね。佐野との試合もそうだけど、あの頃はポイントポイントでライガーの試合は観てましたよ。ジュニアの選手権試合とかね。その日の対戦表が控室に貼ってあるでしょ？　そうすると、「この試合は観てみたいな」っていう試合はあったよね。自分のなかで丸をつけてね（笑）。

ライガー わかります（笑）。

藤波 でも、当時のジュニアも僕がやっていた頃とは変わっていたし、今なんかさらに違うよね。タイガーマスクの空中殺法が注目されたけど、今のジュニアほどは飛んでないもんね。

ライガー そうなんですよ。ほとんど飛んでないんですよ。

藤波 ライガーたちもそうなんだけど、やっぱりベースは道場にあるからね。タイガーマスクの場合は実際はグラウンドのレスリングが多かったんだけど、ポイントポイントで動くから、彼の動きは早く見えたんだよ。

ライガー おっしゃる通りですよ。

藤波 ただ、羨ましかったのは、ライガーたちは他団体の選手たちとも戦っていたでしょ？

ライガー はい、『スーパーJカップ』とかやりましたね。

藤波 ああいうのをやると、戦う選手の輪がガッと広がるからね。あれは羨ましかった。僕らの場合は新日本の選手だけだし、あとは海外から大物を呼んだりしていただけだったからね。ただ、この頃はもう猪木さんも巡業に出ていなかったんじゃない？

ライガー そうですね。もう政治家になられていた時期ですからね。

藤波 我々の頃は四六時中、メインイベンターとして巡業中にいるわけでしょ？ 試合の相手よりも控室で観ているであろう猪木さんのほうが怖かったからね（笑）。

ライガー まさにその通り（笑）。

藤波 常にピリピリしてたよね。だらしない試合してたら、竹刀を持って控室から飛んでくるんだから（笑）。試合中だよ？ お客さんは何事だってなるよね。

ライガー 僕はその場面を一回だけ見たことがあります。お客さんがキョトンとしてましたからね（笑）。試合中にいきなりリングに入ってきて、竹刀で選手をしばいて帰っていく。「なんなの？」ってなるよ（笑）。

藤波 でも、猪木さんが巡業に出てこなくなっても、その精神はみんな持ってたよね。だから、その頃のライガーたちジュニアの選手にもその精神がちゃんとあったし、そういう戦いをしていたよね。

ライガー　猪木さんの「新日本プロレスとはこうあるべき」という生き様ですよね。猪木さんがいらっしゃらなくても、必ず誰かが見ているという意識は持っていましたね。だらしない試合をしたら先輩から怒られたし、それは今の選手もそうですよ。

藤波さんのほうが噛ませ犬にされていた

——その後、1999年に藤波選手が坂口征二社長のあとを引き継いで、新日本の社長に就任します。

ライガー　憧れていた人が社長になるわけですから、「すげえ！」って思いましたよね。

藤波　でも、僕の苦悩している姿しか見ていないんじゃないの？（笑）

ライガー　いや、苦労されているなっていうのはわかりました（笑）。もう会場がどこも満員っていう状況ではなくなっていましたからね。でも、船に例えるなら、そういう状況のなかでしっかりと舵を握って、僕たち乗組員を安全に航海させてくれたと思います。

藤波　そう言ってくれるとうれしいけど、選手が頑張ってくれたというのもあるからね。こう言われると彼もくすぐったいかもしれないけど、ライガーは頼もしい存在でしたよ。特にジュニアでは彼が軸になっていたわけだからね。

ライガー　いやいや（笑）。

藤波　あの頃は現場監督として長州がいたでしょ？　選手にとっては口うるさい部分はあっ

たかもしれないけど、僕にとってはもうライバルというよりも仲間という感じだったからね。長州がいたからこそ現場を任せられたし、僕は事務所のこととか興行の仕事とかをやることができたしね。長州もライガーがいたから、安心できた部分はあったんじゃないかな？

ライガー　でも、僕なんかは新日本プロレスに拾われた身だし、憧れていた藤波さんが社長になったんですから、「頑張ろう！」っていう気持ちになりますよ。藤波さんと一緒の団体に入れたことが走馬灯のように頭のなかで蘇ってきたし、それはごく当たり前の感情ですよね。

藤波　まあ、あの5年間はいろいろと勉強させられましたよ（笑）。

――ただ、そんな憧れの藤波選手が２００６年6月30日付けで退団されました。

ライガー　つらかったですよね。入団してから、離脱をいろいろと経験しているわけじゃないですか。その年の頭にヒロ（斎藤）さんとか後藤（達俊）さんとかの先輩方から、西村（修）とかの後輩まで辞めていって、「あ、またか……」みたいな感じだったんですよ。しかも、藤波さんというこれまでずっと新日本を守ってこられた方ですからね。それなりのことがあったんだと理解できますよ。今、藤波さんが長州さんが現場を仕切ってくれていたからって言われましたけど、長州さんの「俺はお前の噛ませ犬じゃないぞ」という発言、僕はどうしても藤波さんのほうが噛ませ犬にされていたんじゃないかっていう感覚が拭いきれないんですよね。

——藤波選手のほうが損な役回りをさせれていたということですね。

ライガー　と、思っているんですよ。だから、噛ませ犬発言は腑に落ちないところがありますよね。あくまで個人的な意見ですけど。だって、長州さんは気に入らないと、さっさと辞めちゃうじゃないですか？　で、また帰ってくる。長州さんのほうがよっぽど自由にやってましたよね。藤波さんは周りからやいやい言われて、仕方なしにそういう役回りをやられていたのかなって。

——06年当時、ジュニア勢がごっそり抜けるという話があったようですね。

ライガー　ジュニアのメンバーとは「どうしようか」って話はしましたね。ただ、僕は何度も言うように拾ってもらったという恩義があるから、そこには葛藤があったけども、最終的には「俺は行けない」っていう話はしました。結局、プロレスラーは個人商売ですし、あとは個人個人が考えて行動した結果ですよね。でも、つらかったですよ。

藤波　僕もまさか自分が新日本を辞めるとは想像もしてなかったからね。ひとつの理由として、猪木さんが完璧に退かれたというのは大きいでしょうね。ただ、僕も不器用だったから、全選手と話をするっていうことができなかったし、ひとりで外れるっていう形になったんだけどね。そのあと、契約更改できない選手が何人かいて、その選手たちで興行をやるっていう話が出てたから、当然僕にも声がかかってくるよね。「あれ？

また、船頭役になっちゃうのかな?」みたいなね(笑)。

――好む好まざるに関わらず、自ずと頼られてしまうということですよね。

藤波 それで無我ワールド・プロレスリング(現在のドラディション)を旗揚げするんだけど、結局僕もプロレスが好きだから。プロレスが辞めたくなったわけじゃないし、ドラゴンボンバーズのときもそうだったけど、どっかにやりたい気持ちはあったんでしょうね。

ライガー まあ、現役でいる以上は自分のリングに集中しなきゃいけないんですけど、やっぱり藤波さんの団体は気になってはいましたよね。記者の人たちに話を聞いても、大変なんだろうなって思ったし。

「ライガー登場でドラディションもワンランク上がったね(笑)」

――そして時を経て2019年4月26日、そのドラディションにライガーさんが初参戦されましたね。

藤波 僕は新日本から離れていたから、新日本の選手には一切声をかけていなかったんですよ。『プロレスリング・マスターズ』や他の大会でライガーや他の新日本の選手とも顔を合わせる機会はあったんだけど、僕の団体に選手を出すのは新日本もイヤだろうなと思ってたんでね。ただ、ライガーとも顔を合わせる機会が多くなってたから、ダメ元でオファーをしてみようと思って、後楽園ホール大会にライガーを貸してもらいたいと、自ら新日本に電話したんですよ。

ライガー　いやあ、うれしいですね。

藤波　そうしたらいい返事が返ってきたんでね。

ライガー　いや、こちらとしては「ぜひ！」ですよ。マスターズとかでも「元気か？」って声をかけていただいていたし、藤波さんからのオファーを断る理由はないですよね。でも、倉島（信行）くんもレスリングをしっかりやれてたし、参戦している選手みんなでリングを作ったりして、アットホームな雰囲気の団体でしたね。

藤波　プロレス団体らしさがなくて地味でしょ？（笑）

ライガー　いやいや、地味っていうことはないです！　でも、アットホームで家庭的って言っても、リングに上がったらやっぱり「俺が！

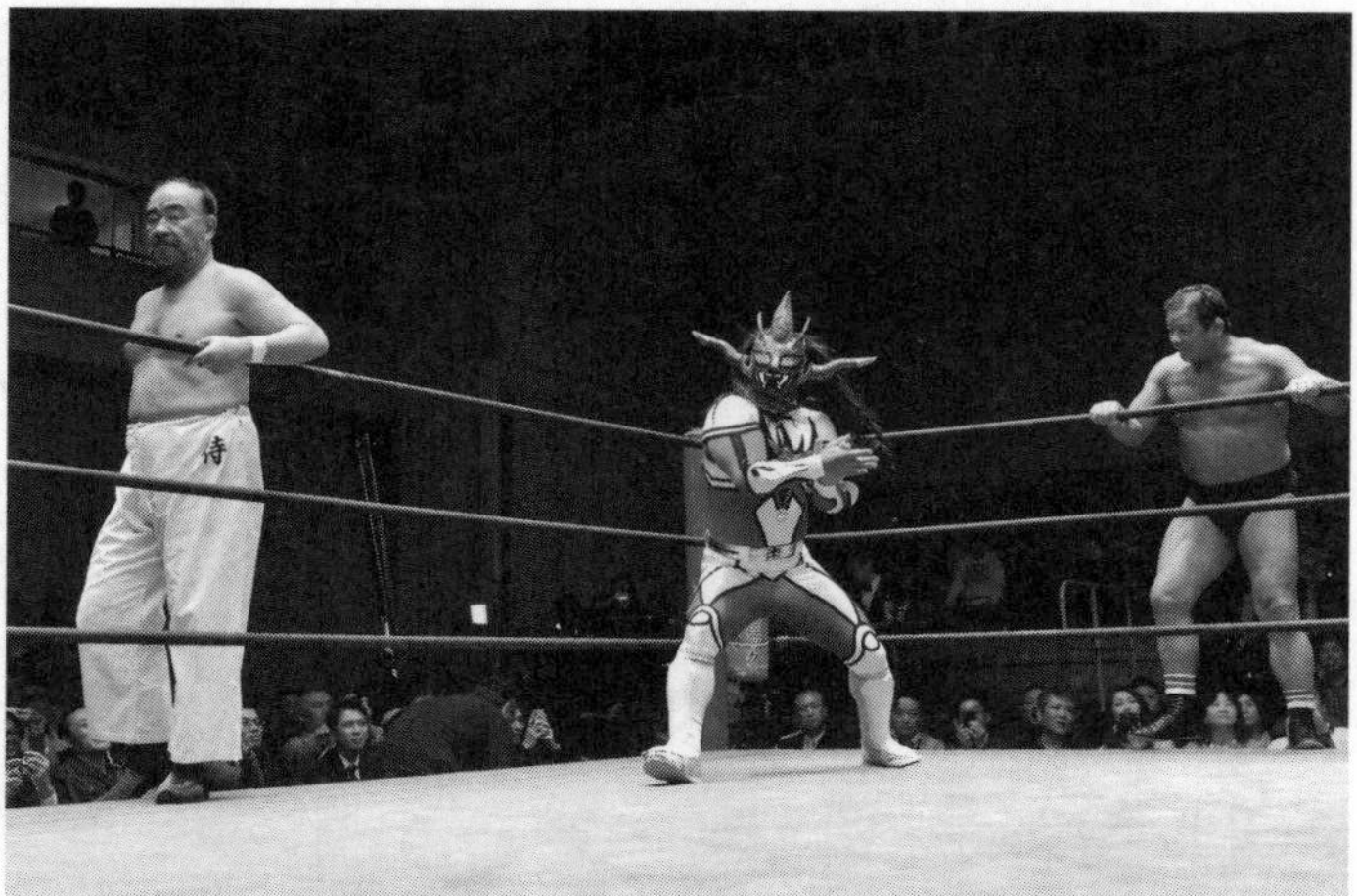

2019年4月26日、初参戦したドラディションでドラゴンボンバーズが復活。（©週刊プロレス）

俺が！」ですからね。藤波さんという新日イズムをいちばんに継承されている方の団体ですから、参戦している選手はみんなそんな感じになりますよ。藤波一家の持つ温かい家庭のイメージに騙されちゃいけない。だって、新日本旗揚げ時からいた方の団体なんだもん。それは想像に難くないでしょ？

藤波　団体を興すときにへんに道を外れちゃいかんっていうポリシーがあったからね。派手なことはできないんだけど、守るべきものは守らなきゃと思って。でも、ライガー登場でドラディションもワンランク上がったね（笑）。

ライガー　何を言っているんですか！　勘弁してくださいよ（笑）。

藤波　いや、見方が変わった。今のファンもライガーが出てくれるっていうことで会場に来てくれたしね。今までのウチのお客さんはきちんと座って観るような行儀のいい人たちが多かったからね。ライガーが出てから、やっと会場にプロレスの色が出てきたなと思って（笑）。

ライガー　そんなことないですよ（笑）。

藤波　お客さんもライガーのテーマ曲がかかるとは思ってなかったでしょ。「ドラディション、どうしたんだ？」って思ったんじゃない？（笑）

——そういったなかで藤波選手の息子さんであるLEONA選手との交わりがありました。

藤波　10月27日の大阪南港ATCホール大会ね。LEONAにとっては夢みたいなもんで、ライガーに触れることができない選手なんてごまんといるわけでしょ？　そのなかでライガーと戦えたのは彼にとっても勲章でしょうね。

ライガー　まあ、厳しい言葉を言ってしまいましたけど、ある意味、若い芽を摘むのが僕らの仕事だから（笑）。でも、彼と試合をしてて、「もっとできるじゃん！」っていうがわかるんですよ。ところが、自分で蓋をしてしまっているのが感じられたので、「もっと爆発してぶつかってこいや！」って思ったんですよね。アイツも……アイツってすみません（笑）。

藤波　いいよ。ドンドン言って！

ライガー　アイツも試合が終わって、「ライガーの野郎！」って言ってきやがったから（笑）。それで頭がカーッとなったもんね。もし、引退が決まってなかったら、藤波さんにOKを取る前に直接ドラディションに殴り込んでいたかもしれない。彼はまだまだ伸びるし、自分でも伸びるために何をすべきかっていうのを考えてほしいんですよ。猪木さんや藤波さんの世代の人は、「レスラーはバカじゃできないよ」っていう言葉をよく聞いたと思うんですけど、そのときそのときで瞬間的に自分が何をしたらいいのか、どう動いたらいいのか、どういう発言をしたらいいのかっていうことがわかっていないといけない。臨機応変さですよね。

藤波　そういう部分ではかわいそうだよね。荒波っちゅうか、そういう団体のなかに彼は入っていないからね。鍛えようがないんだよね。

ライガー　同年代や同期の人間がいないじゃないですか？　僕とかがやってもいいけど、やっぱり同年代のライバルとバチバチやり合わない

2020年10月27日のドラディション大阪南港ATCホール大会で、藤波の長男・LEONAと最初で最後の対戦。（©週刊プロレス）

と。僕には佐野さん、藤波さんには長州さんのように「こいつだけには負けてたまるか！」って思える選手がいるんだけど、それがいないから爆発してないと思うんですよ。ドッカーンと「LEONA、ここにあり！」という爆発をしてほしいですね。だって、僕はLEONAが小さい頃から知ってるんだもん。クリクリの天然パーマでね。

藤波　会場中を走り回ってな（笑）。

ライガー　それが自分で父親に直訴してレスラーになったんだから、爆発してほしいですよ。

藤波　あれは僕もビックリしたね。2012年の4月20日の後楽園ホール大会で、僕のデビュー40周年記念興行だったんだけど、猪木さんが挨拶されたあとだったし、長州たちも来ているなかでしゃべりはじめたから、かなり驚いたよ。

ライガー そういう臨機応変さなんですよ！　それを続けて、ガンガンやってほしいですね。ぶっちゃけ、まだレスリングは強くないですよ。でも、強くないくせに向かってくるからムカつくんですよ。だから、こっちもムキになる。そういう気持ちが大事。やっぱり、レスラーは気持ちですよね。小鉄さんも星野勘太郎さんも身体は小さいのにアメリカでヤマハブラザーズとして、大きな男たちとやり合った。僕も身体は小さい。「なんでできるの？」って言ったら、やっぱり気持ちなんですよ。闘魂ですよ。闘う魂ですよ。それをLEONAは持ってるんだから、爆発しろやって。

藤波 家に帰ったら、早速彼にライガーのこの言葉を伝えたいね。でも、急に家を飛び出したらどうしよう（笑）。

ライガー でも、猪木さんたちがいる前でマイクで直訴したように、やっぱりレスラーとしてのセンスがあるんですよ。それは藤波さん譲りだと思いますよ。

藤波 どこかにポーンと入れたら変わるかもしれないね。

ライガー センスがあるなしで変わってきますからね。せっかくセンスはあるんだから、持っているものを爆発させろって。それが試合後の僕に対するコメントで爆発していたので、「よしよし」と思いました。持っているものはすごいんだから。じゃなきゃ、僕だって厳しいこと言いませんよ。

新日本のリングには二度と立つことはないと思っていた

――ライガーさんが引退を発表されたとき、藤波選手はどのように思われましたか？

藤波　ビックリしちゃいました。信じられなかったね。でも、引退試合の話をもらってね。僕のなかで新日本への思いはあっても、一度出た立場としては二度とあのリングに立つことはないだろうって思ってたから、願ってもないビッグチャンスが来たなと思ったよね。僕が喜んだのと同時に、息子がいちばん喜んだよ。彼は僕と新日本のことをよく知っているしね。

ライガー　僕としては藤波さんはプロレスへの第一歩だったし、それまで園芸部で将来は畑仕事や農業でやっていこうと思っていたのが、藤波さんの雑誌の表紙を見て180度ガラッと変わりましたからね。もし来ていただけるんだったら、ぜひっていうことですよね。

藤波　時代が変わったのか、新日本が大きな器で迎え入れてくれたけど、本当にライガー様様だよね（笑）。自分にとっては非常に大きな出来事です。ひさびさに東京ドームの花道を歩かせてもらったけど、ただ上がるだけじゃおもしろくないなと思って、一夜限りのガウンを作ってきたんだけど。

ライガー　いやあ、感動しましたね！　入退場口の裏に控室があるんですよ。そこにガウンがかけてあったんですけど、ガウンを着られるのは藤波さんしかいらっしゃらないから、「あ、藤波さんのガウンだ」と思って。で、見ていたら、「あれ？　これ俺じゃねえ？」って。ドラゴンと向かい合っててね。そうしたら藤波さんが、「ガウンに刺繍入れたんだよ」、「これ今日しか使えないですよね？」、「そう、一夜限り」、「ええッ!?」ってなりましたよ。すごい感動しました！

藤波　ライオンマークも入れてね。だから、あの日しか使えないです（笑）。

ライガー　しかも入場のときだけじゃないですか？　これは本当に感動しました。「ありがとうございます！」って。

藤波　迎え入れてくれた新日本とライガーへの感謝と同時に、ファンに対してですよね。ファンにも僕の気持ちを見せたかったたっていうのがあったからね。

引退試合で藤波が身につけていた特別仕様のガウン。ライオンマークを挟み、ドラゴンとライガーが向き合う。

ライガー　いやあ、本当にうれしかったです。

藤波　でも、試合ではみんな僕のことをケアしてくれたからね（笑）。新日本がルーツの選手ばかりだし。

ライガー　そうですね。藤波さんは（ザ・グレート・）サスケ選手と絡むのははじめてですかね？　彼も新日本プロレス学校で指導を受けているし、タイガーマスクは佐山さんの直系の弟子だし、言ってみればみんな新日本ですよ。

藤波　でも、ついていくのがやっとだった（笑）。足がもつれそうになってってね。

ライガー　あの試合のあとで、「藤波さんはなんであの身体をキープできてるの？　いくつだっけ？」って話題になったんですよ。だって、見てくださいよ、この身体。常識的に無理でしょ？　自分の年齢を足し算してみて、「藤波さんの年齢まであと何年だ……無理無理無理無理！　やってらんねえ」って（笑）。

藤波　やっぱりリングに上がる以上は肉体の維持は意識しないとね。あと、ひとつの目標っていうわけじゃないんだけど、いつか新日本に上がることもあるのかなって思うわけじゃない？　やっぱりその日を意識して、身体は作っているからね。でも、夢が叶っちゃったから、明日からだんだん身体が落ちてくるかも（笑）。

ライガー　そんなことないでしょう（笑）。

藤波　でも、一応、現役で人に見られる以上は意識していますよ。それと自分の健康のためにもね。だんだん体型が変わってくると寂しいじゃない。ライガーもそうでしょ？

ライガー　やっぱり見習うべき先輩方がいらっしゃいますからね。

藤波　我々の世代はそうなのよ。会わなくてもどっかで意識している。僕もいまだに長州のことは意識しているもん。あいつ、今でも野毛の道場に通ってるんでしょ？

ライガー　我が物顔でトレーニングされてますね（笑）。

藤波　だから、準備はしておかないとね。ちょっと見ないあいだに「あんなになっちゃったのか」って言われるのは、自分自身で絶対に許せない。

ライガー　いやあ、そこが藤波さんですよね。引退試合の記者会見のときに、「僕のほうが年齢は上なのに」っておっしゃいましたけど、あのコンディションなら誰も文句は言わないですよ。僕は藤波さんに70歳、80歳って、現役の記録を塗り替えていってほしいですね。

藤波　頑張ります（笑）。

――ライガーさんも引退されても、肉体は維持していかれるおつもりなんですか？

ライガー　練習はやりますよね。もちろん、現役時代と強度や重量、あるいは練習の頻度は変わってくるかもしれないですけど、「ライガーはすっかりヨレヨレになっちゃったね。服も小さくなっちゃったね」って言われるのはイヤですから。でも、何回も言うけど、藤波さんの身体は異常だから。おいくつになられたんですか？

藤波　66（笑）。

ライガー　66！　すごいよ！

藤波　違った目で見られたりしてね。「あの人、なんか悪い薬でもやってるんじゃないの？」って（笑）。

ライガー　いやいや、藤波さんは使わないから！（笑）

2020年1月4日の東京ドームでは、藤波は66歳とは思えない鍛え抜かれた肉体を披露。

藤波　僕はプロテインとかも一切摂らないからね。

ライガー　また、奥さまがお料理が上手だからね。いろいろ健康面を考えて作っていらっしゃると思います。ライガーになったぐらいの頃かな？　僕、藤波さんの家に招待していただいて、奥さまの手料理をごちそうになったことがあるんですよ。で、デザートでタピオカが出てきたんですけど、タピオカなんてその頃は知らないので、カエルの卵かなんかだと思って（笑）。「これは食べられるのかな……」って思っていたら、「そのまま食べていいんですよ」って言われて、食べたら「うめぇ！」って。僕のタピオカ人生がはじまったのは、藤波家だから！

藤波　今、流行っているね（笑）。

ライガー　ブームのだいぶ前ですからね。そういう奥さまの内助の功も長く続けられる秘訣なんでしょうね。やっぱり、藤波さんは新日本の社長もされて、ドラディションも立ち上げられて、リング外でもたくさんやることがあるなかで、練習だけであの肉体は維持できないですよ。そういうケアをしてくれる奥さまの存在は大きいですよね。

――では最後に、藤波選手はこれからもプロレスを続けていかれると思うんですけど、ライガーさんから何かエールはありますか？

ライガー　エールなんておこがましいですけど、やっぱり怖いのはケガですよね。選手は万が一、大きな技を食らってしまって、亡くなってしまう危険性がありますから。レスラーはそういう危険性を抱えながら毎日リングに上がっているんです。だから、藤波さんも怪我だけには気をつけてほしいですね。あとはもう身を引いた立場だから、素直に「頑張ってほしい」って言えますよね。

――藤波選手から、第二の人生がはじまるライガーさんにエールはありませんか？

藤波　さっき言ったように本当にもったいないよね。一日も早くリングに上がってくることを祈ってますよ（笑）。

ライガー　マスク変えて上がろうかな？（笑）。「あれ？　ライガー……？」みたいな。

藤波　これからもプロレスラーのスピリットや心構えを、若い選手に植え付けていってほしいね。それが僕が彼に今後望むことかな。

本書は書き下ろしです。

新日本プロレスブックス

獣神《じゅうしん》サンダー・ライガー自伝《じでん》 完結編《かんけつへん》

2020年3月20日 初版第1刷発行

著者 獣神サンダー・ライガー

装丁 金井久幸(TwoThree)
DTP 松井和彌
写真 新日本プロレスリング
ベースボール・マガジン社

構成 鈴木 佑
編集協力 小松伸太郎
編集 圓尾公佑

協力 ダイナミック企画(©Go Nagai/DynamicPlanning)
新日本プロレスリング

発行人 堅田浩二
発行所 株式会社イースト・プレス
東京都千代田区神田神保町2-4-7
久月神田ビル
TEL:03-5213-4700
FAX:03-5213-4701
https://www.eastpress.co.jp/

印刷所 中央精版印刷株式会社

ISBN978-4-7816-1861-6